法律
与
社会

联合主编／高鸿钧　鲁楠

Private Lives:
Families,
Individuals,
and the Law

〔美〕劳伦斯·弗里德曼

著

赵彩凤

译　鲁楠　审校

私人生活:
家庭、
个人与法律

创于1897
The Commercial Press

商务印书馆
The Commercial Press

Lawrence M. Friedman

Private Lives: Families, Individuals, and the Law

Licensed by Lawrence M. Friedman

根据美国哈佛大学出版社 2004 年版译出

总　序

18 世纪法国著名思想家孟德斯鸠在其名著《论法的精神》中曾谈到，我们应从法与诸社会现象的关联中探寻其精神，而这种精神往往表现为一个地域、族群或国家的生活样式与意义系统。这种视角使孟德斯鸠不同于当时的其他启蒙思想家，成为法律与社会研究的先驱。

近三个世纪以来，沿着这条道路，无数思想家投入法律与社会研究，使其成为一个内容丰富、方法多样、特点突出的研究领域。不同国家的学者基于各自学术传统，形成了不同的研究进路。在德国，法律与社会研究深受以马克思和韦伯为代表的古典社会理论影响，寻求社会理论与法学的结合，很多创见源自著名社会理论家，如哈贝马斯、卢曼等人。而在法国，这种研究可追溯至涂尔干，此后发展出以狄骥为代表的社会连带学说。二战后，法国的法律与社会研究一方面深受以列维-施特劳斯为代表的结构主义影响，另一方面又在福柯和布迪厄等学者的推动下，向着后结构主义方向迈进。在英国，法律与社会研究可追溯至梅因的比较历史法学，二战后吸收了韦伯及马克思社会理论的养分，在权力社会学上大放异彩，其中迈克尔·曼与吉登斯等人的作品成为法学研究的重要参考，但在法学家中，罗杰·科特雷尔可谓一枝独秀。与欧陆的发展有所不同，战后美国的法律与社会研究最初围绕着对帕森斯社会理论的赞成、修正和批判而展开，形成了以威斯康星学派为代表的研究中心，其中麦考利、楚贝克和格兰特是核心人物。

法律与社会研究在中国走过了一条蜿蜒曲折的道路，世界上的各种流派都汇入其中。20 世纪 20 年代，陶希圣就开始运用梅因的理论分析中国亲属制与中国社会问题，进而经由狄骥的社会连带说和庞德的社会法学说，开创性地提出了法律社会史的研究路径。其后，瞿同祖受陶希圣的影响，先后出版了《中国封建社会》《中国法律与中国社会》，有意识地用法律与社会的研究透视传统中国法的内在机理，其思想和关怀与梅因之《古代法》颇为相通。1949 年之后，法律与社会研究深受马克思主义影响，亦可谓独树一帜的法律与社会研究方式。改革开放以来，通过引入西方的不同研究方法，中国的法律与社会研究呈现出异彩纷呈的局面，除了传统的马克思主义法学之外，还有接续欧陆，特别是德国社会理论传统的"社会理论之法"，以及深受美国法律社会学影响而形成的"法律与社会科学"。前者偏重经验，后者重视理论，可谓各擅胜场，互相补充。近年来，随着留法学人的增加，一些源自法国的法律与社会研究成果开始陆续被引入，福柯、布迪厄乃至拉图尔等思想家的作品引起了法学界的关注。

总体而言，法律与社会研究形成了四对不同的观察视角。第一对是外部视角与内部视角。所谓外部视角，是从社会看法律，更重视影响法律的社会条件；而内部视角则从法律来看社会，由此更重视法律影响社会的观念、技艺与制度。第二对是理论视角与经验视角。理论视角是指从社会理论高度总体把握法现象，而经验视角则更强调经验考察，从实践中提炼理论。这两种视角一个胜在高屋建瓴，一个贵在田野扎根，各有千秋。第三对是冲突视角与协作视角。过去中国的法律与社会研究受马克思主义影响，采取冲突视角；而改革开放以来，协作视角日益受到重视，团结取代斗争成为时代主题。第四对是功能视角与意义视角。所谓功能视角，是从法律对社会所发挥之作用、影响的方面考察，而意义视角则强调法律扎根于文化、价值等规范内容。前者或借鉴帕森斯的结构功能论，或吸收卢曼等人的功能结构论，版本不一；后者则开辟出法文化研究进路，形成别有洞天的盛景。

本丛书扎根于海内外法律与社会研究的丰厚土壤，但并不寻求巨细靡遗地展示其所有成果。与学界同僚所做贡献相比，本丛书更倾向于选择现有研究中具有历史性、哲理性和文化性的部分，可谓孟德斯鸠、马克思与梅因的"三位一体"。由于这种偏好，使本丛书的选择较偏重外部视角、理论视角、协作视角和意义视角，但这并不意味着内部视角、经验视角、冲突视角和功能视角被排除在外，因为经典作品往往能够兼收并蓄前述四对视角。我们希望，中国的法律与社会研究能对法的意义世界加以探查，对法的历史时空加以扩展，对法的哲理深度加以钻研，使法与人心、人生密切交织在一起，能够在跨文明对话以及古今联通的努力中，形成中国法律与社会研究自身的特色。

是为序。

鲁　楠

2022 年 7 月

于清华园

目　录

译者导语[1]

> "婚姻，人人都当尊重，床也不可污秽，因为苟合行淫的人，神必要审判。"
>
> ——《新约·希伯来书》十三：4

2019 年，美国众议院一度拟通过新的平权法案，旨在将性取向和性别认同纳入 1964 年《民权法案》保护的类别清单。这一举动引发了美国社会的激烈争论。与鼓掌欢呼的自由主义拥趸者相反，一些虔诚的基督徒认为，该法案带来了美国有史以来对宗教自由的最大威胁，它将加剧保守的基督徒和性少数派之间的文化纠纷，并对美国的道德带来重大冲击。[2] 毋庸置疑，这起法案事件表明，美国的私人生活赫然偏离了其建国父辈清教徒们的伦理立场，在劳伦斯·弗里德曼所谓的"性革命"道路上愈走愈远。

历史上，世界各文明均将婚姻家庭看作社会的基本细胞和文明根基。美国作为清教徒缔建的国家，基督教虽非国教，但其早

---

[1] 初稿以《选择共和国的家"春秋"——劳伦斯·弗里德曼〈私人生活〉导读》为题发表于《清华法治论衡》第 28 辑，北京：清华大学出版社，2021 年。此处略有改动。

[2] See Andrew T. Walker, "The Equality Act Accelerates Anti-Christian Bias," https：//www.thegospelcoalition.org/article/equality-act-anti-christian/，2019－3－11.

期文化尤其婚姻家庭伦理深受基督教教义的影响。根据《圣经》，上帝为人类设立的第一项社会制度当是婚姻。上帝创男造女，使二人结为夫妻。伊甸园里的那对人类始祖，最初彼此相爱，完全敞开，同心合一。亚当见到夏娃的第一眼说："这是我骨中的骨，肉中的肉。"①这隐喻了婚姻应当以爱情为基础。婚姻乃上帝赐给人类的普遍恩典，婚姻应当圣洁，淫乱（包括婚外及婚前性行为和意淫）是违背上帝律法的重罪。基于其教义，虔诚的清教徒在世人眼里是倾向于某种"禁欲主义"的（尽管该观点值得商榷），清教徒建立的法律充溢着对不当亲密关系的严厉规训和惩罚。

如韦伯所说，新教伦理令美国受惠至深，促其资本主义长足发展，②使其在经济、政治、法律与文化各领域跃为世界的领头羊。随着现代化的纵深挺进，美国社会诸方面包括私人领域发生了巨大变迁。20世纪后半叶以来，一种彰显自我的个人主义、自由主义和多元主义的话语全面弥散，成为抟合形形色色美国人的新意识形态。传统虔信的清教文化甚至已不复为美国主流文化。20世纪90年代初，劳伦斯·弗里德曼教授断言，美国乃至全世界的现代法律文化，日益呈现为一个以表现型个人主义为核心特质的选择共和国。弗里德曼是颇具世界影响力的美国当代法律社会学家，研究领域广泛，著作等身。作为法律文化学的思想先驱，他于20世纪60年代末提出并阐释了"法律文化"的概念，嗣后数十年建构起关于法律文化的完整理论体系，全面探究了法律文化尤其现代法律文化的若干课题。这部21世纪初成书的《私人生活》，再度丰富了弗里德曼的现代法律文化理论。美国法律

① 《旧约·创世纪》二：23。
② 参见[德]马克斯·韦伯：《新教伦理与资本主义精神》，康乐、简惠美译，桂林：广西师范大学出版社，2010年。

文化究竟发生了怎样的嬗变？其变化对美国社会乃至全世界产生了什么影响？美国民众对其变迁的态度如何？对于这些问题，该书从私人生活视域给予了颇有洞见的诠释，是了解美国婚姻家庭法律文化盛衰，乃至管窥全球私人领域现代法律文化趋向的一扇窗户。

一

　　弗里德曼在第一章综述了本书的主题和内容要旨，意在通过对近一个世纪美国婚姻家庭法变迁史的阐述，考察以家庭衰落与个人崛起为特征的法律文化转型。作者提出了几个关键词——个人、选择、自由和隐私——与一个核心命题：个人选择至上的新型法律文化成为美国现代婚姻家庭私人生活的主导话语。

　　总体上，美国家庭发生变形，经历了梅因所谓的"从身份到契约"的运动，① 作为法律单位的家庭逐步解体，家庭成为原子式个人的集合体，家庭法变为关于个人的法律。个人选择支配着婚姻家庭的诸多方面。其一，婚姻的性质和方式产生巨变。婚姻不再是两个家庭的联结，而是两个独立个体的结合。结婚不再由父母包办或其他外力主宰，而是由个人自主抉择，只关乎"伴侣与爱情"。宗教和法律对婚姻解体的限制门槛日益降低，离婚亦成为个人选择的事情。其二，两性地位有所改变，尽管现实中性别平等仍未实现。女性在结婚和离婚、性与生育以及孩子监护等

---

① 参见[英]梅因：《古代法》，沈景一译，北京：商务印书馆，1959 年，第 112 页。

事务中，拥有了更多的权利和自由。其三，家庭城堡内的若干私人事务摆脱了法律和社会的公共干预。婚外或婚前性行为、非婚生育、避孕或堕胎、同性恋等往昔的"罪恶"，逐渐换上"隐私权"的标签，公开登阶于选择王国的殿堂。

关于促使上述变迁的原因，弗里德曼在《选择的共和国》中曾做详解，[①] 本书仅一带而过提及了几项显见因素：西方国家自由市场制度的发展，科技进步，城市化的推进，大众传媒的崛起，法治的实行，以及一个庞大、富裕、有闲的中产阶级的形成。这些因素联结为复杂的因果链条，共同催生了以"个人"为核心的现代法律文化。

在学术立场上，弗里德曼显然倾向于价值中立。他强调本书不应被解读为关于美国家庭的衰落史。家庭并未解体，只是内涵和外延有所改变，变得更富包容性。对于备受道德论断的性少数派，作者示例主张，社会某种势力对同性婚姻的呼吁，非但不是家庭式微的标志，反而是重视家庭观念、以家庭为理想生活样式的证据。

在研究视角和方法上，一方面，弗里德曼秉持法律社会学范式，指出法律制度包括家庭法作为社会的有机组成，趋于"像手套合手那般"适其社会。当社会变迁时，家庭法并非如一些人想象的那样顽梗拒变——诚然家庭法因其同特定文化情境的亲缘关系，不像技术性法律那样容易移植——而是在其社会内部进行有机的演化甚至"旋风般"的变迁。另一方面，作者采取了比较法与法律全球化视域，从广阔的世界背景进行讨论。他主张，美国

---

① 参见[美]弗里德曼：《选择的共和国：法律、权威与文化》，高鸿钧等译，北京：清华大学出版社，2005年，第60—69页。

现象不唯美国特色，美国家庭法的制度、实践与文化变迁，实际反映了步入现代社会的整个西方发达世界的一般情况。

弗里德曼对"选择"的概念致意再三，呼应了他一贯以来关于现代法律文化的思想主线：现代世界在各领域、各层面，均彰显出一个以表现型个人主义为核心的"选择共和国"。私人生活的细节选择是更广泛的选择权——不受干预、自由地做出人生及其基本生活方式的选择——的局部展现。但选择具有相对性，选择至上只是一种趋势，其间会有冲突和顿挫；选择并非在真空发生，而是受到外部环境和文化观念的囿限。后文各章均围绕"选择"这一概念进行了展述。

二

据弗里德曼观察，19 世纪美国的婚姻家庭制度承袭了英格兰的普通法婚姻，同时受到基督教的影响。但与天主教将婚姻当作圣事相反，清教徒将婚姻视为上帝普遍恩典临照下的世俗事务，无须教会和政府授权，只须当事人合意即可成立。该时期普通法婚姻为法院所认可，离婚在文本与实践的夹缝中潜滋暗长，成为立法、司法时常遭遇的实践。

所谓"普通法婚姻"，也称秘密婚、非正式婚姻，婚姻关系依男女双方协议而缔结，只要一男一女彼此承诺永结同心，婚姻即告成立，无需任何见证人、任何宗教或世俗的仪式。双方权利义务等同于其他任何根据法定要件结合的夫妻，他们的孩子完全是合法子女。从法律性质而言，普通法婚姻实际是一种依双方意思表示而签订的非要式民事契约，当然该契约极为特殊，当事人仅在缔结方面意思自治，具体权利义务、履行期限和解除方式等均由法律强制规定。普通法婚姻之所以在美国长期存续，作者指出了三个层面的原因。其一，19世纪美国若干州神职人员严重短缺，无法满足人们通过教会举行婚礼的需求。其二，婚礼耗资巨大，对于生活在当时的平民来说是不堪承受的负担，无仪式或仪式简单的结婚方式遂成为习惯法。其三，司法实践显示，普通法婚姻具有积极的社会功能。普通法婚姻是解决财产权尤其继承权纠纷的有效机制。美国是世界上第一个中产阶级国家，大量普通人身后遗有资产（农场、土地、房子等），产生了若干继承纠纷。有效的婚姻关系是夫妻及其子女合法继承彼此遗产的逻辑起点，于是认定婚姻效力成为继承诉讼法官的首要职责。法官通常以推定婚姻有效的方式，保护孤儿寡母的继承利益。同时，普通法婚姻是保护妇女体面声誉的重要机制，也保护其子女免于"私生子"的污名。

普通法婚姻似乎蕴含了"个人选择"的因子。它将婚姻作为一种特殊契约的观念，触及某些关于选择的实质内容：婚姻依赖于一对男女个体的合意选择和决定，家庭、国家、教会均是局外旁观者。在自由选择的层面，普通法婚姻不经意间契合了上帝对人类婚姻的理想预设：婚姻的基础是爱，而不是任何其他。

另外，离婚法与个人选择的勾连经历了一番艰辛的争战，制度文本和生活实践步调不一，陷入四重悖论之境。第一，世俗民事法与其深受宗教律法影响之悖。美国对英格兰婚姻法做了倾向自由化的发展，婚姻的性质乃民事契约，书本法许可公民依法定程序离婚，但离婚法仍受到新教的强烈左右。该时期各州离婚的法律途径有二：经由立法机构审批或向法院起诉。立法者和司法者大多对离婚案件进行实质审查，事实上大部分离婚申请被驳回。第二，男女形式平等与实质不平等之悖。纸面上男女拥有同等的离婚权利，但实践中女性提出离婚受到更多限制和歧视。如因一方背叛而离婚的情形，妻子只要有通奸行为，丈夫即可提出并获准离婚；妻子若以同类理由申请离婚，则必须举证丈夫有"严重的"通奸罪（乱伦、重婚、强奸或鸡奸等）。第三，表面的法定离婚理由与背后的真实原因之悖。19 世纪各州均有一份关于离婚的"过错列表"，相当于法定离婚理由，通常包括通奸和遗弃，有的州还列入虐待、酗酒、犯重罪或宗教禁欲等理由。决意分手的夫妻为了快速摆脱婚姻，呈堂理由往往选择最易获准离婚的"过错"项目，这却未必是分离的真实原因。大量"串通"离婚发生，法律屡禁不止。第四，书本法抑制离婚与活法绕道促成离婚之悖。文本层面，因保守势力抵制任何使离婚宽松化的改革企图，"法律的时空被冻结了"①，整个世纪各州离婚法仅略有修补，无甚实质变动；实践层面，离婚需求激增，离婚率持续攀升，大量平民加入了离婚队伍。这些离婚的实现途径，一面有赖于"合谋"串通，另一面得利于部分州为迁徙离婚敞开的方便之门。鉴于宪法要求各州相互"信任"的规定，对允许"轻松"离婚的州所做的有效判决，其他州应予认可。一些州趁机做起"离婚工厂"生意，罗列长串宽松的离婚"理由"，准许有短暂居留权的人申请离婚，从而吸引了大批他州居民前来办理有偿闪速离婚。这些州与过客们互惠互利，前者大发横财，后者如愿摆脱了空壳婚姻。这种官方法与活法双重制度各行其道的局面，一直持

---

① Lawrence M. Friedman, *Private Lives: Families, Individuals, and the Law*, Cambridge：Harvard University Press，2004，p. 38.

续到 20 世纪。

上述悖论的背后，存在两种对待离婚的观念和社会势力的交锋。保守的社会精英和宗教领袖坚持认为，婚姻应当是终身结合，允许轻松离婚是社会窳败的征兆。自由派则主张，离婚是一种现实需求，允许离婚可避免更大的败坏（如通奸、同居）发生。弗里德曼显然倾向于后者观点。在他看来，离婚需求上升的根源在于婚姻理念的变化。传统婚姻遵循基督教设定的模式：丈夫是家庭的带领者，负责爱、供应和保护妻子儿女；妻子的角色是丈夫的帮助者，主要职责乃相夫教子，尊重和顺服丈夫。这样的婚姻对夫妻职能角色分工明确，双方对婚姻的期待尤其是精神层面要求很少，故罕有离婚者。但现代复杂化社会中婚姻的职能负担发生变更，人们对婚姻的预设和期望日趋繁复，增加了若干情感和心理需求：丈夫不再满足于给他"补袜子"的贤妻良母，妻子也不再满足于挣钱养家的"赚面包者"，男女均开始追求一种地位平等、能分享彼此精神生活的伴侣型婚姻。离婚透露了人们对婚姻既往期望的落空和对新期望、新法律身份的渴求。在弗里德曼看来，从某种意义上说，离婚非但不是对婚姻的威胁，反而是对婚姻高度珍视的标志，因为离婚的主要法律功能不是结束婚姻，而是为再婚打开门户。这两种势力的较量，实质是两种法律文化的抗衡：重视家庭、义务和道德声誉，讲求私人生活节制的传统法律文化，以及注重自我、权利和个人自由，强调私人生活选择的现代法律文化。

可见，19 世纪美国的婚姻家庭制度不仅表面出现了裂痕，而且向着新的方向裂变：婚姻（尤其离婚）日益摆脱传统捆绑，开始成为个人选择的事务。但该时期的选择呈现出不完全性：普通法婚姻仅仅显示了结婚自由选择的一面，而婚姻的解除则不是任由个人决定，须受国家法律的严格限制，由此导致离婚的双重制度和多重悖论之境。这种选择的不完全性表明，美国的表现型现代法律文化尚处黎明。

三

20世纪，美国的婚姻家庭法律文化变迁更为深远。私人生活领域发生"无声的革命"，婚姻家庭法律文化完成了现代转型。

首先，国家以技术官僚、记录者的身份积极介入了婚姻家庭事务。由于以信息载录为特征的科层制发展，没有任何记录的普通法婚姻因其不确定性造成了司法实践的若干难题和"滋扰"，从而大大衰落。若干州废除了普通法婚姻，保留普通法婚姻的州也无视其存在。领取结婚证、由牧师或政府官员主持的仪式婚礼成为主要结婚形式。继而，仪式登记婚姻为政府管控生育开辟了道路。国家之所以干预生育事务，在于优生学理论、社会堕胎泛滥和白人生育"危机"的影响。其一，社会热议的优生学坚称，"劣种繁衍其类"，堕落、犯罪、智障和某些类型的遗传或传染疾病代代相传，公共政策应当对此予以关注。其二，地下堕胎活动（尤其是中产阶级白人妇女堕胎）和公开反堕胎运动如火如荼，冲击了国家立法。其三，与堕胎和避孕相联，中产阶级家庭的白人婴儿出生率下降，加上高生育率贫民移民潮来袭，婴儿人口血统的比例变化引起了白人主导的精英社会的恐慌。于是，若干州对婚姻主体的资格做出法律限定，剥夺了智力缺陷者、精神失常者、"道德和性堕落"犯罪者甚至乞丐、贫民结婚的权利；同时推行绝育法，对大量婚育"不适格"的成员实施强制绝育，联邦最高法院亦支持该举，有大法官称"笨蛋有三代就够了"[1]；再者强制要求婚前体检，防止性病、癫痫或某些传染病患者结婚生育。此外，一些州对跨种族通婚设置了障碍；刑法上的不定期刑，也对所谓堕落犯罪者的生育起到了抑制作用。这个一向标榜民主、自由、法治、文明，对反法西斯战争起过关键作用的国家，以法律的形式，用"纳粹思维方式的错谬"[2]对其国民进行了淋漓尽致的施展。

其次，政府干预私人生活的过程，始终伴随质疑声和反干预运动。第一，普通法婚姻作为社会实践一直未曾消亡。时而仍有诉讼请求确认普通法婚姻的效力，法官往往做出有效推定。第二，生育控制一直受到反对势力的攻讦，司法判决也存在分歧。禁止堕胎被指为剥夺了妇女的自由选择权；限制结婚主体资格涉嫌违反平等保护原则，强制绝育被指斥侵犯人权；禁止跨种族婚姻包藏着炮制新一轮种族歧视的祸心；婚前强制体检亦存在明显的性别歧视。在反对者看来，政府干预的目的与其说是促进社会的"优生净化"，毋宁说是在强权营造白人精英至上的社会等级分化。反干预运动取得了实质效果，20世纪后半叶起，政府权力逐步从私人生活领域撤退。各州禁止癫痫病人、低能儿或贫民等生孩子的规定大都退出了纸面法，或抠除了极具攻击性的字眼。州绝育法大多被废除，联邦最高法院将生育和堕胎纳入宪法保护的基本权利，21世纪初有数位州长还对先前本州的强制绝

---

① Lawrence M. Friedman, *Private Lives: Families, Individuals, and the Law*, Cambridge：Harvard University Press，2004，p. 51.

② Lawrence M. Friedman, *Private Lives: Families, Individuals, and the Law*, Cambridge：Harvard University Press，2004，p. 59.

育进行了公开道歉。婚前体检不再是强制程序，婚姻登记处成为仅仅收费、盖章和发证的机构。与民权运动相应，若干州废除禁止跨种族通婚的法令，联邦最高法院的判决亦确立了"任何州不得假以种族主义理想的名义操纵婚姻选择"的原则。经过一个世纪的争战，国家基本放弃了控制生育权的斗争，婚姻和生育真正成为私人事务。

再次，婚姻观和性伦理的变迁，导致违诺等特殊的诉讼类型消失。违诺诉讼即男女订婚后，一方如无正当理由擅自解除婚约，另一方有权起诉索赔，其实质是民事订婚违约之诉。这类诉讼旨在保护被始乱终弃的女性，尽管理论上男女均可提出诉讼，但实践中大抵只有妇女起诉，且女性往往胜诉，获得数量不菲的损害赔偿。

对于违诺诉讼向女性一边倒的伦理依据，社会一直存在异议。在弗里德曼看来，19世纪至20世纪早期，女性往往是真实的受害者，法院的判决倾向合理地适应了当时的社会伦理和法律文化。但自20世纪30年代起，违诺诉讼日趋衰落。由于年轻女性傍款或起诉勒索的情况增多，此类诉讼时而沾染性交易丑闻，法院的判决倾向遂开始转变，女性败诉或被驳回起诉的情形时有发生。若干州废除了违诺的诉讼理由。于是违诺之诉——连同通奸、诱奸或情感疏离等与性亲密相关的其他诉讼一道——被扔进了历史的垃圾桶。此类诉讼的衰微，暗示着婚姻关系和性伦理的变化。妇女的主体性增强，在两性中不再被视为单纯被动的弱者，她们对自己的身体、性和婚姻有了越来越多的自主权；贞操的价值江河日下，婚前甚至婚外性行为日益成为个人（男和女）的自由选择。

　　复次，离婚法发生了一场"无声的革命"，确立了无过错离婚原则。这场革命暗度陈仓，经过了几个阶段。第一阶段延续先前双重制度，书本法与行动法的沟壑继续加大，合谋离婚司空见惯。各州存在大量近乎克隆版的离婚讼状。某些以通奸为唯一法定离婚理由的州，若干夫妻雇人合演旅馆通奸、捉奸戏，制造离婚"证据"。而在禁止离婚的州，人们则通过申请确认婚姻无效来摆脱配偶。司法者虽心知其中诡诈，却不动声色，按照表面理由判决支持离婚。第二阶段法律在一定程度上放宽了离婚理由。一些州将"分居"特定数年、罹患精神病、犯重罪入狱等纳入离婚事由列表。但新的讼由无甚实效，如"分居"事由形同虚设——人们既然能通过合谋尽快分手，就绝不愿等耗数年。该时期立法、司法者意识到，若干婚姻已名存实亡，法律只是"体面地给这些婚姻一个合宜葬礼，让人们继续其生活"①。第三阶段无过错离婚成为主导原则。20世纪最后三十余年，各州相继通过无过错离婚法，釜底抽薪地摧毁了双重制度。所谓无过错离婚，纸面陈述是婚姻因双方"不可调和的分歧"而导致"无法补救的破裂"，实际上相当于单方离婚，夫妻"任何一方在任何时候均可以任何理由（或毫无理由）"结束婚姻，另一方基本没有辩护权。这场变革之所以被称为"无声"的革命，是因其最终的完成几乎未经论争，技术官僚起草了书本法，一夜间埋葬了空文旧法。变革"就像夜间的贼一样溜进法律"②，没有作案迹象。从立法初衷来说，这些起草法律的专家们从未设想创立无过错离婚

---

　　① Lawrence M. Friedman, *Private Lives: Families, Individuals, and the Law*, Cambridge：Harvard University Press，2004，p. 71.

　　② Lawrence M. Friedman, *Private Lives: Families, Individuals, and the Law*, Cambridge：Harvard University Press，2004，p. 73.

制度，更未意图使离婚变成单方任性的事，他们只是想清理"肮脏"的串通欺诈，对运行的活法——合意离婚予以正式确认而已。法律的自创生使离婚实际成为纯粹个人自主的事情。

关于无过错离婚法的影响，一直存在激烈争议。反对者指出，该法律转向使人们对待婚姻变得草率，离婚率激增，婚姻幸福感下降，妇女儿童受到伤害，甚至有瓦解社会凝聚力的危险。他们促使州立法倡议民众缔结"盟约婚姻"，或推行由神职人员进行婚前辅导的"社区婚姻政策"。但支持者认为，无过错离婚并不意味着人们对婚姻或离婚更加漫不经心，人们仍然相信婚姻值得付出痛苦的努力。弗里德曼显然倾向于后一种立场，指出认为无过错离婚使人们对待婚姻弃如敝屣的观点"是一个神话"；将家庭破裂归咎于法律认可的轻松离婚，是倒果为因；至于提倡盟约婚姻等力挽狂澜的真诚努力，或许只是助兴节目，或许是另一个转向，效果尚未可知。如作者所分析，这场无心插柳的离婚法的革命意义在于，它反映并以官方法律制度认可了先行生发的现代法律文化。离婚的蔓延展现出一种独特的现代婚姻观：婚姻的主导理念不再是"彼此""关系""相爱"，不再是配偶双方的福祉，而是追求个人的自我满足和实现。至此，选择至上正式成为婚姻关系和法律的首要原则，结婚和离婚均变成了男女高度个人化的自由选择事务，亦即"表现型婚姻"和"表现型离婚"。

最后，大众传媒推波助澜了一场亲密关系多元化的风潮。在表现型婚姻文化下，传统辅助婚姻缔结的特殊中介行业——媒人——发生变化。新兴大众传媒成为姻缘牵线的新中介。20世纪70年代起，报纸杂志上涌现出大量征婚或征友启事。在弗里德曼看来，这些隐名寻觅伴侣的公开启事，是现代法律文化在私人领域的又一展现方式。征友启事背后的普遍文化信念，仍是强调个人的独特性，人人都是独一无二的个体，且人人应然有一个天生绝配的"完美伴侣"。若干启事显示，人们寻求的不是婚姻，毋宁说是"浪漫"或"性爱"；当然这种寻求大多不是为一时纵欲，而是渴望深刻持久的亲密关系。

大众传媒似乎在向世界宣示，传统婚姻已非亲密关系的唯一合法方式。弗里德曼以同居为例，解析了现代亲密类型的多元化趋势。常规意涵的同居是一种持续的性亲密关系，但不同于婚姻，同居缺乏永久承诺的程序；同居作为一种普遍化的婚前/婚外性行为，往昔的耻辱已如浴缸污水般被排出，成为男女情侣自由选择的事情；同居不产生夫妻式的法定权利和义务，但一些法院赋予了同居伴侣部分实体权利；如今同居还包括同性情侣之间无承诺或者有承诺但不被婚姻法认可的长期亲密关系。婚姻的生命力仍很强大，但传统婚姻失去了对两性关系的合法垄断地位。

由是，20世纪美国的婚姻法经历了复杂深刻的演变，政府对婚姻事务的介入从积极进行实质性干预到被动予以形式化备案，书本法与活法的鸿沟从巨大分裂到倏然弥合，均见证了婚姻法律文化的剧烈变迁。视婚姻、性爱和生育等事务为个人自由选择的观念逐步深入人心，并变为社会现实。

四

婚姻、生育法与法律文化的变化带来了收养、监护等围绕亲子关系的家庭法变迁。政府和法律介入了若干涉及儿童利益的私人事务。

首先，收养法从无到有。19 世纪 50 年代前，美国和英格兰一样存在事实领养，但国家法不允许收养。第一部官方收养法于 1851 年在马萨诸塞州出台。此后若干州通过了收养法。根据法令，收养的性质相当于契约，经由私人民事契约程序进行，同"买卖玉米地"没有实质区别。① 20 世纪前期，法律开始转变，要求收养由法官根据听证决断养父母是否适格；保护孩子的最大福祉逐渐成为收养法的核心宗旨。弗里德曼指出，有两项重要因素促成了收养法的兴盛。其一，收养作为一种法律身份，具有与继承和产权相关的经济意义。那些拥有资产的无子嗣美国中产阶级家庭，具有收养子女承继家业的强烈需求。其二，人口变化是收养发展的关键要素。由于意外、瘟疫、贫穷或婚外生育等，一直存在丧怙失恃或被遗弃、需要收养家庭的孩子。收养无疑在很大程度上增进了收养者和被收养者双方的福祉。但收养也带来一定的负面问题。一些被收养的孩子受到养父母的虐待，或在养父母生育子女后受到歧视待遇；一些专事为寻嗣家庭提供幼儿源的儿童贩卖机构出现，很多婴儿被商品化，甚至因不良护理而夭折；由于婴儿的供不应求，中产阶级白人家庭还一度抢夺印第安部落的孩子。而收养法对这些消极面的规制似乎非常有限。20 世纪美国还兴起跨种族、跨国界收养，一度引发了文化同化与多元平等的讨论。最终，几部法令、数起判例确立了平等尊重多元文化的法律精神，赋予了不同种族、肤色和信仰的养子女自由抉择身份与生活归属的权利。

收养法对双方权利义务的分配原则，从保护家长的"柠檬

① See Lawrence M. Friedman, *Private Lives: Families, Individuals, and the Law*, Cambridge: Harvard University Press, 2004, p. 100.

法"和严格保密渐变为孩子的利益至上。早期收养法倾向于对养父母的保护，授予养父母在发现孩子被隐瞒的先天隐疾时撤销收养的权利；收养记录被官方封存，远离公众和直接关系人以外所有人的窥探，甚至允许养父母为养子女更改出生证明，使被收养者对自己身世一无所知。进入 20 世纪以来，法律进一步趋向于保护孩子的最大利益，为确保被收养儿童进入一个温暖的家，限定收养家庭的标准，对申请收养者的习惯、收入和婚姻质量等实施调查。记录保密墙也被突破，六七十年代兴起了一场被收养者寻找亲生父母的社会运动。在若干收养诉讼中，法院不得不在生身父母隐私权和被收养人知情权的冲突之间进行权衡决断。至 20 世纪末，收养在多个层面被打上了个人选择的印记：收养本身即为不育夫妇提供了一种选择；收养对象的范围有了跨越种族、国界的宽广选择；被收养者具备了超越生身父母隐私权的公开身世选择权，并进而选择与哪对父母一起生活、保留哪种身份的权利。那种溯源探求身世的渴望，也强烈反映了选择至上的表现型个人主义文化："寻根"意味着了解自我，探求"我是谁"这一问题的答案，有助于自我定义、理解和实现。

其次，子女监护法发生明显变化。19 世纪前期，与父权家长制家庭模式相应，子女监护的优先权通常属于父亲。母亲唯有在父亲完全不称职的少数情况下才可获得监护权。19 世纪中期以降，监护法表面授予父母同等的监护权，实际向母亲倾斜。新规则的指导原则与收养法类似，是孩子的最大利益。立法、司法者开始认为，母亲的爱和照顾对孩子成长更为有利。于是在离婚和监护诉讼中，越来越多的妇女获得了抚养孩子的权利。一些州还规定不同形式的"共同监护"，以促进孩子的福祉。此外，20

世纪一些州的监护法开始认可同性伴侣收养孩子，只要这些另类家庭是充满爱意、有利于孩子成长的稳定组合。

再次，在选择的共和国，以往被视为家庭耻辱的若干私人生活方式的法律地位大大改变。如非婚生子女获得了合法认可。非婚生育主要有三类情形：历史上的制度性非婚生，指奴隶制废除以前，法律不承认奴隶结婚的权利，所有奴隶所生的孩子均被视为非婚生子女；同居生育子女，是没有法定或约定承诺程序的稳定亲密关系所生的子嗣；非稳定亲密关系产生的孩子，即通常意义上的"私生子/女"，长期以来烙着蒙羞的记号，在法律资格方面存在若干障碍。20 世纪中后期，私生子女争取继承权的纠纷频频诉诸法院，促使法律取消了各种权利障碍，赋予他们与合法子女同等的法律地位。同时，出现了一些生物学父母和社会学父母分离并公开争夺子女的新纠纷。由于现代科技的发展，通过精子库人工授精怀孕以及接受捐献卵子并租赁子宫的代孕成为不育夫妇的新希望，同时也产生了新问题：一些贡献精子的生物学父亲或代孕母亲和养育孩子的父母对簿公堂以抢夺子女。对于这些新现象的合法性和孩子的归属问题，社会争论激烈，各州立法态度莫衷一是，法院判决也各有不同。但主流的共识是，孩子应当归对其成长最为有利的父母，甚至可以拥有不止一对父母。

最后，家庭所有方面渐趋于同一个方向：个人选择至上，孩子的利益至上。要不要孩子、要几个，是个人选择；获得孩子的方式——自己生、代孕或收养，可由个人选择；孩子认同谁是父母，可由个人选择，或由国家基于孩子的最大利益代其选择；未成年孩子的教育、成长方式，可以由家长为了孩子的益处自主选择；成年子女与父母（和兄弟姐妹）的相处方式，可由个人选择；

等等。家庭法演变为去家长权威化、尊重个人权利和意志的现代法；教育、宗教和媒体等也日益被要求支持有利于孩子的最大利益和个人自由选择的新型法律文化。

五

美国现代婚姻家庭领域的选择同另一个法律区域——隐私——相竞合。隐私作为法律概念约在 19 世纪晚期才出现，有两重含义：一是指隐私侵权之诉，即针对"侵入生活中人们有权隐藏之空间的一种诉讼"；二是指被赋予宪法权利性质的现代隐私权，即人们可以不受干预地选择有关性爱、避孕和堕胎等亲密事务的权利。这两种隐私都关乎家庭，因为家庭既是私人的安全空间堡垒，又是亲密关系的唯一合法场所。故近百年的隐私叙事是"一个关于家庭生活的故事"。①

首先，弗里德曼阐释了第一类隐私——侵犯隐私之诉。19世纪晚期，一些社会精英惊骇于媒体放肆披露亲密关系，发起了关于隐私侵权的学术讨论，主张创设一种新的侵权，认可一种新的权利：静默无闻、不受侵扰地生活的权利。由此诞生了弗里德曼所称的"维多利亚式的隐私"，它旨在保护体面的人们的私人生活免受媒体的窥探。该隐私的特点在于，为私人生活的某些领域拉上一道帷幕，使其成为私宅以外的禁忌，远离公共议程。尽管精英呼吁对法律实践的影响并非立竿见影，但各州逐渐出现了

---

① Lawrence M. Friedman, *Private Lives: Families, Individuals, and the Law*, Cambridge: Harvard University Press, 2004, p. 147.

隐私侵权诉讼，一些维权者获得了胜诉。从 20 世纪 30 年代起，由于大众传媒和名人文化的兴起，第一类隐私迅速衰落。所谓"名人"是一个颇为广义的概念，凡受媒体关注（过）的公众人物或新闻人物，无论是政坛领袖、文体明星、企业成功人士，还是轰动社会的大案犯罪分子和受害人，甚至是任何新闻事件的当事人，均可称为名人。州法院和联邦法院的系列案例表明，名人的隐私很难以侵权之诉或其他条款获得法律保护。在新闻自由、公众知情权和名人隐私权之间，法院始终无法划定清晰的界限；唯一清晰的是，媒体自由的领地不断扩展，挤压隐私空间。至 20 世纪末，隐私侵权之诉所保护的隐私几乎丧失了法律生命力。

其次，第二类隐私作为一种宪法性权利的确立，始于 20 世纪 60 年代。其实质是"不受公共干预地做出基本生活选择的权利"，与家庭生活和性亲密相联。该类隐私权的发展，有赖于现代家庭居住条件的改良，使个人拥有私密空间（并在私人空间亲密）成为可能。其内容要点可分解如下：一是避孕节育的权利。一系列案例（如 1965 年格里斯沃尔德诉康涅狄格州案）使禁止个人避孕的法律归于无效。联邦最高法院提出《权利法案》存在权利的"半影"和"放射"区域的观点，成为宪法性隐私权的法律依据。二是妇女自主堕胎的权利。1973 年罗伊诉韦德一案中，联邦最高法院废除了所有禁止堕胎的法律，宪法性隐私权的范围进一步扩大。三是同性恋的权利。20 世纪最后十几年见证了美国同性恋的合法化运动。各州废止了禁止鸡奸法，同性恋性行为不再是刑事犯罪，最高法院肯定了同性恋者的平等权利，公众对性少数派的态度也大为宽容。若干同性恋者公开恋情，公开伴侣生活，公开收养子女，甚至获得了民事"结婚"权。四是变性人的权利。21 世纪初，有几个州法院开始对变性人的新性别身份和权利给予法律上的认可。变性及使其成为隐私权的想法再度证明了选择观念的力量，它以极端化的方式展现了表现型个人主义的边缘景观：可塑性身份的个人选择。

再次，关于隐私权的意义与诟病，弗里德曼给予了中肯的评价。一方面，两类隐私权的演变均显示，美国法院在不断地将表现型个人主义纳入宪法文本，私人生活的选择领域持续扩大。在隐私的护栏下，人们愈益广泛地获得了自由选择个人行为模式和生活方式的权利，包括过去被认为是越轨、耻辱甚至犯罪的模式和方式。另一方面，隐私一直饱受争议。两类隐私——将个人私密生活和世界隔开意义上的"隐私"与公开自由选择生活方式意义上的"隐私"——有些自相矛盾。隐私权的勃兴，加之大众媒体的推波助澜，促发了"性革命"。媒体对名人隐私（尤其是亲密关系）的饕口哑嘴膨胀了人们窥探他人隐私的欲望——美国俨然成为"偷窥之国"，同时亦刺激了他们保护自身隐私、实现个人生活选择权的渴求。宗教信仰上的指斥、道德伦理上的批判和科学技术上的两刃效果，会持续困扰隐私权问题。

最后，隐私与选择的关系，是本章主题的落脚点。实质上，隐私本身是选择的内容和表现方式。人们既可选择保守隐私——持守平静无闻的生活，也可选择公开隐私，像名人那样"生活在一种玻璃鱼缸里"[①]。由于电视、互联网等传媒的惊人发展和各种窃听、监视技术的入户式侵扰，使第一种隐私日益变得不可能。大众媒体的广告式鼓动，则使越来越多的普通人选择让渡隐

---

① Lawrence M. Friedman, *Private Lives: Families, Individuals, and the Law*, Cambridge: Harvard University Press, 2004, p. 182.

私，进入聚光灯下富有知名度的袒露世界。或许正是窥探的眼睛刺激了人们对第二类隐私权的强烈主张。而两类隐私的一个共同向度是，人们希望隐私成为一种可自由选择的"消费品"：由个人选择消费多少、何时消费以及如何消费隐私。新媒体"老大哥"式的全面在场下，捍卫隐私、力争消费隐私的斗争，或许将成为选择共和国"国民"的持久战。

六

　　纵观美国近百余年的私人生活变迁，经历了从与宗教关联、受政府管控到个人自主的过程；婚姻家庭法相应发生了从密切回应宗教律法、多方位国家干预立法，到尊重和保障个人自由选择的演化。变迁的结果是个人作为法律基本单位的兴起和传统版本家庭的解体。家庭与社会结构趋于扁平化，[①] 家长权威衰落，孩子地位上升；婚姻的缔结和解除、生育和亲子关系等成为完全世俗化、私人化的事务；亲密关系呈现出多元甚至奇怪的新形态，踏入了一个悦纳同居、堕胎、代孕、同性恋、变性、窥私消遣以及其他另类现象的世界。尽管发生了翻天覆地的变化，弗里德曼认为家庭并未解体，社会的黏合剂依旧是"承诺"，只不过这是一个更为宽松、由个人自行选择的承诺。

　　在令保守的道德主义者痛心疾首的私人生活"乱象"背后，弗里德曼再次洞见了自由主义者为之狂欢的那个意象：表现型个

---

　　① See Lawrence M. Friedman, *The Horizontal Society*, New Haven: Yale University Press, 1999.

人主义的选择共和国——人人都"觉得"有权选择自己的生活方式、模式和形式，发展自我的独特个性，创造自我，实现自我。个人自主处理婚姻、生育或其他亲密关系，只不过是表现型选择事务的一部分而已。这是现代法律文化的普遍特性，它已渗透到官方制度的各个层面，现代法日益在广泛的可能性范围内注重个人的愿望、欲求和选择。这个无形的共和国不止有美利坚一个"民族"，私人领域变迁的种种——无论是无过错离婚、跨国收养(包括抢夺土著婴儿)和媒体征婚觅友，还是避孕、代孕和堕胎，抑或是同居普遍化、非婚生子女合法化和亲密类型多元化——均表明，美国的表现型个人都有来自世界各地的"同胞"：欧洲、加拿大、澳大利亚等其他西方发达国家，拉美、亚洲等日渐步入现代世界的后发地区。如弗里德曼所断言，选择的共和国正在将它的疆域扩展到人类居住的整个世界。

初稿落字时，适逢与旅居大洋彼岸某小镇的好友长聊，偶得当地的一则近闻。一个年仅十岁的男孩托米(化名)做了变性手术，成为女孩玛丽。然而小伙伴戴维在学校仍依惯称其"托米"，戴维(及其父母)因此被校方郑重约谈和告知，以后必须改口叫人家"玛丽"，否则学校将依法给予小戴维记过处分。[①] 这则听闻或许可以作为一条附注，让我们对本书主题的最新演进有所觉悟。变性权利被个别州纳入隐私权地带迄今不过二十年，美国对性少数派的特别保护似乎已矫枉过正地走向了另一极端。弗里德曼特意申明，其阐论并非美国家庭式微的叙事，且毫不谦抑对选择共和国前景的乐观和盛赞。然而笔者对其笔下的这番私人生活光景却有些担忧。美国人首肯的现代法律文化，与其先辈的伦理

---

① 感谢蒋薇姐妹惠助，提供此信息。

观念背道而驰。上帝的律法要求百姓"圣洁"，因为上帝是圣洁的;①"婚姻，人人都当尊重，床也不可污秽"②，因为婚姻是基督与教会之美好奥秘的预表。但在自由选择的旗帜下，婚姻的轻易破碎、婚外的苟合行淫，几乎都假以"个人自由选择"的名义，获得了世俗法律上的正当性。法律人和民众集体无意识地抛弃了新教伦理的婚姻盟约精神。如今的美国及其引领下的整个西方现代世界，陷入了赤裸裸的"裴多菲主义"和"维纳斯主义"。背弃上帝的律法，在表现型个人主义之路上自行其是的百姓，是否还能得蒙其祖宗那般满溢的恩泽?

当然，笔者绝非以道德主义的倨傲姿态论断他国，更无意幸灾乐祸地隔岸观火。况且没有清教浸润历史的中国在私人生活自由化的道路上，某些方面比美国有过之而无不及。新中国婚姻法的历次修改，一度向着过错离婚低廉无惩罚化、无过错离婚原则主导化和离婚自由选择至上化的轨道驱驰。与此相应，我国的离婚率连年攀升，③ 出轨、同居和堕胎等现象司空见惯。这殊非值得自诩的"现代化潮流"。所幸的是，新出台的《民法典》没有对这种潮流趋之若鹜，而是做出了某种程度的抵制式回应。2022年6月，美国联邦最高法院推翻了罗伊诉韦德案，堕胎不再属于联邦宪法所赋予的基本权利，其合法与否由各州自行决定。对此，媒体及法学界众说纷纭。从弗里德曼意涵的法律文化角度而言，这也是选择共和国时代下公权力在私人生活领域博弈的体现。当美国主导的现代世界为表现型个人主义大唱赞歌之际，我

---

① 参见《旧约·利未记》十一: 44、45。
② 《新约·希伯来书》十三: 4。
③ 参见 http://sgs.mca.gov.cn/article/sj/tjgb/，最后访问日期: 2019 年 9 月 30 日。

们有必要反思：个人选择、自由至上，究竟是离人类的"解放"愿景和终极福祉更近，还是更远了？在法律全球化、人类命运一体相连的今天，笔者期望透过对美国私人生活法律文化变迁的间接观察，见微知著地预测我们自己的命运，从而有所戒慎，砥砺前行。笔者相信，无论族群文化、时空伦理或宗教精神有何等差异，关乎私人生活的人类普遍理想依然是相爱之人的结合应当是一生之久的盟约。无论贫穷或富有，疾病或健康，无论顺境或逆境，相似或相异，双方均应"执手一起迈过人生的悬崖峭壁，走过缓坡和绿岗，最后一起长眠于山脚下"①。

---

① Joel Prentiss Bishop, "New Commentaries on Marriage," *Divorce, and Separation*, 1 (1891), p. 16, cited in Lawrence M. Friedman, *Private Lives: Families, Individuals, and the Law*, Cambridge: Harvard University Press, 2004, p. 34.

中文版序言

　　欣闻拙著以世界上使用人数最多(大约15亿人)的语言出版，我很乐意聊叙几句以推介此书的中文版。当然原著用英文写成，是一位美国法学院的法学教授的作品。这本书主要是关于美国家庭法的历史：在过去一个半世纪左右的时间里，家庭法是如何变迁的以及为什么会发生这些变化。本书诚然是关于法律的，但它也是(且更为根本的是)关于现代文化的研究。在这段时期，美国的家庭法发生了翻天覆地的变化。

　　为什么美国法律的变化会引起中国读者的兴趣？我希望中国读者能从此书中找到与其自身生活和思维方式相关的东西——一些能帮助他们理解我们这个时代本质的东西。我们所有人都生活在同一个地球上，而且在某种程度上有着同样的终极命运。当然，中国社会和美国社会在各方面或多或少都有所差异，但两个社会具有某些共同的趋势。

　　在我们这个时代，法律制度经常互相借鉴。这一点在某些形式的商法中最为明显，因为当今大多数国家都广泛参与国际贸易。家庭法似乎是最不可能在国家间相互借鉴或传播的法律分支。家庭结构、家庭关系、性别和性的问题——这些都深植于不同的文化之中，一个国家似乎不太可能从他国借用关于该主题的法律。

　　然而吊诡的是，尽管直接的跨疆域借鉴可能并不常见，但家庭法似乎正以平行的方式在全球范围内演进。传统的包办婚姻在各个社会相继衰落。女性获得了更多的权利，包括婚内和婚外的权利。离婚几乎在所有国家都合法化了。有人认为，包括家庭法在内的美国法律本身带有西方的色彩，其法律制度与东方文化格格不入，很不适合中国这样的国家，就像一套衣服不是太紧就是太松一样。但我本人并不这么认为。家庭法的趋势所反映的规范既不是西方的，也不是东方的；它们只是现代的，是遍及各国的现代性力量的产物。以男女平等的概念为例，在中世纪它对于瑞典或法国是完全陌生的，就像对远东国家是陌生的一样。美国、英国或法国的妇女在 20 世纪才获得投票权。两性平等和渗透于家庭法中的许多其他规范在西方也曾经是陌生的，正如在德川幕府时代的日本或慈禧太后时期的中国一般。

　　家庭法的确深深植根于民族文化之中。但民族文化不是一成不变的，而是会随着时间的推移而发生巨变。它们是工具，而人们不断发展和开发新的工具。汽车、电脑和喷气式飞机都源自西方，电话、电视和智能手机也是如此，更不用说进化论了。但是没有人会认真地辩称电脑对于中国文化是异质的，也没有人会当真地认为现代医学的疫苗接种或化学疗法等方面对于中国文化而言是外来物。

　　在现代社会，文化交通不是一条单行道。西方有很多方面需向东方学习。西方接受了中国艺术，并从中受益匪浅。东京或北京的交响乐团都演奏贝多芬的音乐。高雅文化如此，通俗文化也越来越普及：想一想电影还有风靡世界的摇滚乐吧。在习惯、衣着、建筑甚至饮食上，我们日益成为一个世界，使用一种文化语言——当然它分化成了许多方言，这些方言在若干方面各不相同，但它们仍然是同一种语言的方言。

世界的文化正在融合，强势的社会力量促成了这一切。家庭法和其他法律领域一样，都存在着融合的现实。法律是文化的反映：这是法律与社会运动的信息，也是本书的核心概念。因此，基于上述原因（及其他理由），学者接触和研究自身以外的文化至关重要。研究既要强调相似性也要注重差异性。在 21 世纪，我们需要互相理解，需要互相学习，需要了解在我们的世界中发挥作用的文化和社会力量。和平与繁荣有赖于相互了解和相互尊重。我希望现在呈缴中国读者的这本书，能够为此目的略尽微薄之力。

劳伦斯·弗里德曼

斯坦福大学

二〇二〇年九月

致 谢

　　本书源于 2002 年 8 月在智利圣地亚哥举行的一系列演讲，最初是作为迭戈·波塔莱斯大学的富埃约基金会（Fondación Fueyo）讲座。感谢卡洛斯·培尼亚（Carlos Peña）院长的支持与鼓励。本版本做了若干增订。感谢保罗·洛米奥（Paul Lomio）和斯坦福大学法律图书馆的工作人员埃里卡·韦恩（Erika Wayne）、戴维·布里奇曼（David Bridgman）的鼎力相助，他们为我检索了或晦涩或简明的参考文献。也感谢我的助手玛丽·泰伊（Mary Tye）对原稿的惠助。还要感谢两位匿名审稿人对原稿提出的有益建议，我希望做到了充分虑及他们的意见。我还要对帮助过我的学生致以谢意，特别是凯瑟琳·克伦普（Catherine Crump）和朱莉娅·马丁内斯（Julia Martinez）。乔安娜·格罗斯曼（Joanna Grossman）的宝贵意见、阿尔伯特·洛佩斯（Albert Lopez）关于加州圣马特奥县离婚问题的研究也使我受益匪浅。我还要一如既往地感谢我的家人，感谢他们所给予我的一切。

第一章 导论：历史情境下的家庭法

本书的基本主题是过去一百多年的家庭法变迁。一个关键的分主题是家庭（从法律意义上讲）的衰落和个人的崛起。当然，家庭是一个集合概念，一个人可以成为一户（household），但两个或两个以上的人方能组成家庭（family）。现代生活和人类所有社会、所有时期的生活一样，都是家庭生活。但现代家庭远非昔比，本质上它是个人的集合体，是对于个人、为了个人的安排。家庭比过去更为脆弱、可变和容易破碎，它不再具有那么重要的法律地位或意义。家庭法仍然是一个至关重要的法律领域，但它已变成关于个人的法律——诚然个人存在于和他人（即"家人"）的关系之中。鉴于家庭法是关于个人的法律，它也是强调选择、自由与自愿行动至上的法律。

传统社会的法律与社会情形大相径庭。各传统社会在若干方面彼此各异，我们很容易把它们简单化。但总的来说，在这些社会中，个体的权利和义务来自他或她在社会或家庭中的身份。男女、长幼、贵贱、儿女和父母：这些只是其中一些相关的身份类别。家庭、家族或大家庭（而非个体成员）通常是权利和义务的真正核心。家庭中的父亲或男性长辈还经常拥有凌驾于其他家庭成员之上的权力，这在古罗马法的旧阶层中是真实不虚的，其中最年长的男性祖辈对其所有晚辈拥有全面的控制权，在他管辖之下的男女未经他的同意均不得结婚。① 这个例子比较极端，但在很多其他民族和社会的法律中，父亲或男性家长拥有令人敬畏的权威。

现代社会已沿着另一方向走了很远。可以说，家庭史的主导趋势也是一般法律史乃至社会史的主流趋势，即作为法律单位的家庭在解体，个体成员的力量在崛起。19世纪中叶，亨利·梅因（Henry Maine）爵士在其经典研究《古代法》（1861）中，将"进步社会"的法律运动描述为一场"从身份到契约"的运动。② 换言之，权利不再依赖性别、齿序、等级或阶序。（根据梅因）权利现在是关于个人选择和自愿行为的事务。个人——男人、女人和孩子——拥有权利，家庭或群体不具有权利；社会由原子而不是分子组成。在重要方面，每个原子在法律上是平等的，家庭法、法律整体乃至整个社会均依赖这一平等基础。自愿同意（选择）——而非与生俱来的身份——是社会行为的核心。

当然，这一说法有所夸大，梅因写此书时就更加言过其实。我们大多数人觉得，很难将19世纪的英国刻画成一个由享有平等权利的民众组成的国家。当时英国实行君主制，女王虽然不是特别强势，但在某些方面仍处于社会顶端；无论如何，贵族、地主士绅和富商巨贾拥有土地和财富；他们治理这个国家，主宰公共生活和私人生活。妇女没有投票权，不能就任公职，被大多数职业拒之门外；她们在法律上和社会上从属于男人，已婚妇女尤其如此——她们的财产由丈夫控制；一般来说，妇女没有权利签订契约、买卖财产和订立遗嘱。直至19世纪，宗教少数派没有投票权，投票权实际上主要属于有财产的男人。财产即国王。与

---

① H. F. Jolowicz, *Historical Introduction to the Study of Roman Law* (1954), p. 118.

② Henry Sumner Maine, *Ancient Law* (1986 [1864]), p. 165.

英国相比，美国妇女的境遇或许有所改善；但 19 世纪后期以前，大多数州的已婚妇女与英国妇女一样处于不利境遇。[1] 黑人奴隶制直到 19 世纪 60 年代才被废除，即使在解放后，大多数非洲裔美国人也是穷困潦倒，大字不识几个，比农奴好不了多少。他们大多生活在南方各州，实际被束缚于土地上；至 19 世纪末，黑人事实上丧失了投票权或担任公职的权利。他们若胆敢呐喊反对或违抗南方白人法则，就会有生命危险。

今天在英国、美国乃至所有发达国家，情形截然不同。20 世纪末，在美国及其他发达国家最引人注目的趋势之一，是我所说的多元平等的兴起。[2] 在此我意指的是，单一主导精神以及单一主导种族、文化和道德准则的坍塌。在美国（以及其他大多数国家）历史上的大部分时间里，都存在着一个相当清晰的社会统治结构，即使美利坚合众国也是如此，尽管合众国具有民主的性质——19 世纪的合众国在托克维尔等人看来极为民主。在美利坚合众国还存在信仰自由。美国人没有国教，容忍宗教少数派；人们可以任意建立基督教会、清真寺和犹太教堂。宪法和公意允许人们自由地信奉他们的宗教。[3] 但容忍与合作是两回事。官方的公共文化浸透了基督新教的精神和实质。学校如此党派化、新教化，以至于天主教徒不得不建立自己的学校体系。大部分美国

4

---

[1] Lawrence M. Friedman, *A History of American Law* (2nd ed., 1985), pp. 208 – 210.

[2] Lawrence M. Friedman, *American Law in the Twentieth Century* (2002), pp. 10 – 11.

[3] 当然也爆发过不容异己的情况，如：反天主教暴乱；实行一夫多妻习惯的摩门教徒激怒了其他国人，他们遭到迫害，直至正式放弃了这一实践。参见 Sarah Barringer Gordon, *The Mormon Question: Polygamy and Constitutional Conflict in Nineteenth Century America* (2002)。

人想当然地认为，公共生活确实且应当反映大多数人的价值观。可以说，其他人不过是寄人篱下。

至 20 世纪末，情况发生了巨大变化。真实合法性——一个真正在日光之下的所在——如今被定义得更为宽泛。象征性的权力扩展到其他种族、宗教和生活方式。至少在官方层面，美国变成了多元文化。在穆斯林、犹太教徒和佛教徒的宗教圣日，总统向他的这些国民们致以问候。公共生活中包含若干此类象征性的姿态；犹太裔、非洲裔、华裔以及同性恋公民担任公职甚至高居要职。男女关系也发生了显著的变化，女人须顺从男人的古老训条一去不复返。妇女有了投票权，可以出任陪审员，在州立法机构和国会就职，有时甚至担任州长职务。妇女涌向医疗界，开始渗透到金融和大型企业的上层；四分之一的法律人为女性，美国最高法院有两名女性大法官。公民权利法案规定，在就业、教育和法律方面两性平等。根据法律，男女是完全平等的。

然而，只有偏执或幼稚的人才会认为整个社会存在性别平等，这一乌托邦犹在远处。女性在家庭内部的平等方面取得的进展也许是最小的。女性仍须承担大部分家务和照顾孩子的活计。多数妇女外出工作，且成千上万的妇女须回家从事第二职业：照顾家庭。对于中产阶级来说，丈夫的工作或事业通常优先于妻子的职业，尽管这种情况比过去有所缓解。妇女仍旧遭受家庭暴力、性骚扰和虐待。但若回顾既往，我们得承认：两性关系的变化翻天覆地、影响深远且举足轻重。这些变化主要是朝着多元平等的方向发展。

本书旨在描述并阐释这些变化，因为它们与家庭法和个人隐私相关。试图解释变迁发生的原因是一项艰巨（或许不可能）的任务。有几项因素显而易见：自由市场体系、科技发展、西方国家庞大富裕的中产阶级、闲暇时间、城市化、大众媒体和法治——凡此种种都是变迁的重要因素；这些因素也联结为复杂的因果链条。上述因素造就了一种遍及欧洲、北美、日本和澳大利亚等发达国家的社会。当然，这些国家中没有哪两个是相同的。芬兰不是法国，法国不是日本。但它们之间存在相似性，其相似或许比差异更为醒目。在法律文化方面也是如此：这些国家共享一种法律文化——现代性文化。① 它们具有一个共同的社会与法律特征，就是我所描述的：个人作为义务和权利中心的崛起。

现代社会的一切都通力支持个人及其需要、欲求、渴望和习性的至上性。例如，没有什么比广告更能体现现代社会的特点。我们日夜受广告浸淫。广告天天包围着我们，充斥于家中、街头、报纸和电视，还弹出于互联网。广告在公共场所朝我们喧嚷，甚至有时出现在天空中。广告是资本主义和市场体系的一个核心特征。广告无论宣传什么产品——汽车、早餐麦片、律师服务或是新型鞋油——都传达着双重信息：一重信息是关于产品，另一重虽未言明但至关重要，是一种关于广告、市场的一般意识形态——人们甚至可以说这是一种宗教。这种意识形态以消费、个人需求和欲望为基础。广告信息瞄准每一个在其私人空间观看的个体受众。广告在瞄准作为个人的你，它告诉作为观众、读者和听众的你买什么、用什么：哪些产品会令你更强、更靓、更性感，哪种肥皂能让你的衣服更白，哪种牙膏能使你的牙齿更亮，哪款车会使你感觉更带劲、更威猛、更富魅力等

① Lawrence M. Friedman, "Is There a Modern Legal Culture?" *Ratio Juris* 7: 117 (1994).

等，不一而足。①

6   广告尽管有时令人讨厌——它烦人、侵扰和肤浅，但总体上对于现代经济和自由社会而言不可或缺。现代法——包括家庭法——随着社会的发展而演化，在西方国家（发达国家），法律的演进尤其与前述个人主义的现代标识相偕而行。自然，这样的叙事掩盖了代际之间、国家之间的巨大复杂性和多样性。俗话说，问题在于细节。

不过，变迁的路径是清晰的。在某种意义上，家庭法的确经历了从身份到契约的运动——如米尔顿·里甘（Milton Regan）所说：首先，"法律更愿意执行那些根据个人偏好调整家庭生活的协议"；其次，"法律在家庭事务方面总体上更关注个人的选择"。② 现代婚姻法（及离婚法）与传统婚姻及其结束或摆脱婚姻的方式有天壤之别。婚姻曾经是一项由亲属而非两个男女决定的事务。在很多传统社会，家庭包办婚姻，确定价码并筹办一切事宜。新郎与新娘往往直到婚礼当天才第一次见面。一位生活于19世纪末、后来赶上移居美国的日本妇女就是这种情况。她写了一本关于个人生涯的畅销书，书中写道，她有美满的婚姻，嫁给了一个兄长为她觅求、婚礼前从未谋面的男人。她的姐妹、母亲及所有家庭成员都是这样结婚的。她从来没有质疑过兄长——父殁后作为家长——为她择婿的权利。然而这位兄长自身却反抗过传统婚姻制度，他在最后关头否弃了一桩包办婚姻。人们认为这是一件严重辱没门风的事情。父亲将他逐出——再也不跟他说

---

① 关于这一点参见 Kenneth L. Karst, "Law, Cultural Conflict, and the Socialization of Children," *Cal. L. Rev.* 91: 969, 1004 (2003)。

② Milton C. Regan, Jr., *Family Law and the Pursuit of Intimacy* (1993), p. 35.

话、不提及他，当作他已经死了。讽刺的是，在父亲过世后，这位兄长成为一家之主，却为妹妹包办了一桩亲事——这是他自己曾经拒斥过的婚姻形式。[①]

当然，日本不是唯一实行过父权制的国家，也不是唯一实践过家庭为子女包办婚姻的国家。包办婚姻在印度仍旧是常态，甚至在中产阶级当中也是如此。婚姻的结束和开始，家庭往往参与其中。在一些社会，婚姻根本不可解除；在另一些社会，如传统穆斯林社会，男人可以轻易结束一桩婚姻（但女人不可）。还有一些社会终止婚姻的决定必须有夫妻双方的家庭介入（如必须清算嫁妆或彩礼事宜）。

大多数发达世界的年轻人会觉得任何包办婚姻制度都是不可思议和无法容忍的。没有比选择人生伴侣更为私人化和个体化的事情了。年轻人通常希望父母首肯他们选择的伴侣，即使父母不同意，婚姻也照样继续。毕竟结婚的不是父母，这事关子女而非父母的生活。这对我们而言完全是不言而喻的，但在那些以婚姻联结两个家庭而非两个个人的社会，不是这么回事。

现在的婚姻首先应当是一项关于伴侣和爱情的事务。当然浪漫的爱情与恋爱婚姻并非现代的发明，不是蒸汽机、铁路与电话的产物。它们一直是文学作品的主旋律。小说、戏剧、诗歌和歌曲均离不开爱情和恋爱故事，或许这类题材比其他任何主题都多。有什么能比 16 世纪莎士比亚的戏剧《罗密欧与朱丽叶》更加纯粹浪漫的呢？那对"不幸"的恋人相遇了，无望地坠入爱河并秘密结婚，最终双双赴黄泉。而导致悲剧发生的是这对恋人各自所属的两个家族之间的世仇：朱丽叶的父亲为其选择了夫婿，未

---

① Etsu Inagaki Sugimoto, *A Daughter of the Samurai* (1966).

曾想她已对一个男人——而且是一个仇家之子——以身相许。这个故事将张力的核心置于包办婚姻传统与激情澎湃、势不可挡的爱情现实之间。

法律遵循习惯，反映社会认知，这是显而易见的事。父母为子女选择配偶的权力在西方现代社会已不复存在，实际上也从法律规范中销声匿迹。除非子女尚未成年，否则他们选择配偶不必征得父母的同意。根据 1804 年的《法国民法典》，女孩不满 21 岁、男孩不满 25 岁结婚者，父母同意是必需要件，尽管法典的确认可自由选择的一般原则。① 总体而言，美国父母对年轻人的权力也已式微。如今在俄亥俄州，新郎新娘若是未成年人，婚事须经父母同意；② 在得克萨斯州，年少的新郎新娘——14 至 18 岁——须经父母同意（但某些情况下法院判决可以代替父母同意）；在华盛顿州，年满 18 岁的人可以结婚，法律根本没有提及父母。对于成年子女的婚事，美国（实际上整个西方世界）的法律没有保留受父母操控的痕迹。

选择人生伴侣的权利只是一项更大的权利——不受社会或国家干预地选择基本生活样式和自由地做出重大人生选择的权利——的一部分。在家庭法领域，这就导致了米尔顿·里甘所说的"选择型家庭"，即保持单身、同居或结婚以及（无论结婚与否）决定是否要孩子的一系列选择。他还谈到"协商型家庭"，即

---

① Mary Ann Glendon, *The Transformation of Family Law: State, Law, and Family in the United States and Western Europe* (1989), p. 41. 根据日本明治时期的《民法典》，儿子在 30 岁以前和女儿在 25 岁以前结婚均须父母同意。但即使如此也仍触怒了保守派，于是年龄限制被取消，只要父母健在，子女的婚事就必须征得父母的同意。参见 Fujiko Isono, "The Evolution of Modern Family Law in Japan," *Int'l J. of Law and the Family*, 2：183, 193 (1988)。

② Ohio Rev. Code Ann. sec. 3101. 01.

"家庭关系不太可能围绕共同的行为期待而组织起来"，每个家庭、每对夫妇及每个人都会制定构成自己家庭生活的原则、愿望并付诸行动。[①] 当然所谓"选择型"是一种纯粹选择的事情；而所谓"协商型"则隐含着他人——伴侣、配偶和子女，这个术语提醒我们，一个人的选择会影响他人，也受他人影响。

不过，必须强调选择的至上性。在美国法以及其他一些法律制度中，选择的某些方面被赋予了一个有些不协调和误导性的名称——隐私权。这种权利与性和婚姻的选择密切关联。职是之故，隐私权是我所要讲述内容的重要组成部分，是本书最后一章的主题。"隐私"是一个复杂的概念，在某些方面这个概念有些奇怪。将决定用避孕套还是避孕药或公开同性恋的权利这类事情作为隐私来讨论，似乎很怪异。当然，其中涉及的是做出不受政府干预的私人选择的权利。法律关于这类隐私的争论首先与性、家庭和生育问题相关。

隐私和家庭也以更为有机的方式相联。家（home）是家庭（family）的所在，也是私人生活的处所。"一个男人的家就是他的城堡"是古老的普通法最著名的谚语之一。最初阐述这一公理时，一个男人的家是一座城堡主要是为那些确实居住于城堡（或至少是豪宅）中的人而考虑的。穷人没有隐私。该法律谚语实际上与搜查、扣押、逮捕令及诸如此类之事相关，但它的确表达了一个重要理念：家是避风港湾，是豁免岛屿，是私人生活之所。对一般人来说，只有到了19世纪这才变为现实。19世纪是家、家庭和私人领域的世纪。在家庭的怀抱里，人们也（一如既往）

---

① Milton C. Regan, Jr., *Family Law and the Pursuit of Intimacy* (1993), pp. 47-51.

习得了社会规范——如何生活，如何管理自己的冲动；人们懂得了什么是正确和错误的行为。私人生活是公共生活的基础。

20世纪，上述情形发生了根本性的变化。家庭丧失了对儿童进行培养、塑造和社会化的垄断权。家庭的这一权力不仅输给了学校，也败给了广播、电影、电视和同侪群体。外面的世界开始涌入家中。一个男人的家不再是一座城堡，家是开放的、多孔的——它首先是娱乐中心。媒体模糊了公共世界与私人世界的边界。家庭发生变迁，隐私的概念和意义也发生改变。隐私权意味着不受干涉的权利、过私人生活的权利、保持某类秘密和隐秘的权利，也意味着做出关于婚姻、性和生育（这些选择可能且经常并非私密之事）等个人选择的权利。也许将这些迥然不同的观念连接在一起的是自由选择的概念，包括是否"公之于众"的选择。

隐私还在另一方面与家庭相联。家庭（或毋宁说传统家庭）一度有一种国家垄断的形式。男女只有结婚——组建家庭——才可以有合法的性行为。只有传统意义上的"家庭"才可以生孩子。想要做爱，就该结婚；想要孩子，就该结婚。否则性与生育（在官方）就是禁区。

当然不是人人都循规蹈矩。存在婚外性行为，存在传统家庭之外出生的孩子。但官方社会严厉谴责非法性行为和非婚生育。现代隐私权概念（包括生活方式、性伙伴和生育与否的选择）有助于打破家庭观念，重塑家庭并破除其对生育、性和亲密生活的垄断。毕竟，性和生育是婚姻、离婚乃至整个家庭法的核心。但现代社会和现代法律在将性和生育同（正式、传统的）婚姻脱钩的道路上已经走得很远。在某种程度上，联邦最高法院的"隐私"案例——有关避孕、堕胎和同性恋权利的案件——是家庭法的一个新的分支，而且是一个重要的分支。

我已讲述了我（和很多其他学者）所认为的家庭法演进和发展的主要趋势。这是一种崇尚个人和个人选择的趋势。但这条道路的每一步都存在敌对和冲突，这也是本书叙事的一部分。而且选择不是在真空中进行的，我为自身做出的选择会影响其他人。例如在当今大多数国家，已婚妇女有权结束婚姻，这是她的自由选择。但如果她的丈夫选择不离婚呢？那么，她的选择胜过丈夫的选择。在现代法律和生活中，这类冲突的例子有很多。离婚夫妇可能都想要子女的监护权。养子女可能想要找到亲生母亲，但亲生母亲可能不想被找到。因此，"选择"并不意味着没有冲突；冲突在所有社会都无处不在，只是冲突的条款和条件随时空的变化而变化。

一个社会如何解决这些冲突？没有唯一的答案。不可能有唯一的简单答案。于是很多这样的冲突诉诸法院来解决。在这个社会，法院的职能之一恰是为那些没有明显合理解决办法的冲突提供解决方案。 11

本书不应被解读为关于家庭衰微没落的记叙。家庭并未解体，它改变了、拓宽了，变得更富伸缩性。在某些方面，家庭是一个更为脆弱的机制，但它仍蓄有雄厚的力量。这种力量甚至（或尤其）可以从对同性婚姻的需求中看出。许多保守主义者把这种需求看作道德沦丧的标志，但它是家庭观念和理想的证据，它只是要求对合法婚姻有更具弹性的定义。且自相矛盾的是，它要求两个人放弃某些自由选择的权利：两个男人或两个女人，将自己置于他们当下完全不受其束缚的法律和社会之轭下的权利。

毕竟在允许同性结婚的地区，选择民事承诺的同性情侣不可轻易离弃对方；同性婚姻隐含着同性离婚。

　　本书讲述的是美国家庭法和隐私法的演变。但美国不是一个孤立的国家，它是西方发达世界的一部分；美国家庭法的情况在很多方面与其他发达工业国家极为相似。当然美国法有其独特之处，其他国家亦然。没有哪两个国家如出一辙。每个国家都各有怪招，各自曲径通幽，同归殊途。我的主要重点是美国，不过也会尝试将美国法律置于更广阔的比较背景下进行讨论。

　　本书有几个简单的前提，这些前提是研究法律和一般社会的基础。第一点，我把法律现象当作因变量。社会力量形塑着法律秩序。法律不是也从未成为一个自治的王国，它并非活在自己的世界里。法律制度是社会的一部分，它倾向于如同手套合手那般适其社会。封建社会产生封建法，市场体系产生适于自由市场的法律，福利国家产生其自身类型的法律秩序。[1]（其实说封建社会产生封建法云云，在一定程度上是误导性的说法；某种法律秩序是促使封建社会之所以为封建的法律；某种法律秩序——缔约、买卖与财产权利——是促使资本主义社会之所以为资本主义的法律；福利国家是存在关于养老金和医疗保健法律的国家；等等。）一般来说，法律的真实情况也是家庭法领域的实际情形。法律是社会的产物，它的总体轮廓反映了其所在社会的社会结构、社会实践和社会争论。[2] 这里也不可能将家庭结构与法律结构割

12

---

　　[1]　总体参见 Lawrence M. Friedman, *The Legal System: A Social Science Perspective* (1975)。

　　[2]　此处的"法律"采用广义——不仅仅是法典和学说，而且是法律制度和法律秩序，是作为社会中的活法、有效发挥作用的实体。

裂开来。毕竟，"婚姻""离婚""收养"和"监护"等词语诚然是日常语言和日常认知的组成部分，却也是法律术语。法律限定什么是或不是婚姻，什么是或不是离婚。

家庭法是一个公认的法律实践领域，它是美国及其他地区成千上万律师的衣食之源，[①] 是这些律师及其客户的切实关注。此外，对有志趣研究法律与社会的学者来说，家庭法还具有特殊的理论意义。在我们这个时代，法律的借用、传播、输出和舶来司空见惯。我们可以粗略地将两类法律区分开来。一类从某种程度上说是技术性的法律。技术容易传播，它虽对文化产生深刻影响，但本身独立于文化。汽车就是汽车，无论它是在东京、莫斯科、布宜诺斯艾利斯还是纽约；手机就是手机，电脑就是电脑。不存在中国文化的手机或者巴西风格的电脑这样的东西。有些法律和法规制度貌似也是这样，它们很容易从一国迁移到他国。一些技术性很强的商法事务非常便于迁移。或许——只是或许——公司治理的规则就属于这一类，尽管这一说法或可商榷。[②]

其他法律部门似乎不具有这么强烈的技术色彩。它们深深植根于文化，变迁缓慢且难于迁移。家庭法通常被援引为这类法律的首要例子。在伊朗或沙特阿拉伯，电脑可能就是电脑，但这些国家的婚姻与法国或芬兰的婚姻完全不同。两性关系、关于性的法律——这些似乎具有深刻的文化性和特殊性。当然，许多国家从其他地区借鉴了家庭法（通常作为整个舶来法典的一部分），

---

① 美国的情况参见 Lynn Mather, Craig A. McEwen, and Richard J. Maiman, *Divorce Lawyers at Work: Varieties of Professionalism in Practice* (2001)。

② 参见 Kathryn Hendley, "Legal Development in Post-Soviet Russia," *Post-Soviet Affairs* 13: 228 (1997)。

日本和土耳其就是著名的例子。但这些舶来品是否"奏效"，对此有人表示怀疑。① 而且，像沙特阿拉伯这样的国家可能只是急于采用某些西方的法律规则和制度，却决不会幻想接受西方的家庭法；对于他们的文化而言，（沙特人说）那是完全异质的东西。

毋庸置疑，在某种程度上，家庭法确实不能轻易迁移或移植。没有人可以按强加所得税法或规范证券交易法的方式将一套家庭法制度强加给一个社会。任何这样的努力都可能徒劳无功。没错，家庭法必须在社会内部有机地发展。但这并不意味着它极其刚硬和抗拒变化，实际上家庭法比许多人所认为的更具可塑性。当然，变化来自社会内部而非外部，但其仍是变化。事实上过去的一个多世纪以来，家庭法一直在以几乎是革命的方式发生剧变。它经历的改变或许同公司法或商法一样多，甚至有过之而无不及。这是因为家庭本身在以旋风般的速度变迁着。维多利亚时代的家庭关系和家庭法（在一些西方国家）似乎像维多利亚时代的马和马车一样古板、过时。

在大多数情况下，家庭结构的变化是有目共睹的。家庭的规模比以前更小。所有西方国家的出生率都有所下降，其中一些国家（例如意大利）的出生率很低，以至于人口在萎缩。天主教会官方仍禁止避孕，但没有人当回事。大家庭几近消亡。2004 年，最后一个重要的堡垒——智利——通过了彻底离婚法，西方世界其他地区的离婚已合法化且极其普遍化。男人和女人、父母和子女之间的关系已被重新界定和塑造，家庭更为民主——或者（如果你愿意那样说的话）就是无政府状态。父权制在衰微。如前所

①　参见 Roger Cotterrell, "Is There a Logic of Legal Transplants?" in David Nelken and Johannes Feest, eds., *Adapting Legal Cultures* (2001), p. 71。

述，父亲一度在几乎所有想象得到的方面都是一家之主，他的话 14
就是法律。如在清教徒思想中，家庭是一个"小联邦"，这个联邦中的所有成员服从于父亲的意志和意愿，就像在较大的社会中人们服从君主那样。①

在现代西方社会，君主不复存在(或名存实亡)，家长不再是家庭的君主，这在社会和法律上都是事实。家庭其他方面也发生了嬗变。其一，由于卫生、饮食改善和现代医学的发展，人们的寿命比以往更长，很少有父母英年早逝。离婚取代死亡成为一项导致家庭破裂的原因。长寿减少了孤儿的产生，这对收养法及其实践产生了冲击。人们对社会老龄化津津乐道：老年人多了，耄耋老者更多了。婴孩没有年丰时稔，白叟却穰穰满家。这深刻地左右着福利国家的政治和政策。相应地，福利政策又反映和影响着子女对年迈父母的责任规范；国家基本上接管了子女过去的角色。长寿也影响了继承的意义和重要性。倘若令尊令堂活到九十高龄，你可能要等到六十五岁才能继承其财产。这意味着父母健在时的财产转交——上大学的钱、你梦寐以求的房子首付——在你生命中比继承更重要。②

社会的基本变化——如财富和闲暇的增加以及更加开放的民主结构的发展——将个人从束缚他们的诸多传统绳索和锁链中解放出来。人类的选择区间已大大扩展。西方中产阶级生活在我所说的选择的共和国之中。③ 选择(生活方式、伴侣、饮食风格、

---

① Gordon S. Wood, *The Radicalism of the American Revolution* (1991), p. 44.

② John Langbein, "The Twentieth-Century Revolution in Family Wealth Transmission," *Michigan L. Rev.* 86: 622 (1988).

③ Lawrence M. Friedman, *The Republic of Choice: Law, Authority, and Culture* (1990).

穿着和性爱）的权利是现代社会的一个基本理念，其基本化的程度深浅因国而异。每个社会都有一系列独特的观念和行为，但我们发现各地主流的趋势在形式、方向和实质上都何其相似乃尔。

15　　选择的范围无处不在扩大。例如，设想一下与（比方说）两个世纪前相比各西方社会妇女的地位，尽管日本、韩国的妇女地位不同于瑞典或美国，但总体趋势是一样的。

　　我想申明一点。我觉得选择的理念对于当代人极其重要，现代社会选择的范围拓宽了，但这个范围不是无限的。事实上它比大多数人所认为的范围都要窄。人们一般意识不到其文化所加于他们的束缚和限制。普通人乔或简不是训练有素的人类学家，乔买一件男式衬衫，简买一件女式衬衫，二人都认为这完全是他们的选择、他们的品位和他们的决定。当然，在某种程度上他们是对的，没有人拿枪指着他们的脑袋说"买这个或那个"。但时尚限定（甚至命令）着男女衬衫的范围、选择和款式。人们不会停下来问问自己为什么某种款式看起来如此诱人，就在昨天它可能还貌似难看或过时；他们也不问问为什么男人穿衬衫和裤子，从不穿裙子，而女人穿裙子和女式衬衫，有时也穿裤子和男式衬衫。自由选择是事实，但总是在一定限度和界限内进行。社会、社会规范、时尚和习惯——这些经常以拒斥理性解释的方式确定着界限。我们大多数人都没有意识到这些界限，我们只是自动地接受它们。我们生活在有无形墙壁的院落里。

　　第二点，本书试图进行的是描述和解释。我所讨论的变迁是好是坏，这个问题我想主要留给读者。不过我当然对好与坏有自己的观点，这些观点往往一目了然。我也知道实际上不存在纯粹描述这回事：每一种描述也是一种解释。而且我要讲述的情况极为复杂，在每一点上都存在可说可道的反例。一些社会阶层固守着美好的老一套，膜拜之并为之倾力；他们希望现代性的散漫、放任和过度选择只是一个过渡阶段；他们希望美好的过去可以回来。在最后这一点上，他们无疑错了——历史永远不会重演。可谁知道未来会带来什么？或许会带来一些我们今天还无法想象的家庭生活方面的变数。比起嬉皮士或革命者的设想，一个传统主义者关于未来的愿景可能更接近将来真实发生的情况。

　　选择有其对头，不只是传统主义者。这是一个个人的时代，一个隐私勃兴的时代；在发达国家，选择的领域众目具瞻。但这也是个国家权力庞大的时代——大政府的时代。这还是庞大机制的时代：比如触角覆盖全球的巨型公司。巨大即力量；政府和公司均有控制并形塑个人生活的力量。20 世纪是一个民主自由的世纪，却也是一个有过种族灭绝、有史以来最糟的独裁统治、酷烈和强度空前的暴政的世纪。今天，技术对隐私和自主构成了严重威胁：来自窃听、电子监控和计算机生成的档案的威胁。媒体是一把双刃剑。从一个非常真实的意义上说，媒体是深刻的解放，它们传播自由和选择的信息。西方国家的电视尽管唯利是图，面对争议的姿态畏首畏尾，但（尽管如此）它有一种潜在的精神是傲慢并反对独裁。所有独裁者都感到必须对媒体进行限制和审查。但技术和媒体也有惊人的侵扰性。"老大哥"时代不再是科幻小说，新式设备和技术威胁着隐私的原则，它们是（或者可能是）人类基本尊严的强大敌人。本书结尾将回到这个一般主题。

16

第二章　19 世纪的婚姻和离婚

　　美国家庭法的历史如同其他国家一样，是一个极为复杂的故事。① 这个国家是欧洲人建立的，其中大多数人来自英国，它继承了基督教的婚姻与家庭生活传统。这一传统的大量内容历经数世纪幸存下来，其他零星部分已经改变或消失。本章拟择取家庭法历史的几个方面进行讨论。其中之一是所谓的普通法婚姻原则。②

一、普通法婚姻

　　普通法婚姻是一种协议婚姻，男女双方只要彼此简单地订立缔结婚姻的契约，婚姻即告成立。尽管历史上以及宗教术语中，婚姻被认为是圣事，但在美国法中婚姻（用一个高频短语来说）是"民事契约"——布莱克斯通（Blackstone）如此称谓婚姻，美

---

　　① 关于该主题的文献越来越多。总体参见 Michael Grossberg, *Governing the Hearth: Law and the Family in Nineteenth-Century America* (1985)；值得一提的还有 Nancy F. Cott, *Public Vows: A History of Marriage and the Nation* (2000)以及 Hendrik Hartog, *Man and Wife in America: A History* (2000)。

　　② 参见 Grossberg, *Governing the Hearth*, pp. 69 - 75；Ariela R. Dubler, "Wifely Behavior: A Legal History of Acting Married," *Columbia L. Rev.* 100：957 (2000)。

国法学家和法院亦如是。① 当然婚姻是一项极为特殊的契约。假
如两人签订一个马匹买卖合同,他们可以合意取消整桩交易;但 18
缔结婚姻"民事契约"的双方必须持守他们的协议,除非他们遇
到离婚的麻烦——离婚在美国的大部分历史上并非易事。而且如
一位作家所述:签订普通契约的双方"可以确定适合他们自己的
条款",但双方一旦缔结婚姻契约,"则完全由法律来确定其条
款"。②

于是,婚姻是一种身份——无疑是通过协议确定的身份。普
通法婚姻原则把协议的理念贯彻到了一种合乎逻辑的极致。一男
一女只要彼此互说永结同心之语,就足以缔结合法婚姻;不需要
见证人,也不需要任何仪式,双方即时起互相连为一体。他们的
孩子是合法子女,且如同所有夫妻一样,他们对彼此有同等的财
产诉求权利——同那些在教堂举行婚礼、见证人上百、宾朋满
座、华妆盛服并由牧师主持仪式的结婚相比,其权利毫无二致。

在英国,秘密婚姻、非正式婚姻也曾经是普遍实践,这也是
其他国家(如法国)的情形。③ 毕竟对于穷人来说,婚礼是一桩极
为破费的事情。1753 年《哈德威克勋爵婚姻法》(Lord Hardwicke's
Marriage Act)出台以前,英国的法律似乎认可这些婚姻。这部重
要立法摧毁了非正式婚姻的法律基础。该法的标题就是"一部旨

---

① 1 Bl. Comm. *433:"本法所谓的婚姻不过是民事契约,别无他意。"James
Kent, *Commentaries on American Law* (1827), vol. 2, p. 71:"(婚姻)契约如根据
现时承诺(per verba de presenti)缔结……相当于有效婚姻……双方不可取消";肯
特也使用"民事契约"这一术语。

② Epaphroditus Peck, *The Law of Persons or Domestic Relations* (1913), p. 4.
当然,有可能签订婚前协议。

③ 参见 Wally Seccombe, *Weathering the Storm: Working-Class Families from the
Industrial Revolution to the Fertility Decline* (1993), pp. 49–54 以及 R. B. Outhwaite,
Clandestine Marriage in England, 1500–1850 (1995)。

在更有效地阻止秘密婚姻的法令"。此后"结婚预告"必须以一种"与众知悉的方式在教区教堂或公众礼拜堂"连续公示三个礼拜日。所有婚礼必须由（英国教会）公认的牧师主持，结婚必须"当着两个或两个以上可靠证人的面举行"并进行登记。凡试图违反该法律结婚的行为将被判重罪，违法者可能被"发配到英王在美洲的种植园"。①

19　今天的美国在当时是大不列颠的集中殖民地，在《哈德威克勋爵婚姻法》通过二十余年后才取得独立。但非正式婚姻在美国有截然不同的命运。1753 年的英国法不适用于"在海外缔结的婚姻"②，实际上哈德威克勋爵的道路并非美国的道路。曾被赶出英国本土的普通法原则在美洲殖民地得以幸存并繁荣发展。美国独立革命后，在一系列重要案件中，独立的各州总体上承认普通法婚姻是完全合法有效的。

为何如此？普通法婚姻的观念从何而来？为何得以存续？在某些方面，这个问题不难回答。非正式婚姻在若干社会是常态，深深植根于习惯和实践。殖民时期的人们缔结非正式"婚姻"显然司空见惯。结婚者的邻居似乎接受这一观念：他们的婚姻即使不合乎法律，在道德上也是正当的。据说马里兰州的一位牧师认为，如果这些婚姻没有效力，那么在他所在的地区出生的人十有

---

① 参见 Stephen Parker, "The Marriage Act 1753: A Case Study in Family Law-Making," *Int'l J. of Law and the Family* 1: 133 (1987)。《哈德威克勋爵婚姻法》见 26 Geo. II, ch. 33。

② 26 Geo. II, ch. 33, section 8. 该法也不适用于苏格兰，"不适用于贵格会成员之间、犹太教徒之间的婚姻"。奇怪的是，虽然贵格会成员和犹太教徒被排除适用，天主教徒和反对者却未得豁免：他们必须在圣公会教堂结婚，要么不结婚。这种情形至少在 1836 年得到了部分补救，当时议会创设了一种民事婚姻或在不合规的教会结婚的办法。Stephen Cretney, *Family Law in the Twentieth Century: A History* (2003), pp. 8–13。

八九是私生子。[1] "非正式"婚姻并不总是完全非正式的，有时有必要的习惯和仪式——如打破一枚钱币。无论法律是否认可"破钱"为婚姻形式，该社群的人们都认为这是一种缔结婚诺的标志。[2] 得克萨斯州有一种叫作"保证金婚姻"的制度。男女双方签订一份书面协议，其中包含通常的结婚誓言。这份文件有证人做见证，实际上是一种订婚形式，它经常有一项没收条款：任何一方如果反悔，必须支付保证金。[3] 无论人们怎么评价保证金婚姻，它与哈德威克勋爵所设想的婚姻基本上是两码事。

在得克萨斯州以及美国其他地区（尤其是西部），神职人员严重短缺。这无疑是接受普通法婚姻及其他非正式类型结合的原因之一。1766 年，英国圣公会牧师查尔斯·伍德梅森（Charles Woodmason）前往南卡罗来纳州的落后乡村，旨在将宗教福音传播到这个相当野蛮的地区。他的报告称："由于缺少牧师主持结婚，由于那些百姓的放荡不羁，数百人过着同居生活，他们将妻子当牲口般进行交换，处于自然状态，比印第安人更没有规矩和节操。"[4] 伍德梅森可能是夸大其词了，这些夫妻中的许多人可能并不认为他们处于"自然状态"。但牧师短缺确实助长了非正式的结婚方式。

得克萨斯式的保证金婚姻是一种明确的习惯，具有很强的礼仪性；连打破钱币也是一种仪式或典礼。在大多数情况下，这些

20

---

① 该州长的见解参见 Nancy F. Cott, *Public Vows: A History of Marriage and the Nation* (2000), p. 32。

② Richard Godbeer, *Sexual Revolution in Early America* (2002), p. 127.

③ Mark M. Carroll, *Homesteads Ungovernable: Families, Sex, Race, and the Law in Frontier Texas, 1823 – 1860*(2001), p. 113.

④ Richard J. Hooker, ed., *The Carolina Backcountry on the Eve of the Revolution* (1953), p. 15.

婚姻也是公开的行为。然而大多数州认可完全非正式的婚姻——没有证据支持它们，没有人证实这对夫妇确实私下里交换过好合的吉语或誓言。但是与所有重要的法律原则一样，普通法婚姻不是历史上的偶然事件。因此我们应当问：普通法婚姻有什么作用？其目的何在？公开报道的案件对该问题做出了非常清晰的回答。钱财、土地和继承，这些才是问题所在。普通法婚姻是一种解决财产权利诉求的机制，当婚姻由于一方死亡（通常是"丈夫"）而终止时，它保护非正式结合的"妻子"及其子女，这是其主要功能。[1]

在某种意义上，美国是第一个中产阶级国家。没有任何因素可以更好地解释美国法律的诸多曲折以及整个 19 世纪美国社会的性质。美国是第一个普通人拥有一些资产——一个农场、一块土地、一栋房子——的国家。产权、继承和抵押的问题不会出现在那些一无所有者（农奴、佃农等）的生活中。人们一旦有了财产，一旦拥有什么，他们就变成了法律制度产品的消费者。现在，家庭法对他们来说意义重大。一个男人过世，他拥有一个 80 英亩的农场，他的女人是他的遗孀吗？他们的子女是合法继承人吗？

普通法婚姻原则保护与一个男人以稳定关系共同生活的妇女的权利，也保护他们子女的权利。由于普通法婚姻完全是非正式的，几乎从来没有任何实际婚姻证明，所以法官只是假定存在婚约。如果一男一女共同生活并育有子女，过着体面的生活，所在社区认为他们结婚了，则从实践来说他们的确已婚。这些事实引发了普通法婚姻的推定。否则谁能证明婚姻关系的存在呢？在婚

21

----

[1]　一个次要的功能是，在正式结婚仪式存在一些技术缺陷的情况下挽救婚姻和子女的合法性。参见 Askew v. Dupree, 30 Ga. 173（1860），下文讨论见第 23—24 页。

外性行为是丑闻的时代，该原则还保护了配偶及其子女的声誉。事实上，19 世纪在大多数州，婚外性行为都是犯罪。基于这些原因，美国大多数州都接受了普通法婚姻原则；有些州怨声载道，不接受该原则，但这显然是少数。

承认这一原则有效的一些案例可说明其社会功效。19 世纪初的一个重要案例开启了妇女领取抚恤金的权利。原告声称自己是一个名叫威廉·里德(William Reed)的男子的遗孀，里德加入了一个为其成员的遗孀提供抚恤金的社团。事实如下：原告之前与一个名叫约翰·盖斯特(John Guest)的男子结过婚。盖斯特失踪了 7 年，人们推测他已死亡，于是原告改嫁了里德。没想到盖斯特再次出现。显然里德太太已经受够了盖斯特，她仍与里德在一起。盖斯特对此似乎没有异议。从法律上说，该妇女与里德的婚姻无效。她是重婚者，在她与里德举行婚礼时，她的首任丈夫仍健在。但后来盖斯特亡故，随后里德也过世。盖斯特死后，她可以自由地和里德结婚，使一切合法正当化。但没有证据表明她这样做过——没有婚姻仪式的证明。法院仍判给她抚恤金，推定存在一桩有效的普通法婚姻。法院称，婚姻可以从情境"推断"出来：本案当事人"作为夫妻同居"，他们拥有已婚的"声誉"，这就足够了。①

随后在 1918 年俄克拉何马州的一起案例中，法院提出了类似的观点。一位名叫密苏里·A. 托马斯(Missouri A. Thomas)的妇女要求对约翰·托马斯(John Thomas)的遗产享有权利。约翰·托马斯结过两次婚，第一次婚姻生了一个女儿——正是这个女儿反对该"遗孀"的请求权。第一段婚姻结束后，约翰以通常

---

① Fenton v. Reed, 4 Johns. 52 (N. Y., 1809).

的、举行婚礼的正式方式娶了密苏里。后来他们闹翻了，离了
婚。但显然离婚数周后旧情复燃。约翰搬到其前妻密苏里的住
处，两人以一个独立家户一起生活，直到约翰过世。社区的居民
认为他们是已婚夫妇。法院称，这一事实和他们的行为"足以证

22 明推定为有效的普通法婚姻"；密苏里·托马斯是约翰的遗孀，
有权分得其遗产份额。① 显而易见，在这个案例以及若干类似案
件中，如法院所说，"婚姻"只是始于同居——一种"不正当"关
系（"不正当"是指称非法的法律术语）。但即便如此，如一位评
论者所说，一些"不正当"关系"不知不觉地发展为永久的结
合"；"合理的公共政策"应当"接纳其最终的合规性"而非"起
初对法律的漠视"。②

　　在大多数案例中，法院运用普通法原则保护"寡妇"和孩
子。但有一次该原则却反其道而行之，如 1850 年纽约州一起案
例的情形那样。③ 一个名叫乔治·梅瑟维（George Messerve）的男
子在他父亲设立的一项信托中享有终身财产权益。根据信托条
款，乔治过世后，其份额归他的子女所有。乔治娶了一个名叫萨
拉·玛丽亚·扬（Sarah Maria Young）的女子，并和她生了一个女
儿凯瑟琳·安（Catherine Ann）。凯瑟琳·安对这笔信托财产提出
权利主张。但信托执行人拒绝给付，理由为她是非婚生子女。事
实证明她的母亲曾有某些不检点的过去。萨拉·玛丽亚十六岁左
右时从一个名叫理查德·申克（Richard Schenck）的男子受孕。
"根据《私生子法》规定"，理查德被捕，但从未被起诉。孩子出

① Thomas v. James, 69 Okl. 285, 171 P. 855 (1918).
② Robert Black, "Common Law Marriage," *U. of Cincinnati L. Rev.* 2：113, 133 (1928).
③ Clayton v. Wardell, 4 N.Y. 230 (1850).

生后，他与萨拉·玛丽亚住在一起（孩子不到一岁夭折），人们以为他们结婚了。后来分手时，他们制订了一份称为"分居协议"的文件，文件述称他们为夫妻。两人分道扬镳后，萨拉·玛丽亚嫁给了乔治·梅瑟维。

显然，假如萨拉·玛丽亚已婚（若她与理查德·申克存在普通法上的婚姻），则她与乔治的"婚姻"根本不是婚姻，而是重婚，因此无效。这里的情形是，一对男女共同公开生活，至少有一次他们声明结婚了，且人们认为他们已婚。通常这些事实会让法院有充分理由以普通法方式认定他们的确已结婚。但在本案的特殊情况下，这样的裁判结果会很糟糕：它将使凯瑟琳·安成为私生女，并剥夺其遗产。纽约法院拒绝这么判。法院称，证据可否定前桩结合。理查德与萨拉·玛丽亚是"不正当"关系，而她与乔治的婚姻是合法的，凯瑟琳·安有权获得她的财产。

该案显然使一些法官感到困扰，其中三名法官投了反对票。撰写赞同意见的法官评论道："非法同居生活"是一种"道德沦丧"的情形，"在所有文明社会"这种人都被"排除于同体面人的结合之外"。因此，假如两人公开共同生活，正确的做法是推定其关系的"纯洁性"。但本案情况不同，因为推定第一段关系合法的话，会使第二段关系的女儿成为私生女。①

这些案例转向了钱财问题，它们由土地和金钱激发，是土地和金钱促使这些案件进入法院。但是性、婚姻和同居不仅仅是决定某人死后谁获得农场的方式；它们是亲密无间的关系，宗教律法试图对其进行规制，社会规范试图对其进行评估、裁判和教

① Clayton v. Wardell, 4 N. Y. 230 (1850), p. 239.

化。即使道德不驱使这类案件进入法庭，它也从未远离它们。在
1860 年佐治亚州的一起案例中，[①] 焦点是程序问题：詹姆斯·杜
普雷（James Dupree）和他的妻子尤赖亚（Uriah）对一个名叫尤赖
亚·艾斯丘（Uriah Askew）的男子提起诉讼。原告指控男尤赖亚
对女尤赖亚父亲的财产管理不当。男尤赖亚提出一个技术层面的
异议：他主张詹姆斯和女尤赖亚没有真正结婚，因而詹姆斯不能
成为这起诉讼的当事人。詹姆斯和女尤赖亚认为（或一度认为）
他们已结婚，婚礼是由一位自称是"福音派牧师"的 A. 巴克纳
（A. Buckner）主持的。但据称在他们结婚前，巴克纳已经"被教会
革职"，他的证书被吊销并被"逐出教会"。因此，被告向原告尤
赖亚辩称，她的婚姻无效，她所认为的丈夫根本不是她的丈夫。

24   书写判决书的伦普金（Lumpkin）大法官支持女尤赖亚的主
张。巴克纳诚然无权为其主持婚礼，婚礼仪式无效；但（法官
说）她与詹姆斯具有合法的普通法婚姻，虽然没有证据支持这一
点。同时伦普金也承认，他说"从来不知"有"自我合法化"的
婚姻。但普通法原则是一个明智之举，尤其对于"女性……她的
名誉得以挽救，这一点比什么都重要，甚至超过生命本身"。法
官称，毕竟（当时）佐治亚州法律允许年满 14 岁的男孩和 12 岁的
女孩——（法律意义上的）"幼儿"——"缔结有约束力的婚约"，
这有悖于一般规则，即法律不认可"幼儿"缔结的契约有拘束力。
其原因何在？在这样的年龄阶段，"性冲动通常已发育"；法律以其
智慧"防范由私通导致的多重罪恶，宣布即使幼儿也有能力形成婚
姻关系"。显然对于伦普金来说，普通法婚姻具备同样的有益效
果，它将男女从"私通"中拯救出来；它只是通过简单地重新贴标

---

① Askew v. Dupree, 30 Ga. 173（1860）.

签，将"私通"标为"合法结合"，就做到了这一点。这种做法似乎没有困扰伦普金。但他生活在一个非常注重面子的时代。威胁社会的不是苟合本身，而是对规范嗤之以鼻的苟合，是蔑视、攻击和试图破坏传统道德的苟合。传统道德能够在不计其数的隐恶之下幸存，但它无法存活于公开的反叛之中。

普通法婚姻也挽救儿童，给予他们农场和金钱，这非同小可。它保护了孩子父母的声誉，用这种方式拯救孩子以脱离私生子的可怕标签。斯特朗（Strong）大法官在联邦最高法院1877年的一起案件中指出：婚姻是"一项普通权利的事务"，"鼓励"婚姻是国家政策。如果没有普通法婚姻，"很多没有意识到违法的父母的孩子"将会成为"非法子女"。[①] 当然我们不知这些父母是否"意识"到"违法"。但这一考虑无关紧要。

二、作为契约的婚姻

25

如我们所说，普通法婚姻得到了大多数州的认可。然而自19世纪中叶起，普通法婚姻确实有起有落——主要是衰落。我们将看到，自19世纪末开始，某些因素阻碍了普通法婚姻的发展。但它的存在从根本上充分说明了婚姻的社会意义。法律渊源一再将婚姻当作"民事契约"——不是圣事，不是国家赏赐，而是契约、协议。当然如前所述，婚姻是一项极为特殊的契约、一种不同寻常的契约。但将其作为"契约"的观念的确触及了某些真实的东西。婚姻依赖于双方的意志、选择和决定，国家（仿

---

① Meister v. Moore, 96 U.S. 76, 81 (1877).

佛）是局外旁观者，教会亦然。婚姻的基础是爱——不是家庭，
不是财产或国家的因素，而是爱。

实际的"契约"可能是虚构的，但将婚姻想象为一对男女之
间的自由选择、自由意志与真实合意之事却并非虚构，事实上这
是铿锵浪漫的爱情的理想化反映。[①] 毋庸置疑，婚姻的后果根本
不取决于协议。无论如何，很少存在这种协议的任何真实凭
据。怎么会有呢？该协议须通过声誉、推定和暗示加以"证
明"。于是如前文所指出的那般，在实践中普通法婚姻原则意
味着：如果当事人所在的社区认为他们结婚了，如果他们的举
止方式如同已婚者，则即使没有婚礼仪式或任何证据，也假设
或推定他们已结婚。由此，是行为给配偶关系蒙上了一层道德
的光辉。如果它看起来像中产阶级婚姻，其行为像中产阶级婚
姻，其感觉像中产阶级婚姻，那么在法律上它就是中产阶级
婚姻。

故普通法婚姻原则在某种意义上指向两个截然不同的方向。
一方面，它允许人们完全自行建立亲密关系，无需国家和教会的
介入；另一方面，它接受（社会上公开遍在的）非正式关系和承
诺关系并使这些关系合法化，从中揭去了邪恶或罪恶的标签。该
原则还有若干附属功能。如（上述）佐治亚州案那样，它收拾了
失败的仪式婚姻所留下的烂摊子。这也是清理非法性行为所造成
的混乱的一种方式：它给当事人一个获得合法性的机会以洗刷自
己的罪恶，至少在法律看来如此。在纽约州 1889 年的一起案例
中，[②] 一个名叫约瑟夫·高尔（Joseph Gall）的鳏夫和他的厨师阿

26

---

① 总体参见 Karen Lystra, *Searching the Heart: Women, Men, and Romantic Love in Nineteenth-Century America* (1989)。

② Gall v. Gall, 114 N. Y. 109, 21 N. E. 106 (1889).

梅莉亚·斯蒂布(Amelia Stieb)开始了一段"奸情"。他当时年届八十。在某种程度上,约瑟夫是男人值其黄金时代的一个了不起的广告——远在伟哥之先;由于这种"亲密关系",阿梅莉亚怀孕了。约瑟夫带她去看医生,医生确认了怀孕事实。阿梅莉亚生了一个女儿。老约瑟夫供养女儿,给她买了栋房子,安顿她和她的母亲同其他家人,并经常去探访——在那过夜,与阿梅莉亚同床共枕,"同桌而食"。他们形同夫妻,他确实称她为"高尔夫人",有时称她为"我的妻子"。最终他搬过去和她长期同居。但他对"老熟人"从不提及他的妻子,继续如鳏夫出没——原因如法院所说,可能是他对娶了自己的厨师这一事实感到难为情。当他82岁过世时,阿梅莉亚(在他去世时再次怀孕)起诉主张对其遗产的法定份额。她胜诉了。法院指出,约瑟夫与阿梅莉亚起初是"完全不正当"关系,但后来具有了一切正当性的表征。"两名异性明显体面而有序地同居,这或多或少会让人产生他们已正式结婚的推测。"换句话说,他们真正结婚与否是一个事实问题,对此陪审团有权做出有利于阿梅莉亚的决定,而他们正是这样做的。①

简而言之,普通法原则挽救了与男子非正式共同生活的妇女的声誉和体面——维护了她们,同时也保护了她们的财产

---

① 本案还有一个问题:阿梅莉亚在遇见约瑟夫·高尔之前已结婚,这段婚姻从未合法解除。而她的第一任丈夫约翰·杰曼(John Jermann)本人在和阿梅莉亚结婚之前也结过婚,这场婚姻也从未合法解除——海伦娜·杰曼(Helena Jermann)在结婚两周后就抛弃了丈夫,他们签署了一份分居协议,约翰认为这相当于离婚(其实不然)。根据纽约州的法律,如果杰曼的妻子已离开5年且没有证据证明她仍在世(显然她还活着),则他有权再婚。陪审团在这个问题上也做出了对阿梅莉亚有利的裁决,即第一丈夫没有权利娶她,因此她与杰曼的婚姻无效。如果这段婚姻无效,则她可以自由地与约瑟夫·高尔结婚。

权。这些妇女是正派的，不是那种活在"奸情"中的人。同时，
该原则将这种同居关系界定为婚姻关系，认定为真实有效的婚
姻，而不是别的什么——处于某种中间地位、介于"奸情"和
27　完全婚姻之间的关系。以此，社会规范（和法律）强调了一个相
当传统的观点：性和家庭伴侣关系在婚姻中——也唯有在婚姻
中——是可以接受的。婚姻的定义略有扭曲，这很不幸但在所
难免。

三、离婚法

　　离婚在美国有一段错综复杂的历史。婚姻终结程序总是比其
开始程序更具有争议性，从法律上讲也更为复杂。"家庭法"律
师和专家基本上是离婚业务律师。人们结婚不需要律师，维持婚
姻也不需要律师；但大多数社会的人们离婚需要律师，通常也需
要法官和法院。不过离婚的社会意义取决于婚姻的社会意义，离
婚的法律形态来源于婚姻的社会定义。婚姻是圣事吗？抑或仅仅
是契约，一种特殊类型的契约？是伴侣关系，某种形式的伙伴关
系，或某种因奉子所及的重要身份？或者是个人成长和自我实现
的主要因素？这些问题的答案很可能决定着任何一个特定社会现
行离婚法的样貌。

　　16 世纪亨利八世（Henry VIII）与罗马天主教会决裂，部分原
因是离婚问题。国王离了婚，但英国法在数世纪里却不允许普通
人离婚。离婚程序非常烦琐，且极其昂贵。比如一个男子如果想
和妻子离婚，首先须提起合法分居之诉，继而他得控告妻子通奸
（一种基于"私通"的民事诉讼），随后他必须向议会提出申请，

要求通过一项私人法令来解除他的婚姻。① 显然，这意味着大众没有离婚机会。离婚相当罕见，只有百折不挠的权贵富豪才有望离婚。

这种情况一直持续到 1857 年，当时议会通过了离婚改革法。但即使依据该法令，离婚实际上也只限于富人。此时离婚成为司法程序而不再是议会程序。但离婚过程对于穷人或中下阶层来说还是过于昂贵。新的离婚法院只在伦敦设立——这对于大多数国民来说是又一障碍。此种不便并非意外，相反这正是政府所希望的。人们普遍认为，如果普通人有机会离婚，英国社会的道德结构就会濒临危险。精英们——起草法律并表决的人——笃信此点。② 事实上 1857 年法令颁行后，离婚仍旧相当罕见。1895 年只有 573 份离婚申请，1900 年有 609 份；直到第一次世界大战之时，每年的离婚申请数量都不足一千份。③ 我们还将看到，离婚理由受到这部法令的严格限制。

离婚在美国更为容易。④ 可以肯定的是，19 世纪上半叶在很多州，尤其南方各州，离婚的唯一途径就是向立法机构提出申请。（在某个州——南卡罗来纳州——完全不可离婚，这种状况

---

① Stephen Cretney, *Family Law in the Twentieth Century: A History* (2003), p. 161.

② Lawrence Stone, *Road to Divorce: England, 1530 - 1987* (1990), pp. 371 - 372.

③ Gail Savage, "'The Magistrates Are Men': Working-Class Marital Conflict and Appeals from the Magistrates' Court to the Divorce Court after 1895," in George Robb and Nancy Erber, eds., *Disorder in the Court: Trials and Sexual Conflict at the Turn of the Century* (1999), pp. 231, 233.

④ 关于美国离婚史存在大量文献，参见 Glenda Riley, *Divorce: An American Tradition* (1991); Nelson M. Blake, *The Road to Reno: A History of Divorce in the United States* (1962); Norma Basch, *Framing American Divorce: From the Revolutionary Generation to the Victorians* (1999).

一直持续到 20 世纪中后期。）自然，经由立法的离婚不是特别常见。不过，向州立法机构申请离婚（比如亚拉巴马州）比请求在伦敦的英国议会批准离婚要轻松得多；事实上一些南方州的法律文本充斥着批准特定夫妇离婚的法令。例如 1789 至 1835 年间，佐治亚州立法机构批准了 291 起离婚。① 这些法令通常极为简明扼要，聊举其中一例。1847 年马里兰州的一项法令简单宣布：萨拉·普赖斯（Sarah Price）和约翰·普赖斯（John Price）的婚姻"永久无效"，且夫妻"离异"（divorced a vinculo matrimonii）。② 但每项法令的背后，当然有一番附有申请书、宣誓证词和旨在说服持怀疑态度的大群立法者的陈述。③ 立法机构决不会未经审查就批准离婚申请书。1841 年在弗吉尼亚州，奥林匹娅·梅里迪思（Olympia Meridith）希望与她丈夫——一个名叫穆迪·布拉德（Moody Blood）的恶霸无赖——离婚。穆迪因收受盗窃赃物入狱，撇下了奥林匹娅及她的两个孩子：弗莱明·布拉德（Fleming Blood）和弗兰德里斯·布拉德（Friendless Blood）。立法机构却驳回了她的离婚请求。两年后她再次试图申请离婚，立法机构再度驳回申请。④ 在弗吉尼亚州经由立法程序离婚的时期，男女申请离婚的数量大抵相当；历年大部分的申请书都未获得立法机构的批准。总的来说，在废除该制度之前，只有三分之一的申

29

---

① Lawrence M. Friedman, *A History of American Law* (2nd ed., 1985), p. 205.

② Laws Md. 1847, ch. 130.

③ 关于这一过程参见 Thomas E. Buckley, *The Great Catastrophe of My Life: Divorce in the Old Dominion* (2002)。

④ Thomas E. Buckley, *The Great Catastrophe of My Life: Divorce in the Old Dominion* (2002), pp. 96 - 97.

请者获准离婚。① 在南方数州，离婚起初是向法院申请，后来
由立法机构审批。例如 1840 年以前的密西西比州正是这种
情形。②

在北方各州，离婚更为自由可行；离婚的途径是经由法院而
非立法机构。宾夕法尼亚州于 1785 年制定了一般离婚法，翌年
马萨诸塞州也通过类似立法。根据北方各州的法律，丈夫或妻子
均可向法院提出离婚请求。原告必须是无辜的一方，是受另一方
配偶委屈的一方。各州均有一个法定的过错列表，相当于离婚
"理由"，列表通常包含通奸和遗弃。例如在康涅狄格州，可以
从法院获准离婚的理由有：通奸；婚约欺诈；故意遗弃、完全不
履行婚姻责任 3 年；以及"'7 年'杳无音信"。③ 有些州比其他
州限制更多。纽约州是一个以离婚限制严格著称的例子，在该州
只有通奸可以作为离婚理由。在其他州，除通奸和遗弃外，虐待
也被列入理由列表；不同的州还各有其他理由——如酗酒或犯有
严重罪行。在新罕布什尔州，其中一方如果加入排斥婚姻的"宗

---

① Thomas E. Buckley, *The Great Catastrophe of My Life: Divorce in the Old Dominion* (2002), p. 269, 271.

② 从 1803 年起，密西西比州赋予衡平法院对离婚案件的管辖权。(Stats. Miss. Terr. 1816, p. 252.) 遗弃(5 年以上)和通奸是离婚的基本理由。然而在 1821 年的法令中，如一项法令宣布，"鉴于"担任科文顿县县长的尊敬的波瓦坦·埃利斯(Powhatan Ellis)"下命令、判决和裁定"约翰与萨莉·库尔特(Sally Coulter)之间的婚姻关系解除，立法机构("两院中 2/3 的人同意"[原文如此])决定"解除并取消"库尔特夫妇之间的"婚姻关系"。(Laws Miss. 1821, ch. 57, p. 155.) 根据密西西比 1840 年法第 18 章的规定，所有离婚判令"都是最终裁决，拘束力形同(原文如此)立法机构的立法"。

③ Conn. Stats. 1824, Tit. 23, p. 124. 一条编者注(同上)解释道，该法"并不违反上帝的律法，也不违背社会的最大利益"，尽管有人认为"除了……通奸以外，救主禁止离婚……"。编者还觉得没有哪个国家的"夫妻生活比本国更加贞洁和幸福"。

教派别"且"拒绝同居满 3 年"，也是离婚的理由。① 此项是针对不信任亲密关系（这对于常规婚姻是一个致命打击）的震颤派*教徒。在肯塔基州，夫妻一方若成为号召"放弃婚约"或禁止"夫妻同居"的组织的成员，也允许离婚。②

四、双重标准

从形式上说，美国的离婚法几乎是性别中立的。至少在纸面法上，19 世纪的夫妻拥有同等的法定离婚权利。在其他一些法律体系中，所谓的双重标准是法律本身的组成部分。根据 1857 年英国法，男子可以以通奸为由与妻子离婚；但妇女如果起诉离婚，其丈夫的普通通奸行为作为理由是不充分的。妻子若想离婚，她丈夫必须犯有某种严重的通奸——"乱伦通奸、重婚加通奸、强奸、鸡奸或兽交"，或通奸伴随足以使她有权要求合法分居的虐待行为，或通奸加"2 年及以上无正当理由的遗弃"。③ 1825 年的《路易斯安那州民法典》（第 136、137 条）和早期的路易斯安那州法规有类似的区分。如果已婚者要求合法分居（所谓

---

① N. H. Rev. Stats. 1851, ch. 148, p. 298.

* 震颤派（Shakers）是 18 世纪从英国贵格会分化出，后流行于美国的一个宗教派别，否认基督的神性，崇信圣灵，倡导禁欲独身和务农。——译者注

② 参见 Ky. Rev. Stats. 1943, sec. 403. 020(2)(f)。

③ Allen Horstman, *Victorian Divorce* (1985), p. 79；又见 Dorothy M. Stetson, *A Woman's Issue: The Politics of Family Law Reform in England* (1982), ch. 2；加拿大一些省份的法律也对男女通奸进行了区分：D. C. McKie, B. Prentice, and P. Reed, *Divorce: Law and the Family in Canada* (1983), p. 38；关于美国的性别角色参见 Naomi Cahn, "Faithless Wives and Lazy Husbands: Gender Norms in Nineteenth-Century Divorce Law," *U. of Ill Law Review* 2002: 651。

"分居式"离婚），妻子只要通奸就是丈夫所需要的充分理由；但妻子唯有在丈夫厚颜无耻地留"姘妇""住在同一屋檐下"时，才能起诉丈夫通奸。没有人会被美国大多数的法律形式上的性别中立这一事实蒙蔽。和其他国家一样，美国普遍盛行双重标准。例如，进入20世纪以来，一些州关于通奸的刑事法律就对丈夫和妻子进行了区分。如在明尼苏达州，已婚妇女与"丈夫以外、不论是否结婚"的男子发生性关系，都犯了通奸罪；但已婚男子只有同已婚妇女有性行为时才触犯通奸罪，[1] 已婚男子和单身女性(或妓女)发生性关系根本不是刑法上的通奸。

在社会上，男人如果发生婚外性行为不难得到原谅，而这对于良家妇女来说则是不可能的。根据所谓不成文的法律，一个发现妻子不忠的男人可以自由地杀死他妻子的情夫，被戴绿帽子的丈夫几乎从来不会因杀人罪而受到惩罚。[2] 实际上没有成文法包含这一"法律"，但它确然体现在检察官和陪审团的行为中。1859年华盛顿特区轰动一时的丹尼尔·西克尔斯(Daniel Sickles)案只是其中一个例子。国会议员西克尔斯年轻的妻子特蕾莎(Teresa)出轨菲利普·巴顿·基(Philip Barton Key)(《星条旗永不落》作者之子)。西克尔斯发现此事后，在华盛顿街头枪杀了基。他在陪审团面前受审，被宣判无罪。[3] 遮掩这一具有赤裸裸 31

---

① Gen. Stats. Minn. 1913, sec. 8702, p. 1921.

② Lawrence M. Friedman, *Crime and Punishment in American History* (1993), pp. 221 - 222. 关于"不成文法"参见 Hendrik Hartog, "Lawyering, Husbands' Rights, and 'the Unwritten Law' in Nineteenth-Century America," *Journal of American History* 84: 67 (1997); Robert M. Ireland, "Frenzied and Fallen Females: Sexual Dishonor and the Unwritten Law in the Nineteenth-Century United States," *Journal of Women's History* 3: 95 (1992)。

③ 关于这起审判参见 Nat Brandt, *The Congressman Who Got Away with Murder* (1991)。

的偏祖性判决的"无花果树叶"是西克尔斯主张的"暂时性精神
错乱"。他的律师声称，如果男人发现妻子不忠，其情形很容易
激起他杀人的怒火。这一说法是否真的说服了陪审团是另外一回
事。也许陪审团对西克尔斯律师的其他观点回应更多：基是罪大
恶极的人渣，死有余辜。在 19 世纪另一起著名的案例中，丹尼
尔·麦克法兰（Daniel McFarland）被指控谋杀了阿尔伯特·理查
森（Albert Richardson）。阿尔伯特曾和丹尼尔的妻子阿比盖尔
（Abigail）有染。阿比盖尔和丹尼尔离婚后，开始与阿尔伯特同
居。丹尼尔射伤了阿尔伯特，致使其两个月后死亡——在"一场
臭名昭著的阿尔伯特与小阿比的床笫之欢"之后。[1] 在 1870 年的
审判中，该案律师也描述了一幅男人在妻子背叛时被逼精神错乱
（当然是暂时的）的画面。陪审团判决丹尼尔无罪。[2] 在这个案件
中，前夫杀死了破坏其婚姻的男人。通奸是离婚的理由，但女人
的通奸行为（如这些案件所示）也是谋杀的理由。换言之，家庭
法（包括离婚法）在实践中体现了维多利亚时代道德规范的冷酷
无情。

　　当然，这些规范只是在我们现代人看来才显得那么无情、那
么偏颇，在当时它们似乎公正且必要。男女分"域"的传统家庭
似乎是上帝计划的一部分。或许更重要的是，这是社会的基石，
是建立其他一切的基础，对它进行篡改或修补就是在威胁社会秩
序的整体结构。对于有这种想法的人来说，离婚是一种只能在极
端情况下才诉诸的邪恶，一种除非剂量很小，否则就有毒的毒性
药物。

---

　　① Hartog, "Lawyering," p. 74.

　　② 关于这起审判参见 Nancy F. Cott, *Public Vows: A History of Marriage and
the Nation*（2000），pp. 107 – 108。

　　这是官方的观点，或许也是大多数人的观点。但离婚犹如结婚一样，是一件非常私人化的事情。离婚是终结破碎不幸的婚姻的方式，离婚也是一种社会现象。诚然婚姻幸福或不幸的因素——哪些使婚姻开始或结束，哪些可以忍受或不可忍受——对于每对夫妇都是独特的，但幸福和不幸本身也是社会现象，其反映男女对婚姻的期望，反映什么是对婚姻誓言的违背，也反映什么是对婚姻、爱情或性的失望。于是离婚法受到社会对婚姻定义的影响，它反映了社会的期望：人们摆脱一桩婚姻想要的是什么。但离婚首先是一种法律制度。离婚需求是一种对法律身份的要求，而从一桩婚姻抽身、卷铺盖走人或者搬到别人家里住，没有人需要正式的离婚或法院判决。但如果你想合法正当地再婚，如果你想开始一个新的合法家庭——一个可以在社会上抬起头来的家庭，也许更重要的一点是在寿终时可以传承财产的家庭，就确实需要离婚。

32

　　这意味着离婚需求的增加不仅仅是男女关系的反映，尽管它当然肯定是这方面的反映。美国生活的经济事实对离婚需求的产生起推波助澜的作用——首要的是土地和其他财产的广泛拥有。如前所述，美国是第一个中产阶级国家，第一个众多家庭拥有一块土地、由此需要明确的法律所有权界限的国家。离婚于是具有了重要的经济功能。直到19世纪上半叶，已婚妇女结婚后就丧失了控制、出售或购买不动产的权力，权力在丈夫的手中。1812年，马里兰州的立法机构批准安妮·霍斯金斯（Anne Hoskyns）与她的丈夫约翰·亨利（John Henry）离婚。约翰犯有伪造罪，他撇下安妮及三个孩子还有一堆债务溜之大吉。然而根据法律，只要他们结婚了，约翰·亨利·霍斯金斯（John Henry Hoskyns）就掌管了安妮的财产，这意味着不仅约翰·亨利有权力控制安妮的财产，而且他的债权人也有此控制权。离婚成为一种让安妮的丈夫离开她从而解决问题的办法。① 该案的离婚有助于避免 19 世纪人们所憎恶的一种情况：阻止或阻挠出售土地。妇女未经丈夫同意不能出售土地，可假如他抛弃了你，你怎么能征得他的同意？这不仅对妻子来说是个问题，对于那些想买地的人亦然。

33　　离婚法也是通往再婚的门户，通过再婚，一个男人或女人可以建立一个新的体面家庭。他们的孩子是合法子女。妻子(或丈夫)可以要求分享彼此的财产。这不仅仅是一个经济问题。两人可以作为已婚人士而不是通奸者正大光明地在社会中生活。在大多数州，招摇过市的通奸不只是丑闻，也是刑事犯罪。② 可以肯定的是，离婚在 19 世纪也带有耻辱意味，但通奸的耻辱更深、更难以洗刷。

五、一项地下需求

19 世纪末，美国的离婚率扶摇直上，其背后无疑是离婚需求的增加。根据美国官方数据，1867 年有 9937 起离婚，1886 年为 25,535 起，至 1900 年每年有 55,000 余起。③ 与 20 世纪末的离婚率相比，这些数字似乎并不触目惊心。但与英国相比，这个

① 引自 Richard H. Chused, *Private Acts in Public Places: A Social History of Divorce in the Formative Era of American Family Law* (1994), p. 44。

② 例如佛罗里达州的法律 Laws Fla. 1874, p. 41。在一些州(佛罗里达州是其中之一)，只有"招摇过市的"通奸行为违反刑法，偶尔秘密的通奸行为不被定罪。

③ U. S. Bureau of the Census, *Marriage and Divorce, 1867 - 1906*, Part 1, p. 14(1909).

比率是惊人的；对19世纪的很多体面人来说，剧增的离婚数量是一个令人震惊的发展。当然对于罗马天主教徒来说，离婚是被禁止的，但罗马天主教徒在美国是少数派。[①] 对于作为大多数的清教徒而言，离婚虽然不是绝对禁止的，但似乎充其量是一种必要之恶，是一个社会某方面存在严重悖谬的迹象。离婚是危险的，它可能削弱整个婚姻制度的生命力。轻松离婚是一个特别糟糕的政策，它纵容家庭的解体。人们认为在"较低阶层"离婚的危险最大，低层人最容易因离婚法律过于松懈而"颓废堕落"。[②] 19世纪的家庭法论文作者乔尔·毕晓普（Joel Bishop）这样写道："婚姻……是至高的公共利益。因此表面上，每一桩特定婚姻对公众都是有利的，每一起离婚都是有害的。"如果婚姻不再是"永久身份"，而变成"实验性、临时性安排和短暂伙伴关系的主题"，其结果将是"社会本身的堕落"。根据毕晓普所说，理想状况下的婚姻应当是"终身结合"。"形象地说"，伴侣双方"应当执手一起迈过人生的悬崖峭壁，走过缓坡和绿岗，最后一起长眠于山脚下"。[③]

34

毕晓普认为，在乌托邦不会有离婚；但美国不是乌托邦。离婚即使一般并不可取也是必要的。若无离婚，就会有更糟的危险：如果人们的婚姻完全破裂而不能离婚和再婚，这些人就会"容易……违反道德规则，要么淫乱放纵"，要么以非真正婚姻

---

① 在天主教徒占多数的国家，对离婚的抵制自然要强烈得多。在革命时期的法国，离婚得到认可，但保守派的反应导致离婚法于1814年被废止，直到1876年法国法律才规定许可离婚。参见 Dominique Lepetit, *L'Histoire de France du Divorce de 1789 à nos Jours* (n. d.), pp. 47-57。

② Basch, *Framing American Divorce*, p. 87.

③ Joel Prentiss Bishop, *New Commentaries on Marriage, Divorce, and Separation* (vol. 1, 1891), p. 16.

的方式"结合"，导致"私生问题"。① 毕晓普在这里打击了可能是盛行于贵族精英中的保守路线。离婚应当是可能但不常见的，仅限于以下情况适用：其中一方犯有严重的侵害婚姻的罪行。因此这些精英（特别是宗教领袖）反对任何使离婚更廉价轻松的举动。他们大抵是成功的，由于他们的努力，19 世纪末尽管各州对离婚的官方法律有所修订，但实质变化相当有限。离婚法律在大多数情况下是僵化不变的。

然而，尽管正式离婚法已被锁定，尽管道德上对离婚的强烈反对造成了法律上的僵局，但悄无声息、潜滋暗长的离婚需求仍在继续。男女需要并想方设法摆脱死亡或垂死的婚姻。教科书作者和法官辞色俱厉的规则随处清晰可见：法律不允许双方合意离婚这样的事情。同样清晰的是，制造离婚证据是违法的。如一部古老的佐治亚州法规所述："凡通奸、遗弃、虐待或醉酒的指控是出于双方当事人的合谋，并旨在促成离婚者……不予离婚。"②
1910 年一位新泽西州的副州长说："我们的法律政策不赞成离婚。"凡一对夫妻"一致同意其中一方对另一方提起离婚诉讼且没有进行质辩"者，即为"合谋"；离婚不得以合谋为基础。③ 离婚必须基于真实的"理由"——基于一方无辜，一方有罪。两个文明人如果只是感觉他们的婚姻失败就最好放弃并重新开始，理论上他们绝对不可能得逞。或者如果他们双方都有罪——比如双方都有情人——理论上他们也无法摆脱婚姻。他们被捆绑在一起，直至死亡将其分离。如果其中一方有暴虐或不端行为，但该

---

①　Joel Prentiss Bishop, *New Commentaries on Marriage, Divorce, and Separation*（vol. 1, 1891）, p. 21.

②　Ga. Stats. 1873, sec. 1715, p. 297.

③　Sheehan v. Sheehan, 77 N. J. Eq. 411, 77 A. 1063（1910）.

行为不在法定的离婚理由之列，理论上这种情况他们也无法逃脱婚姻的束缚。婚姻被假定为一生之久——那是咒语；只有满足法律的严格要求时，才有可能离婚。

但这纯粹是在理论上而言，实践上则完全不同。实际上大多数离婚恰恰是合谋。[1] 仔细阅读一下资料便可以发现，自1870年左右起，离婚的活法确实发生了变化。离婚变得更为常见——且更有欺诈性。大多时候法院的诉讼程序基本是走过场。事实上多数离婚显然是讨价还价的结果，是一项终止婚姻的协议，是合意离婚、已成定局——事先已做出决定。这并不意味着在成千上万的离婚案件中丈夫和妻子同样渴望结束婚姻，我们无从得知事实是否如此。也许只有男人想要离婚——比如可以自由地娶他的女朋友，无疑这种情况经常发生。也许妻子不情愿地让步，或者觉得被迫这样做。不论是什么情况，丈夫和妻子在迈进法院的大门前，十有八九已达成某种协议，尽可能地解决了他们的争议。

通常情况下，实际提起诉讼的是妻子而不是丈夫。[2] 在合谋离婚兴起以前，大多数的离婚案件可能是基于对婚姻的真实侵害，男和女作为原告的数目大致相等。迨至19世纪末，原告的明显多数是妇女。20世纪在无过错离婚法通过之前，女方也是离婚案件原告的绝对多数。例如在加利福尼亚州的圣马特奥县，1950至1957年间有81.7%的离婚案件的原告是妇女。[3] 这种情

---

[1] 参见 Lawrence M. Friedman, "A Dead Language: Divorce Law and Practice before No-Fault," *Virginia L. Rev.* 86: 1497 (2000)。

[2] 参见 Lawrence M. Friedman and Robert V. Percival, "Who Sues for Divorce? From Fault through Fiction to Freedom," *J. Legal Studies* 5: 61(1976)。在其他法律制度中，妻子也比丈夫更经常地成为离婚案件的原告。德国的情况参见 Dirk Blasius, *Ehescheidung in Deutschland, 1794–1945* (1987), pp. 159–160。

[3] 感谢斯坦福大学法学院 JSD 项目入选生阿尔伯特·洛佩斯提供的这些数据。

形的原因有很多。比如在纽约州，通奸是离婚的唯一理由，如果妻子指责丈夫通奸比丈夫指控妻子通奸丢脸的程度要轻。① 另外，如果妇女希望得到离婚后的扶养费或者孩子的监护权，从实践上来说，她必须是"清白"的一方。于是通常情况下会由妻子提起诉讼，并诉称某种最好或最方便的法定理由——虐待、遗弃或通奸。

在允许以虐待为由离婚的州，虐待往往是广受青睐的理由。遗弃的诉由也颇受欢迎。除了纽约和其他一些州将通奸作为唯一的离婚理由以外，人们不以通奸为由诉求离婚。这种诉讼理由过于龌龊和充满敌意。1919 年在旧金山妇女起诉离婚的理由中，虐待占 40%，遗弃占 31%，冷落占 24%，通奸作为理由的数据寥寥，只有 1%。② 很难想象通奸在旧金山如此罕见。在通常情况下，丈夫只是以不作为来扮演他的当事人角色。他缺席法庭，也不提出答辩。因此没有什么可以反驳原告的可怜遭遇，她通常至少有一个支持她的证人来佐证她的不幸故事，法官会直接判决准予离婚。法官们并不天真，他们当然知道在发生什么。大多数情况下他们不闻不问。偶尔有法官公然反对合谋离婚制度，但大多数法官只是保持缄默。1930 年左右，两位在某州（俄亥俄州）对合谋离婚进行研究的作者这样写道：只有把头埋进沙子的"谚语中的鸵鸟"才会幻想离婚法的实际运作是按照"法律书本"所述

---

① Basch, *Framing American Divorce*, p. 102；又见 Friedman and Percival, "Who Sues for Divorce?"

② Sam B. Warner, "San Francisco Divorce Suits," *Cal. L. Rev.* 9：175，177 (1921)；又见 Joanna Grossman, "Separated Spouses," *Stanf. L. Rev.* 53：1613，1633 - 1637 (2001)。

进行的。①

在美国还有其他规避严格限制离婚法的情况。联邦制度打开了一扇大门。各州都有主权，都有自己的离婚法。根据《宪法》，各州应当给予姊妹州判决充分的"信任"。因此在一个"轻松"离婚州的有效离婚可以得到其他所有州的认可。

一个"轻松"离婚州通常在两方面宽松：它会有一长串解释松散的离婚"理由"，而且它会有短暂居住期的要求，以便使过客可以前来栖居、离婚并随即离开。19世纪若干州试行轻松离婚。这就是所谓的"离婚工厂"。印第安纳州是一个突出的例子，南、北达科他州亦然。但是离婚工厂很难保持自身的"轻松"。那些反对轻松离婚的批判之声沸沸扬扬且持续不断，最终各"轻松"州不得不收紧法律，关闭向临时过客授予离婚的生意。20世纪主要的离婚工厂是内华达州。这是一个贫瘠的沙漠州，资源稀少，人口单薄，顾忌也更少。② 轻松离婚是好买卖，快捷、轻松的结婚亦然。在内华达州，"婚礼小教堂"昼夜开放，愿付薄资的结婚红红火火。至20世纪中叶，内华达州轻松成为美国的离婚冠军州。其"居民"的离婚率比纽约州（离婚最费劲的州）高出50倍，且几乎是加利福尼亚州的15倍。③

"迁徙离婚"不是没有法律难题。例如根据《宪法》的"充分信任"条款，纽约州不得不尊重内华达州的离婚判决。然而唯判决有效时才是如此——比如同性恋离婚者在内华达州合法定居的

① Leon C. Marshall and Geoffrey May, *The Divorce Court: Ohio* (1933), vol. 2, p. 23.

② Gilbert M. Ostrander, *Nevada: The Great Rotten Borough, 1859–1964* (1966), pp. 205–206.

③ Paul H. Jacobson, *American Marriage and Divorce* (1959), pp. 104–109.

情况。但如果"定居"是假的呢？联邦最高法院的两项重要判决
处理了这一问题。判决审查了北卡罗来纳州一个名叫威廉斯的
（O. B. Williams）男子和他（声称）的新任妻子亨德里克斯夫人
（Mrs. Hendrix）的棘手事务。威廉斯有一妻四子（女），但 1940 年
他离开妻儿去了内华达州。亨德里克斯夫人情况也是如此。六周
后（六周是在内华达州"定居"的充要条件）在阿拉莫·奥托法
院，威廉斯和亨德里克斯各自离了婚并结为夫妻。他们回到北卡
罗来纳州后，面临"重婚同居"的指控。在第一起案例中，联邦
最高法院否决了重婚罪。如果内华达州认定他们的婚姻有效，则
北卡罗来纳州必须尊重内华达州准予的离婚。但随后他们再度被
以同样的指控审判，但这回依据不同的理论。此次北卡罗来纳州
主张，他们在内华达州的定居是假的——内华达州对双方没有真
正的管辖权，因为他们在那里没有真正的住所。由此内华达州的
判决不值得"充分信任"。这一回北卡罗来纳州占了上风，联邦
最高法院支持了其定罪。[①]

　　这类案例给内华达州和其他离婚工厂的离婚蒙上了阴影。[②]
快捷的墨西哥离婚更成问题。20 世纪五六十年代，纽约州法院
对这类离婚有时承认其有效，有时确认其无效；但最终在 1965
年的一项判决中，纽约州上诉法院似乎确定下来支持此类离婚的
有效性。[③] 不过在内华达州和其他地区，大多数快捷离婚从未遭

---

　　① 两起 Williams v. North Carolina 案例的报道见 317 U. S. 287（1942）和 325
U. S. 226（1944）；参见 Hendrik Hartog, *Man and Wife in America*, pp. 278 - 282。

　　② 关于 20 世纪初的情况参见派克关于迁徙离婚有效性的探讨：Peck, *Law of
Persons*, pp. 190 - 196。

　　③ 该案是 Rosenstiel v. Rosenstiel, 26 N. Y. 2d 64, 262 N. Y. Supp. 2d 86, 209
N. E. 2d 709（1965）；参见 William E. Nelson, *The Legalist Reformation: Law, Pol-
itics, and Ideology in New York, 1920 - 1980*（2001）, pp. 230 - 231。

到质疑，毕竟这类离婚大多是合意的，双方都不急于上诉。

六、离婚：一项双重制度

离婚变成了所谓的双重制度。官方法和行动中的法截然不同。从某种意义上说，法律的每个领域都有些双重制度的因素，官方法与活法从来不是完全一致的。但在某些法域、某些时代和某些地区，这一鸿沟要巨大得多。大量的意大利交通法可以说是双重制度。存在关于超速、停车或保持在适当车道的法律，但似乎没有人理会（至少在游客看来如此）。19世纪及20世纪初，美国的离婚是一个双重制度的典型例子。制定法文本、家庭法论著和上诉案件本身没有提供真实离婚法、有效离婚法和普通人离婚经历的线索，普通律师和法官也未能提供此类线索。

双重制度的原因已有所暗示。离婚法陷入僵局，没有办法改革法律或改变其方向。法律在时间和空间上都被冻结了。强势而能言善辩的组织反对任何使离婚更轻松、廉价和可行的改革。那些确实想要更轻松、廉价离婚的人是分散的、漫无组织的，不存在不幸的丈夫和妻子游说团这样的事物。但的确存在不幸的婚姻，离婚需求是一个社会事实。事实上这一僵局的结果可能被形容为一种妥协——交战双方之间的条约，尽管这一点（当然）从未得到官方承认。这是一种特殊类型的双重制度：一方据有道德制高地，控制了官方法律；另一方在泥土中掘进，从地下破坏制度。类似的双重制度的例子有很多。卖淫是其中一例，色情是另一例。19世纪几乎没有人公开捍卫卖淫或礼赞色情，但这两者都有巨大的地下需求。卖淫和色情业蓬勃发展，是因为有如此多的消费者。

39

但这些消费者从来没有胜过（或试图战胜）社会道德的守护者。

　　没有人策划过离婚法中的妥协，它只是自然地发生了。也没有人对此感到或可能感到特别满意。但双方显然相当势均力敌。因此，19 世纪数十年以来离婚法注定要以扭曲、冻结和僵化的状态存活。它的口号和崇高理想一直深入 20 世纪，凌乱的现实也保持不变；大批真正想要离婚的人如愿以偿，虽然付出了一定代价——耗费钱财又耗费脑力。

　　那些谴责离婚或轻松离婚的男男女女大多是真诚的，他们试图维护家庭，力图挽救婚姻制度。但他们对离婚的社会意义的理解显然是错误的。在一个重要的意义上，离婚根本不是对婚姻的威胁——事实上这是人们高度珍视婚姻的一个标志。离婚的主要目的之一是再婚。当然有些人只是想结束一桩不幸的婚姻，但有些人想要另结新欢，为此他们当然需要离婚。

　　19 世纪期间，社会对婚姻的定义发生了剧烈的变化。在传统婚姻中丈夫是家庭的头，妻子处于从属地位；法律是这样规定的，日常生活中这大抵也是事实。离婚在传统婚姻下是罕见的，部分原因是这样的婚姻对夫妻的要求很少。双方大多待在各自的世界里，妻子在家中和孩子及女性亲友度日，丈夫外出去工厂或办公室。他和她的生活基本是分开的。如果她把家打理得很好，教养子女，为他煮晚餐，不惹麻烦，并且在床上百依百顺，他还能要求什么？如果他对待她有一定的尊重，有一份体面的工作，赚钱养家，从来不打她，喝酒适度，远离其他女人，房事要求不过分，她还有权利要求什么？当然有大把暴虐、酗酒、不忠和冷漠的丈夫——连这种低度理想都没达到的男人。在传统婚姻中，妻子很少获得救济。她们应该忍受命运的安排，大多数情况下她们也是这样做的。

但是婚姻在改变，男女相处的方式也在变化。伴侣婚姻日益成为理想的婚姻模式。男人和女人应当是伴侣、是朋友。这一嬗变的过程缓慢渐进，以不同的方式影响了不同的家庭和家庭的不同类型，变化也因地域、阶层、宗教和职业而异。但伴侣婚姻在19世纪才开始真正与传统婚姻相抗衡。毋庸置疑，浪漫爱情的理想、男女之间的伴侣关系以及妇女经济角色的增强并非20世纪突然从天上掉下来的现象，这个过程是渐进的。但至20世纪，中产阶级的婚姻明显在性质上发生了变化。婚姻有了新的别样负担。除了其他事务以外，婚姻还负责"满足其成员的情感和心理需求"。如今人们期望家庭生活"提供浪漫、性满足、陪伴和情感满足"。[1] 1931年一位社会学家写道：现代婚姻以兼容、合拍为基础，"现代生活的复杂性"使婚姻较之从前"无比艰难"。男女都在寻觅婚姻中的"和谐伴侣关系"，而这不易觅求。[2]

当然这种转变只是局部的和相对的。父亲仍旧应当养家糊口，母亲应当照顾孩子。在大多数婚姻中，丈夫仍旧处于主导地位。在涉及擦地板、选择职业、照顾孩子或做出重大决定时，这对"伴侣"肯定不是平等的。在许多家庭(贫困家庭、农村家庭)温饱问题占据了太多的心理空间，以致没有多余的时间精力去考虑"满足感"的问题。且如前所述，每个点的变化不均衡，有争议且有疑问。[3] 但即使向伴侣婚姻方向的微小变化，也对人们期

41

① Steven Mintz and Susan Kellogg, *Domestic Revolutions: A Social History of American Family Life* (1988), p. 108.

② J. P. Lichtenberger, *Divorce: A Social Interpretation* (1931), pp. 345 – 347.

③ 总体参见 A. James Hammerton, *Cruelty and Companionship: Conflict in Nineteenth-Century Married Life* (1992)。

望从婚姻中摆脱的东西具有强大的影响。许多女性无疑想在家庭中扮演新的角色，在某种程度上她们做到了。根据普通法中的隐身主义原则，妻子实质上对自身财产没有独立控制权。丈夫是家庭资产的管理人和主管人。然而大约自 19 世纪中叶开始，已婚妇女财产法废除了大部分关于已婚妇女隐身障碍的内容。① 当然没有多少妻子在家庭内部（卧室或客厅）获得真正的平等。但很多妇女或许的确获得了更多真正的伴侣关系。而且有些男人也开始想要一种不同的妻子，一个更多分享他的人生、发挥比给他补袜子更大作用的妻子。婚姻契约的条款在缓慢改变。夫妻以更为复杂的方式羁绊交织。但这一切对婚姻制度施加了新的、更为沉重的负担。婚姻变得更难以满足丈夫或妻子。当一桩婚姻没能给予人们所期待的东西时，一方或双方想结束婚姻，要一个重新开始的机会——简而言之想要离婚，这不过是自然而然的事。②

从本质上讲，离婚已变成两相情愿的事。当然正如我们所指出的，我们必须对"两相情愿"这个词采取保留态度。一个女人如果发现她的丈夫背叛了她，觉得自己的处境无法容忍，很可能会同意离婚甚至要求离婚，但这并非人们通常认为的两相情愿。20 世纪中叶的作家威廉·J. 古德（William J. Goode）认为，丈夫比妻子往往更想要摆脱婚姻。妻子经常说她们是首先提出离婚的人，但丈夫可能是在把自己弄得"如此令人讨厌"，以便让妻子

42

---

① Friedman, *A History of American Law*, 2nd ed., pp. 208 - 211; Norma Basch, *In the Eyes of the Law: Women, Marriage, and Property in Nineteenth-Century New York* (1982). 隐身障碍不像法律规定得那么彻底，总有办法拆除隐身或规避法律，但这么做很麻烦且代价高昂。

② 关于这一点参见 William L. O'Neill, *Divorce in the Progressive Era* (1967)。

"愿意要求甚至执意离婚"。[1] 男人总是有更多的自由离开去做自己的事情，妻子则更多被拴在家庭和孩子身上。在大多数情况下，妻子比丈夫的损失更多。但男人在离婚中也有损失：他们失去了与孩子的联系，经济上可能也有损失——自然相对于富人而言，这对穷人来说更成为一个问题。

然而迨至 1900 年，离婚在美国社会变得更加稀松平常。如今普通人（工薪阶层）步入离婚法院。离婚不再为中产阶级和精英阶层所垄断，甚至不再是拥有农场或财产者的独占权利。一项关于加利福尼亚州洛杉矶 1890—1920 年间的离婚情况的研究证实了这一点：离婚与中上层阶级之间的关联已然丧失。[2] 在加利福尼亚州北部进行的一项 1850—1890 年离婚状况的研究抽样中，也发现了大量蓝领男性。[3] 离婚已进入了管道工、木匠和体力劳动者的生活，这类男子有时作为原告，更经常是作为被告出现。其他国家也出现了类似的趋势。以英国为例，1871 年的离婚者中，体力劳动者只占 22%，54% 来自上层阶级——我们还可以记起 1857 年的婚姻法旨在使工薪阶层难以离婚；但至 1951 年，69% 的离婚涉及体力劳动者，上层阶级只占离婚夫妇的很小比例。[4] 可以合理地推测，当离婚变得更加普遍时，离婚不再是那么耻辱的事情；当离婚成为家常便饭时，认为离婚是不道德的标志或丢脸的记号之见不再那么合理。

---

[1] William J. Goode, *After Divorce* (1956), pp. 136 - 137.

[2] Elaine Tyler May, *Great Expectations: Marriage and Divorce in Post-Victorian America* (1980).

[3] Robert L. Griswold, *Family and Divorce in California, 1850 - 1890: Victorian Illusions and Everyday Reality* (1982), p. 25.

[4] Roderick Phillips, *Untying the Knot: A Short History of Divorce* (1991), p. 239.

　　不过，道德仍旧是影响离婚率的一个重要因素，尤其对于没有土地的城市工人和工匠而言，他们通常很少有或根本没有财产。对该群体的男女来说，离婚可能更多的是面子而不是财产问题。一个人要重新开始一份对于成年人和孩子来说稳定、合法的新关系，就需要一场合宜的离婚。尽管听起来很怪诞，但离婚率的上升是对传统的一夫一妻制婚姻力量的一种礼赞。社会上许多人对离婚——尤其是离婚的原因——感到担忧，但婚姻本身以及再婚才是离婚的终极原因。

　　离婚总体上变得更具有可接受性。它是摆脱一桩不幸婚姻、进入更佳婚姻的出路。成千上万的人想要离婚，这是一个社会现实。法律在技术上设置了障碍，但法律收效甚微。从法律上说，大多数想要离婚的夫妻没有资格获得离婚，但法律并非严重障碍，至少对于处在贫困线以上的人如此。离婚需要耗费金钱和精力，聘请律师——还需一些冠冕堂皇的伪证；但离婚是可以实现的。

　　简而言之，19世纪婚姻和离婚的法律随着时间推移，呈现出变动不居、迁移嬗变的特征和形式。它回应了同样变动不居的社会秩序。对于很多人来说，婚姻开始有不同以往、更深层次的意义，这更为深层的意义滋育了人们日益增长的走出一桩不满婚事的渴望。正式离婚法陷入僵局，但它可以被搞定、被操纵。事实的确如此。

第三章　现代世界的婚姻和离婚

如前章所述，美国家庭法在 19 世纪经历了巨大的变迁。其
变化（如果有的话）在 20 世纪甚至更为深远，涉及社会上的婚
姻观。

普通法婚姻大约在 19 世纪中叶某时达到了巅峰，19 世纪后
半叶开始衰退，这种衰势一直持续到 20 世纪。1900 年约有一半
的州承认普通法婚姻有效。至 20 世纪末，认可普通法婚姻的州
不到一打。[1] 20 世纪初期，伊利诺伊州废除了普通法婚姻；每十
年都有更多的州效仿。明尼苏达州于 1941 年、佛罗里达州于
1967 年废除了普通法婚姻，爱达荷州于 1995 年才废除。[2] 这些
州的法律如今都要求正式的、仪式性的婚姻，夫妇必须事先领取
结婚证，必须有牧师或法官主持结婚仪式。即使在普通法婚姻存
续的州，它也往往无关紧要。总之，普通法婚姻作为一种社会现
象实际上消失了。它偶尔会出现，可能并非完全没有用处。例如
一对夫妇若认为他们已结婚，但由于一些技术原因婚姻可归于无

---

① 其概况参见 John B. Crawley, "Is the Honeymoon Over for Common-Law Marriage: A Consideration of the Continued Viability of the Common-Law Marriage Doctrine," *Cumberland Law Review* 29: 399 (1999)。

② Fla. Stats. Ann. sec. 741. 211; Idaho Code, sec. 32-201, 1996 年 1 月 1 日生效: "仅仅同意并不构成婚姻；之后必须领取结婚证，并举行法律授权和规定的结婚仪式。"

效，普通法原则可以挽救婚姻、维护继承和保护子女。但大多数同居的人对普通法婚姻并不了解，也不知道他们的州是否认可这种婚姻，抑或他们对其含义有完全错误的认识。因此普通法婚姻在官方法中幸存与否几乎没什么区别。即使在保留普通法婚姻的州，也几乎人人都会以通常的方式来看待婚姻：领结婚证，继而是婚礼；结婚通常还包含一个庆典，伴有鲜花、新娘的白色礼服及面纱、宴飨宾客的佳肴美酒，随后是婚礼蛋糕和彻夜舞蹈；或者（至少）要在地方法官或治安法官面前举行或多或少的庄严程序。

一、国家介入

表面上看，这种脱离普通法婚姻的趋势似乎与家庭法的发展主线相矛盾。毕竟普通法婚姻是一项契约，是二人之间的协议。婚姻（理论上）是一种民事契约，普通法婚姻是最具契约性的婚姻类型。缔结婚约的夫妇的梦想和愿望是最重要的。他们结婚是因为他们想结婚，因为他们互相交换了（或应当交换）私人的誓言。他们自己做主结婚，承担婚姻的所有法律权利和义务。他们的家庭对此事没有发言权，教会和国家的发言权就更少。这种安排似乎最符合现代性的需求，它强调个人，轻视身份和仪式。尽管如此，普通法婚姻还是日薄西山。

其原因并不神秘。首先，现代世界日益官僚化。这是一个记录和文件的世界。普通法婚姻不产生任何记录，它在政府的大型登记处无迹可寻。19世纪初记录寥寥时，普通法婚姻具有积极的作用：它有助于确立财产权。至1900年，记录保存工作有了

很大的改进，统计数据被例行收集，而普通法婚姻成了一种滋
扰。它对土地和其他形式财富的有序处置是一种障碍而非帮助，
它是法律不确定性的沃土，在养老金和其他福利方面尤其如此。
如玛丽·里士满（Mary Richmond）和弗雷德·霍尔（Fred Hall）于
1929 年所写，普通法婚姻是一种"不合时宜的"事物。普通法婚
姻是"无记录的"婚姻，它缺乏任何"永久的官方记录"，它"模
糊……混乱且无文件证明"。① 它在继承和其他死亡索赔案件中
产生了各种各样的问题，它受工人赔偿法管辖，涉及国家养老金
和社会保障。② 在离婚诉讼、重婚指控以及其他若干情形下，它
也是个麻烦事。第一次世界大战期间，十万多名美国士兵主张其
依据普通法拥有妻子儿女——这使美国战争风险保险局颇为头
疼。③ 美国退伍军人管理局的一位官员奥托·E. 凯格尔（Otto
E. Koegel）于 1921 年发言称，本局实际上是"世界上最大的家事
关系法庭"。凯格尔写了一篇关于普通法婚姻主题的论文，他对
这些所谓的婚姻不屑一顾，认为这些婚姻大多数只不过是"不正
当关系"。他还说，"这些人当中很少有人（如果有的话）真的相
信他们已经结婚了"，④ 事实上他们大多数人认为"普通法婚姻和
同居是同义（原文如此）词"。⑤

---

① Mary E. Richmond and Fred S. Hall, *Marriage and the State* (1929), pp. 293－
294.

② Thomas Clifford Billig and James Phillip Lynch, "Common-Law Marriage in
Minnesota: A Problem in Social Security," *Minn. L. Rev.* 22: 177 (1937).

③ Morton Keller, *Regulating a New Society: Public Policy and Social Change in
America, 1900－1933* (1994), p. 19.

④ Otto E. Koegel, "Common Law Marriage and Its Development in the United
States," in *Eugenics in Race and State*, vol. 2 (Scientific Papers of the Second Interna-
tional Congress of Eugenics, New York, 1921) (1923), pp. 252, 260.

⑤ Otto E. Koegel, *Common Law Marriage and Its Development in the United
States* (1922), p. 120.

　　普通法婚姻式微的另一个强有力的原因在于，它挫败了国家对婚姻的控制。婚姻是生育的门户。已婚者有孩子，未婚者一般没有（或不应该有）孩子。19 世纪末，国家着手干预生育问题，开始就以下事务发表意见：谁适合结婚，（更重要的是）谁不适合结婚；哪些人应该要孩子，哪些人不该要孩子。

　　也正是在 19 世纪末，堕胎成为严重的犯罪。1860 年以前，一些州根本不规制堕胎。公众和法律也对妊娠早期堕胎——在"胎动"前（母亲感觉到胎儿生命萌动的阶段）——和妊娠后期堕胎进行明确区分。因此，至 1821 年时，康涅狄格州的一项立法规定："施用任何致命药物……意图……谋杀或者由此导致或促使当时有身孕的妇女流产"是犯罪行为。[①] 但 19 世纪中叶以后，形势发生了变化。1860 至 1880 年间，各州相继通过了限制或全面禁止堕胎的法律。在此之前，许多堕胎主义者或多或少地公开从事其堕胎业务。臭名昭著的"雷斯特尔夫人"（Madame Restell）（安·洛曼［Ann Lohman］）因兜售她的"女性月丸"并为其女性客户提供一个豪华的场所而发财。[②] 最终，雷斯特尔夫人受到追捕和监禁威胁，她以某种程度上象征反堕胎运动胜利的行为在其豪宅的奢华浴室里割腕流血身亡。

　　当然，当堕胎变为非法时，这并不意味着堕胎不再发生，它们只是转入地下状态。英国将堕胎视为违法，其情形与美国类

---

　　① 　Conn. Rev. Stats. 1821, Title 22, sec. 14, p. 152. 关于堕胎总体参见 James C. Mohr, *Abortion in America: The Origins and Evolution of National Policy* (1978)；英国的情况参见 Jeffrey Weeks, *Sex, Politics, and Society: The Regulation of Sexuality since 1800* (2nd ed., 1989), pp. 70 - 72.

　　② 　Lawrence M. Friedman, *Crime and Punishment in American History* (1993), p. 229；Michael Grossberg, *Governing the Hearth: Law and the Family in Nineteenth-Century America* (1985), pp. 165 - 195.

似——堕胎比比皆是，偷偷摸摸且铤而走险。① 在英美两国，堕胎都是禁忌。反对堕胎的运动起初似乎与规范婚姻的法律无关，但事实上这两者有着密切的联系。人们普遍相信，中产阶级的已婚妇女在推卸作为母亲的职责而杀害未面世的孩子。这一信念助长了反堕胎运动的势头，并为其提供了大量的能量和威力。②

　　19 世纪末，一股社会变迁的旋风席卷全国。这个农场和农民的国家在变成一个工厂、矿山和大企业的国家。人口从农场移向城镇，从城镇移向城市，城市本身在急剧膨胀。大批移民涌入这个国家。这些新来者与早期的移民不同，他们大多来自南欧和东欧而非北欧，且大多是天主教徒、犹太教徒和东正教徒而不是新教徒。旧秩序似乎在一夜之间消失了。一种恐慌笼罩了传统美国世系的体面人们。19 世纪末 20 世纪初，他们对出生率下降和移民潮上涨的共同影响忧心忡忡。每艘登陆纽约港的船只都卸下一群饥饿的移民，他们蜂拥进入纽约、芝加哥和费城的贫民窟，过了一段时间还生了一大堆孩子。与此同时，那些长期生活在美国、"世系良好"的妇女生孩子的越来越少。她们采取节育（社会衰败的另一标志）；最糟糕的是，她们买了雷斯特尔兜售的"女性月丸"或者其他卖家的秘方；她们采取各种可能措施来打掉未出世的孩子。如一位作家于 1874 年所指出的，堕胎是"美国父母所生的本土孩子"如此稀少的原因；他说这个国家正在"迅速

① 美国的情况参见 Leslie J. Reagan, *When Abortion Was a Crime* (1997)；英国的情况参见 Angus McLaren, "Abortion in England, 1890–1914," *Victorian Studies* 20: 379 (1977)。

② Friedman, *Crime and Punishment*, p. 230.

丧失”其“民族特色”。①

　　当然，反对堕胎的运动中也包含强烈的道德和基督教因素。堕胎和避孕被谴责为邪恶的做法，它们歪曲了婚姻的目的，它们因为鼓励情欲而被贴上罪恶的标签。② 贞洁十字军战士安东尼·科姆斯托克（Anthony Comstock）谴责那些“邪恶的设计”用品如此“狡狯地迎合最堕落的欲望”；医生库克（N. F. Cook）宣称，除禁欲以外，所有“防止生育后代”的手段都是“恶心、野蛮和绝对错误的，也是反自然的和对身体有害的”。③ 但反堕胎运动不只是一项纯粹的宗教或传统道德价值的事务，虽然这些因素举足轻重。国家将堕胎定为犯罪是为了改善人口血统，它试图促进优质健康的美国婴儿——贤妻良母履行妻子和母亲的职责所生育的婴儿——的增长。除非采取某些措施，否则只有下等人、社会渣滓和生育能力极强的移民才会生孩子，这个国家将失去它的灵魂、活力和道德维度。④ 在英国，人们也对出生率感到担忧。英国人也忧虑生孩子的全是社会较低阶层者，而上等阶层却不生育。这可能使体面的英国人成为濒危物种。⑤ 美国中产阶级成员出生率的下降是如此令人忧心，以至于这

49

---

　　① 引自 Reva Siegel, "Reasoning from the Body: A Historical Perspective on Abortion Regulation and Questions of Equal Protection," *Stanford Law Review* 44: 261, 298 (1992)。

　　② 关于这点参见 Gaines M. Foster, *Moral Reconstruction: Christian Lobbyists and the Federal Legislation of Morality, 1865 - 1920* (2002), p. 50; 又见 James A. Morone, *Hellfire Nation: The Politics of Sin in American History* (2002), pp. 248 - 256。

　　③ 科姆斯托克和库克的观点引自 Nicola Beisel, *Imperiled Innocents: Anthony Comstock and Family Reproduction in Victorian America* (1997), p. 41。

　　④ Morone, *Hellfire Nation*, pp. 255 - 256.

　　⑤ Weeks, *Sex, Politics, and Society*, p. 125.

一阶级似乎是在进行西奥多·罗斯福(Theodore Roosevelt)1903 年所说的"种族自杀"。①

婚姻和生育已成为公共政策的重要议题。国家只是不得不插手婚姻问题,它必须对谁和谁结婚进行管理,这意味着它必须规范人们结婚的方式。从这一角度来说,普通法婚姻显然是不行的。对优生学的最新研究为国家规制婚姻的运动提供了强大的支持,它为控制婴儿的产生、鼓励在合乎道德的家庭中生育健康婴儿的运动披上了科学的外衣。②

移民不是唯一危险的繁衍者。控制堕落者、罪犯和智障者的性和生育也很重要。人们开始相信,病理是遗传的——代代相传。劣种繁衍其类。19 世纪 70 年代,一个名叫理查德·达格代尔(Richard Dugdale)的人参观了纽约监狱,惊讶地发现囚犯中有一群血缘亲属,这引起了他的好奇心。他做了一番研究后,声称所有这些不法分子都是一个男子的后裔,这个男子本身是一个被达格代尔称作"朱克先生"(Mr. Juke)的男人的私生子。达格代尔于 1877 年发表了研究结果。在其关于"朱克家族"的著作中,达格代尔主张,社会存在"危险阶层"——成群结队的失足者和罪犯,他们如同"小巷里的老鼠"一般繁衍,有"超过教养良好

---

① 引自 Steven Mintz and Susan Kellogg, *Domestic Revolutions: A Social History of American Family Life* (1988), p. 108。

② 关于优生学运动参见 Mark H. Haller, *Eugenics: Hereditarian Attitudes in American Thought* (1963);又见下文讨论:Charles E. Rosenberg, "The Bitter Fruit: Heredity, Disease, and Social Thought in Nineteenth-Century America," *Perspectives in American History* 8: 189 (1974)。关于英国的优生学运动参见 Weeks, *Sex, Politics, and Society*, pp. 128 – 138; Richard Allen Soloway, *Birth Control and the Population Question in England, 1877 – 1930* (1982)。

的社会阶层"的威胁。① 我们有充分理由相信达格代尔夸大了其案例，他的书事实上是垃圾科学，② 但在当时名噪一时。嗣后在20世纪，新泽西一所"低能儿"研究机构的主任亨利·赫伯特·戈达德（Henry Herbert Goddard）做出了他认为类似的发现。他研究的糟糕家庭来自他称为"卡利卡克斯"（Kallikaks）的家族，这些人都是美国大革命时期一个士兵和一个智障女子的私生后裔。"卡利卡克斯"家族是一长串的妓女、酒鬼、罪犯和其他堕落者。

50　戈达德建议对此类家族实施绝育，做一个手术——该手术"对男性几乎和拔牙一样简单"，对女性来说也并不更严重。③

　　这类"研究结果"被纳入公众意识，加强了优生学运动的力度。1907年印第安纳州率先通过绝育法。该法的序言郑重声明："遗传在犯罪、智障和低能的传播中起着极为重要的作用。"加利福尼亚州于1909年通过了绝育法，根据该法，一个州立监狱里的囚犯，如果其行为和记录"证据"表明他是一个"道德和性堕落"者，那么他将被实施"绝育"。④ 其后不久，美国相当多数的州通过了法律，允许或强制对罪犯或有精神缺陷者进行绝育。这些法律并非一纸空文。据一份报告称，截至1921年1月，美国有2233人被依法实施了绝育。其中大多数人（1853）为男性，也有相

---

① Isabel Rennie, *The Search for Criminal Man: A Conceptual History of the Dangerous Offender* (1978), p. 79. 达格代尔的著作是 *"The Jukes": A Study in Crime, Pauperism, Disease, and Heredity* (1877)；"朱克"（JUKE）不是这个家族的真实姓氏。

② 参见 Scott Christianson, "Bad Seed or Bad Science?" *New York Times*, Feb. 8, 2003, p. B9。

③ Friedman, *Crime and Punishment*, p. 335, 336; Henry Herbert Goddard, *The Kallikak Family: A Study in the Heredity of Feeble-Mindedness* (1913), p. 108.

④ Laws Cal. 1909, ch. 720, p. 1093; Laws Ind. 1907, ch. 15, p. 377.

当数量(1380)的女性。*几乎所有男子都被做了输精管结扎手术，但有 72 人遭到阉割。这些各种手术的受害者大多数被认为是低能儿或精神失常者，只有少数是"犯罪分子"。加利福尼亚州的强制绝育人数遥遥领先，约占总人数的三分之二。①

19 世纪末 20 世纪初也是不定期刑的时代。根据不定期刑法律，当一个被告人被判有罪时，法官一般只设定一个最低刑期——通常是一年。在这一年里，监狱看守有机会观察该囚犯，对他进行评估，并确定他究竟是适合回归社会，还是烂泥扶不上墙，基本可以终身监禁。② 各州基于种种理由通过了规定不定期刑的法律，这些法律产生了各种后果，而有一个方面(通常不被注意)在此值得一提。一个被判不定期刑、在监狱里长期关押的人是不会结婚生子的。由此，不定期刑法律以其自身微不足道的方式促进了社会的优生净化。

绝育法有其狂热追捧者，但并非所有人都拥赞支持。一些批判者对整个优生学的"科学"持怀疑态度。一些人觉得绝育是对民众生活过于激进的一种干涉。一位评论者谴责试图"调整世界一切"的努力，怀疑是否很快会有法律告诉人们"必须朝哪一边睡觉，内衣的种类、质量、厚度和质地，更不消说还有睡衣的长度、宽度和厚度"。③ 一些法院非常大胆地抨击绝育法，然而这

　＊　数据似乎有误，原文如此。——译者注

　①　Harry H. Laughlin, "The Present Status of Eugenical Sterilization in the United States," *in Eugenics in Race and State*, vol. 2 (Scientific Papers of the Second International Congress of Eugenics, 1921) (1923), pp. 286, 290; 关于绝育运动的总体情况参见 Philip R. Reilly, *The Surgical Solution: A History of Involuntary Sterilization in the United States* (1991)。

　②　关于不定期刑参见 Friedman, *Crime and Punishment*, pp. 159-161。

　③　Thomas Speed Mosby, "Eugenics," *Case and Comment* 21：22, 24 (1914). 感谢凯瑟琳·克伦普提供的参考。

个群体并不包括联邦最高法院。1927 年，在弗吉尼亚州的巴克诉贝尔（Buck v. Bell）一案中，[①] 联邦最高法院被要求决断绝育法是否违宪。本案中卡莉·贝尔（Carrie Bell）遭到强奸，后来生下了一个女婴。卡莉和她的母亲埃玛（Emma）都被认定为弱智，人们推断这个婴儿也是低能儿。该州想给卡莉·贝尔实施绝育手术。为法庭书写判决的小奥利弗·温德尔·霍姆斯（Oliver Wendell Holmes，Jr.）主张，绝育法表达了一种明智的政策；不良血统对社会是一种危险，社会有权保护自身免遭低劣人等的危害。用他的名言说，"笨蛋有三代就够了"。[②]

如果法院（或大多数法院）能够维护绝育法，那么他们肯定不会对使"堕落者"难以结婚的法律表示异议；事实上他们的确没有这样做。国家对婚姻的控制是对所感受到的社会需求——至少是许多精英人士所感受到的需求——的回应。不受约束的婚姻和生育对社会是危险的。19 世纪末 20 世纪初，若干州通过了旨在阻止不适婚者结婚的法律。[③] 1895 年康涅狄格州的一项法规显然首开先河："癫痫、低能或智障"的男女不得结婚，（如果"女性在 45 岁以下"）也不得"以夫妻身份"共同生活——这是显示法律真实意图的一个明显标志。违法者可判处 3 年以下有期徒刑。男子同 45 岁以下"癫痫、低能、智障或贫困潦倒"的女性

---

①　274 U. S. 200(1927).

②　具有讽刺意味的是，在这种情况下低能儿的代际数量事实上可能是一个大零蛋。这两个女人实际上都不是弱智。卡丽夭折的那个孩子的老师们都说她"聪明"。Ben A. Franklin, "Teen-Ager's Sterilization: An Issue Decades Later," *New York Times*, Mar. 7, 1980, p. A16.

③　关于这一点参见 Michael Grossberg, "Guarding the Altar: Physiological Restrictions and the Rise of State Intervention in Matrimony," *American Journal of Legal History* 26: 197, 217–224 (1982)。

发生"性关系"也是犯罪；癫痫病男子不得同 45 岁以下的女性发生"性关系"；45 岁以下的女性不得"同意"与癫痫、低能或智障的男子"发生性关系"。这类情况也可予以严惩：处以 3 年监禁。根据 1905 年印第安纳州的一部法规，男子如果连续 5 年一直在贫民窟，则无权领取结婚证，除非他能证明他可以养活一个家庭；任何一方如果患传染病，也不得领取结婚证。1909 年华盛顿州的一项法规规定，凡"酗酒、惯犯、癫痫、低能、智障、白痴或精神病人……遗传性精神错乱者或者……患有肺结核晚期或传染性的性病之人"禁止结婚——该法适用于 45 岁以下的女性以及同这类女性结婚的男子。1913 年威斯康星州的一项法律规定，所有拟领取结婚证的"男子"必须接受体检，获得一份"没有后天性病"的证书。该法规在法庭上受到质疑，理由是其侵犯了"不可剥夺的婚姻权利"，干涉了"宗教自由"。不过威斯康星州最高法院对该法表示支持。①

　　威斯康星州的法规将男性单列出来，并没有要求女性开具证书或证明她们没有罹患疾病，如何看待这一事实？首席大法官约翰·B. 温斯洛（John B. Winslow）承认，"结婚并传播某种恶疾"的女性和男性一样危险，但"绝大多数结婚的女性都是纯洁的，然而有相当比例的男子在婚前就有过不正当的性关系"。而且一

52

---

　　① 康涅狄格州的法律参见 Laws Conn. 1895，ch. 325，p. 667。印第安纳州的情况总体参见 Edward W. Spencer，"Some Phases of Marriage Law and Legislation from a Sanitary and Eugenic Standpoint," *Yale L. Journal* 25：58（1915）。华盛顿州的法律参见 Laws Wash. 1909. ch. 174，p. 633；威斯康星州的法律是 Laws Wisc. 1913，ch. 738，该州的案例是 Peterson v. Widule，157 Wis. 641，147 N. W. 966（1914）。有趣的是，优生对婚姻的限制从未在南方取得多大进展，尽管在这方面颇有煽动性，参见 Edward J. Larson，*Sex, Race, and Science: Eugenics in the Deep South*（1995），pp. 99－100。

般来说，"新婚男子将所谓的性病传染给他们无辜的妻子是一种罪大恶极"；因此，立法作为一项公共政策事务对婚姻进行这样的限制(如其所为)显然是正当的。① 正如温斯洛首席大法官的态度所表明的那样，性别刻板印象在起草这些法律时发挥了强大的作用。

　　然而，无论出于何种原因，这些州法规很少具备真正有效的实施手段。截至 1930 年左右，只有寥寥数州实际要求提供健康证明。许多州审慎思考后，否定了在颁发结婚证前要求出具健康证明的想法。若干州虽无健康证明要求，却有规定不适婚者不得结婚的法律。截至 1930 年，略过半数的州有禁止癫痫、性病或肺结核(患上述其中某种或全部疾病)患者结婚的规定。新泽西州特别提及"处于传染阶段的软下疳病"，怀俄明州的法律也有类似条款。② 事实上，各州都有禁止"智障"结婚的明文规定。③ 对这一禁令有不同的表述："由于缺乏充分理解力不能表意"的人，"低能或智障"，"白痴或疯子"，或诸如此类的言辞。④

　　违反这些规范的婚姻是无效(即婚姻根本不曾合法存在，可完全不予考虑)还是仅仅"可撤销"或是给予离婚的理由，事实证明这是一个法律上的难题。在 1905 年康涅狄格州的一起案例中，一名妇女诉称她的丈夫(其孩子之父)患有癫痫病，她丈夫知道这一点，向她隐瞒了这一事实，直到婚后才告诉她。法院认为她有权离婚，但婚姻并非完全无效。法院还补充说，反对癫痫患者结婚的法律是一良策。毕竟"众所周知"，癫痫是"一种特

①　Peterson v. Widule, 157 Wis., at 647 – 648; 147 N. W. at 968.

②　Chester G. Vernier, *American Family Laws*, vol. 1 (1931), pp. 199 – 202.

③　Richmond and Hall, *Marriage and the State*, pp. 370 – 371.

④　Vernier, *American Family Laws*, vol. 1, pp. 191 – 195.

别严重、令人厌恶的疾病，有削弱精神能力的倾向，并经常由父母遗传给孩子"。[1]

这些形形色色的法律是否有效阻止了"不适婚者"结婚？恐怕没有。这在无需医生证明的州似乎显而易见。例如在华盛顿州，结婚申请人只要提交一份宣誓书，声明其"不是智障、低能、癫痫、精神错乱、酒鬼"或"没有患肺结核病晚期、没有传染性性病"即可。[2] 这基本不是什么重大障碍。即使在威斯康星这样要求提供健康证明的州，很多医生也认为整件事情是一场"闹剧"和"笑话"，男人总能找到一个腐败或马虎的医生愿意帮助他。根据一位医生的说法，大多数男子"去找自己的家庭医生，开怀大笑，讲一两个故事，医生甚至没有看病人的舌头就签发了证明"。威斯康星州的另一些医生不赞成这种说法，他们认为法律是有效的，法律阻止了一些患病的男子结婚；他们确切知道这项要求具有威慑力："至少它阻止了那些患者在病变活跃期结婚。"[3]此外，优生主义者对这些法律持有相当大的怀疑，至少就"智障"而言如此。他们觉得智障的人没有道德意识，也几乎没有什么意识；法律对于阻止他们生育没有多大用处。[4] 尽管如此，各种法律背后的意识形态是清晰一致的。普通法婚姻原则的存在显然与这种意识形态背道而驰。

这是一个提出反对跨种族通婚之法的良机。[5] 毕竟这些法律

---

[1]　Gould v. Gould，78 Conn. 242，61 A. 604（1905）.

[2]　Richmond and Hall，*Marriage and the State*，p. 60.

[3]　Fred S. Hall，*Medical Certification for Marriage*（1925），pp. 44，46－47. 霍尔这本书的副标题是"关于威斯康星州与性病有关的婚姻法执行情况的报告"。

[4]　Larson，*Sex, Race, and Science*，pp. 22－23.

[5]　关于该主题存在大量文献，如 Peter Wallenstein，*Tell the Court I Love My Wife: Race, Marriage, and Law—an American History*（2002）。

是国家控制婚姻的另一个例子。某种优生动机至少是制定这些法规的一项理由（尽管不是唯一理由）。其主要理由无疑是为了支持白人至上。但关于跨种族通婚的遗传危险却莫衷一是。当黑人与白人发生性关系时，他们的孩子是"混血儿"；这违背了自然秩序，有悖于上帝的计划，产生了劣等品种，削弱了国家的基因库。[①] 不论出于什么动机，南方各州以及本国其他地区的若干州都禁止白人和黑人之间通婚。如在阿肯色州，"所有白人同黑人或黑白混血儿的婚姻"被宣布为"非法无效"。[②] 在许多州，这样的婚姻还是犯罪行为。白人和黑人之间的任何性关系也是非法的。根据亚拉巴马州 19 世纪末的法律，凡白人和黑人"通婚或同居或通奸者"，可能会被判处监禁。例如 1881 年，黑人男子托尼·佩斯（Tony Pace）和白人女子玛丽·J. 考克斯（Mary J. Cox）因"通奸或淫乱同居"被起诉、定罪，并分别被判处 2 年监禁。联邦最高法院以一份短小精悍的判决支持了这一定罪。[③] 根据最高法院的判决，该定罪不存在非法歧视，因为法律对待黑人和白人一视同仁。事实上，对跨种族通婚的禁令达到了如此地步：1913 年，在 48 个州中有 30 个州的法律涉及这一主题。跨种族通婚的定义也做了更为严格的限制：如在弗吉尼亚州，法律一度定义有 1/4 或以上黑人血统者为黑人；但至 1910 年，"有色人种"是具有"1/16 或以上黑人血统的人"，由此将相当多的白人移到了黑人种群；1924 年法律变本加厉，采用所谓的一滴法则，任

[①] 当然奴隶制期间的跨种族性行为泛滥成风，奴隶主可以随意同女奴上床，生出了成千上万的混血奴隶。白人和黑人之间也有稳定的结合。参见 Martha E. Hodes, *White Women, Black Men: Illicit Sex in the Nineteenth-Century South*（1997）。
[②] Ark. Stats. 1928, sec. 6084, p. 1449.
[③] Pace v. Alabama, 106 U. S. 583（1882）。

何可追溯的非洲血统足以使一个人成为非白人。①

一些州(尤其是西海岸)对另一类跨种族通婚予以禁止，这些州内的华人和其他亚裔人口众多，而且历史上对他们有严重的歧视。这些州将白人和亚裔之间的婚姻列入禁止名单。如在俄勒冈州，一个白人和一个有1/4以上"华人血统"的人结婚无效。②加利福尼亚州通过特别立法禁止白人与"马来人"通婚。一些南方州也禁止白人和亚裔通婚。密西西比州根本不是亚洲移民的温床，也规定白人与"有1/8或以上蒙古血统的人"结婚非法。③

简而言之，由于上述原因，国家对控制婚姻(或毋宁说是生育)产生了浓厚的兴趣。摈弃普通法婚姻的运动显然与这些事态发展有关。1921年奥托·凯格尔在第二届国际优生学大会上说，应该废除普通法婚姻原则，否则"有缺陷"的人如果想结婚，大概只要去普通法婚姻有效的州，交换结婚誓言，无视那些试图阻止他们结婚的法律即可。④ 因此，普通法婚姻是对优生学运动的一种威胁。1913年，威斯康星州是存在阻止"有缺陷者"结婚法规的州之一，但该州当时也认可普通法婚姻。法律家们很快指出，一对夫妇实际上并不需要领结婚证才能结婚。用一位法学家的话说，优生法和普通法婚姻的共存是"荒谬的"。1913年以

---

① Wallenstein, *Tell the Court*, p. 139.

② 参见 Ore. Rev. Stats. 1920, sec. 2163, p. 1256。如果白人与有一半以上印第安血统的人结婚，婚姻亦无效。19世纪末以后，华人也没有资格成为归化公民，并且被禁止作为移民入境。总体参见 Lucy E. Salyer, *Laws Harsh as Tigers: Chinese Immigrants and the Shaping of Modern Immigration Law* (1995)。

③ 佛罗里达州的情况参见 Cal. Civ. Code, sec. 60；密西西比州的情况参见 Miss. Code 1942, sec. 459。1930年左右的州法律崩溃情况参见 Vernier, *American Family Laws*, vol. 1, pp. 204–209。

④ Koegel, "Common Law Marriage," p. 261.

后，威斯康星州的非正式婚姻数量明显激增。[1] 据1914年发行的一份新闻报纸报道，戴恩县（威斯康星州首府麦迪逊在该县）契约登记员朱利叶斯·克洛克（Julius Kroke）提供"以每份10美分的价格登记普通法婚姻契约"，这样一来，一对年轻夫妇就可以省去3美元的健康证明费用。[2] 难怪威斯康星州于1917年废除了普通法婚姻。[3]

二、婚姻选择的胜利

56

国家控制婚姻的发展举足轻重，但这并没有削弱从传统婚姻迈向伴侣婚姻的趋势。在这一发展过程中，自由选择婚姻伴侣的观念厥功至伟。越来越多的人认为婚姻是一种真正的伙伴关系，是利益、欲望和生活方式的结合。这种观念模式最终削弱乃至瓦解了禁止避孕和堕胎的规则，这里的主要目标也是允许男女做出选择——此处情形是选择他们是否想要孩子，如果要的话，要几个。

至于跨种族通婚，不用说这些法律在书面上已不复存在。它们注定为民权运动以及更广泛的社会平等和多元文化主义的承诺所灭没。北方各州率先废除了反对跨种族通婚的法律。第二次世界大战以后，大批州修改了法律。1948年加利福尼亚州最高法

---

① Edward W. Spencer, "Some Phases of Marriage Law and Legislation from a Sanitary and Eugenic Standpoint," *Yale L. Journal* 25：58, 69 (1915).

② *New York Times*, Jan. 8, 1914, p. 1.

③ Wis. Laws 1917, ch. 218, sec. 21. 该法规定，如果一桩婚姻不符合另一部要求"只有在颁发结婚证后……才算有效缔结"婚姻的法律，则婚姻"无效"。

院宣布，民法典中禁止白人和非白人通婚的内容无效。①

　　时代确实在变。1954 年联邦最高法院取缔了学校种族隔离，并在其后的案件中将这一判决的效力扩大到所有形式的隔离。在麦克劳林诉佛罗里达州（McLaughlin v. Florida［1964］）一案中，联邦最高法院审查了一起依据佛罗里达州关于跨种族性行为的法规确立的刑事定罪。该法规规定，任何"非夫妻关系的黑人男子和白人女子或者白人男子和黑人女子"，"夜宿同室"都是犯罪。佛罗里达州法在另一处将"白人和黑人或黑白混血儿""通奸或不正当同居"定为犯罪。联邦最高法院废除了该"同室"法，推翻了这起刑事定罪，但没有就该州禁止跨种族通婚的规定发表任何意见。② 不过法院的方向是明确的，而法院迈出的最后一步是三年后的洛文诉弗吉尼亚州（Loving v. Virginia［1967］）一案。③ 理查德·洛文（Richard Loving）是一名白人男子，自幼在弗吉尼亚州长大，娶了一个青梅竹马的黑人女子米尔德丽德·杰特（Mildred Jeter）。这对夫妇在华盛顿特区结婚，随后回到弗吉尼亚。在弗吉尼亚州，白人"与有色人种通婚"是犯罪。他们被逮捕定罪，判处一年监禁。该判决被缓期执行，不过条件是洛文夫妇必须离开弗吉尼亚，并且不得回来。

　　他们的确离开弗吉尼亚，去了华盛顿特区。但后来他们决定 57 （在美国公民自由联盟的帮助下）争取推翻对他们的判决。审判法官对他们的诉讼请求不予支持，认为"大能的上帝""不希望

---

　　①　Perez v. Sharp, 32 Cal. 2d 711, 198 P. 2d 17（1948）.

　　②　McLaughlin v. Florida, 379 U. S. 184（1964）. 在本案中，法院特别推翻了佩斯诉亚拉巴马州（Pace v. Alabama）的先例，即前文注 Pace v. Alabama, 106 U. S. 583（1882）。

　　③　388 U. S. 1（1967）.

种族混合"。弗吉尼亚上诉法院维护既存法律，大谈特谈"种族完整""种族自豪"和"混血公民"问题。但联邦最高法院一致宣布这项州法规无效。他们对弗吉尼亚州的论点（包括其主张只有那些"对社会有反叛态度、自我憎恨、神经质倾向和幼稚的人"才跨种族结婚）不予采信。[1] 联邦最高法院认为，该法规无疑只是一种"维护白人至上"的工具，这话说得对。意味深长的是，联邦最高法院也谈及"婚姻自由"。任何州不得假以种族主义理想的名义操控人们对婚姻的选择。但在阴影中也有这样的想法，即婚姻、性和个人生活是个人选择的终极的、不受干扰的领域。

20 世纪，对婚姻和生育的医学控制也基本消失。禁止癫痫病人、贫民或低智商者生育孩子的规定从法律明文中剔除了。由医生开具健康证明的要求在很多州仍存在，但不是基于优生理由，其重点是为了防止男子将梅毒等疾病传染给妻子并传给子女。这是亨里克·易卜生（Henrik Ibsen）的力作《群鬼》的主题：在戏剧尾声，儿子因为父亲遗传给他的疾病而失明。医生普遍认为，性病是儿童失明的主要原因。"社会病"产生的危害还有很多。一个罪恶的配偶感染"无辜的妻子或丈夫"，这是"令人发指和令人作呕的"。[2]

自 19 世纪末以来，这些阴险的瘟疫所引起的恐怖是公共政策的一个重要因素。这种恐怖是 20 世纪初打击邪恶、放荡、卖淫和美国罪恶城市红灯区运动的重要后盾。[3] 因此，对性病的医

---

① 引自 Rachel F. Moran, *Interracial Intimacy: The Regulation of Race and Romance* (2001), p. 97. 关于洛文案的总体情况，同上注，第 95—99 页。

② *Report of the Hartford Vice Commission, Hartford, Conn.* (1913), p. 83.

③ 关于"取缔红灯区"的运动参见 Friedman, *Crime and Punishment*, pp. 328 - 332 以及 Thomas C. Mackey, *Red Lights Out: A Legal History of Prostitution, Disorderly Houses, and Vice Districts, 1870 - 1917* (1987)。

学检查比强加给拟结婚者的其他形式的检查更为持久，这就不足
为奇了。如 20 世纪中叶科罗拉多州的一项法规要求，一对夫妇
领取结婚证前必须获得医生开具的健康证明。该健康检查必须包
括结婚证"发放前 30 天内的梅毒标准血清检测"，医生必须证明
申请人"没有感染梅毒或其他性病"或者至少没有传染性。康涅
狄格州法要求夫妇提交一项"沃瑟曼氏反应或卡恩氏试验(Was-
serman or Kahn)或其他类似的标准实验室血液检测"，并获得与
科罗拉多州要求类似的医生声明。①

　　如今连这些法律也基本销声匿迹了。截至 2003 年，大多数
州(50 个州中有 31 个)完全没有婚前体检、健康证明或其他的要
求。然而俄克拉何马州仍要求基于实验室检测的医生证明，以确
保新娘新郎都没有梅毒；马萨诸塞州亦然。② 弗吉尼亚州因担心
有人可能是艾滋病毒阳性患者，小心翼翼地分发给结婚的爱侣一
套教育资料，告诉他们关于艾滋病的知识，但人们不是必须阅读
该材料或把它当回事。少数州要求婚前做证明对风疹有免疫力的
检查。③ 在印第安纳州，夫妻须签署一份"确认书"，声明他们收
到了有关"性传播的危险传染病和艾滋病病毒检测点名单"的信
息，但除此以外没有其他要求。④ 在亚利桑那州，申请领结婚证
的人必须声明，"他们知道有关通过性行为传播疾病的信息可以

---

　　① 科罗拉多州的情况参见 Colo. Rev. Stats. 1953, ch. 90 - 1 - 6 (5)；康涅狄格
州的情况见 Gen. Stats. Conn. 1949, Tit. 59, ch. 365, sec. 7302, p. 2661；Ind. Rev.
Stats. 1965, sec. 44 - 213, 又见 Laws I11. 1949, p. 1081, 要求进行梅毒"血清
检测"。

　　② Okla. Rev. Stats., Tit. 43, sec. 31；Ann. Laws Mass. ch. 207, sec. 28a.

　　③ "Marriage Laws of the Fifty States, District of Columbia, and Puerto Rico,"
http：//www. law. cornell. edu/topics/Table_Marriage. htm (visited Feb. 3, 2003)；
如参见 Cal. Fam. Code, sec. 4300。

　　④ West Ann. Ind. Code sec. 31 - 11 - 4 - 4.

向县卫生部门索取"，并且他们了解"这些疾病可能会传染给未出生的孩子"。[1] 但没有人被迫做任何事情。

典型的州法律坚持要求必须领结婚证，但这是一个相当简单的表格，列出姓名、地址和年龄等信息，基本上没别的内容。大多数州仍要求结婚者至少有一些最低限度的心智能力。少数州有关于"白痴""低能"或"疯子"的字眼。如在哥伦比亚特区，"白痴"或"被判定为疯子"的婚姻"无效"。大多数州在很大程度上删除了这种冒犯性的语言，改为更有品位的措词。如在加利福尼亚州，"如果申请人中的任何一方缺乏缔结有效婚姻的能力"，则不得对其颁发结婚证。缅因州的申请人如果"因精神疾病或智力迟钝而受损"，以致缺乏"充分的理解力"来做出关于"财产或人身"的决定，则不得结婚。田纳西和密西西比两州有一合理的规定：不应向处于醉酒状态的人颁发结婚证。在加利福尼亚州，结婚证不得授予醉鬼或瘾君子。[2] 然而约有十四个州似乎对申请人的精神状态没有任何要求。内华达州曾一度通过专营快捷、廉价和轻松的婚姻来发财。该州的婚姻生意依然兴隆。不过如今结婚在各州都是廉价、轻松和快捷的。

绝育在很大程度上也已成为往事。[3] 像纳粹德国这样的社会致力于清除那些被他们认为是人类渣滓的人，包括精神障碍者。纳粹对大批人实施了绝育。美国虽曾与纳粹交战，但纳粹思维方

---

① Ariz. Rev. Stats，sec. 25－121.

② 存在争议的法律是：D. C. Code Ann. sec. 46－403；Cal. Family Code，sec. 352(该法还禁止"处于醉酒或吸毒状态"的人领取结婚证)；Me. Rev. Stat. Ann. tit. 91－a，sec. 701(3)；Tenn. Code Ann. sec. 36－3－109；Miss. Code Ann. sec. 93－1－5(f)。感谢凯瑟琳·克伦普提供的参考。

③ 除了在某些情况下(通常经父母同意)对智障者进行绝育以外，其他情况就是如此。如参见 Cal Probate Code sec. 1950－1969。

式的错谬似乎随着 20 世纪的发展而变本加厉。在斯金纳诉俄克拉何马州(Skinner v. Oklahoma［1942］)一案中,① 联邦最高法院对美国绝育法进行了重拳出击。斯金纳(Skinner)被判犯有持械抢劫和偷鸡等罪行。根据俄克拉何马州适用的法律,他被勒令接受输精管结扎手术。斯金纳提出抗议,联邦最高法院裁定俄克拉何马州的法规违宪。该判决并没有达到取缔所有绝育法的地步,不过联邦最高法院发现俄克拉何马州的法规存在一个致命的缺陷:贪污犯和政治犯可以免于绝育。这种区分违反了《宪法》第14 修正案的平等保护条款。但最高法院显然认为绝育法极具冒犯性,认为生育权是一项基本权利,对生育权的限制必须慎重考虑;言下之意为,婚姻也必定是一项基本权利。斯金纳案是"隐私"类案件的一个重要先导,该话题将在第五章讨论。总体上,这类绝育法在 20 世纪后期已弃而不用,其中有 14 部这样的法规在 20 世纪六七十年代被废除。幸存的几部(显然)也几乎没人使用。2002 年,弗吉尼亚州州长马克·华纳(Mark Warner)为一项方案发表了"正式道歉",该方案于 1924 至 1979 年间对本州约八千名居民实施了绝育。南卡罗来纳州州长称该方案"可耻",也表示歉意。随后北卡罗来纳州和俄勒冈州也加入致歉行列。最后 2003 年加利福尼亚州州长也补充发声对受害者说,本州人民"对你们所遭受的苦难深表遗憾"。②

　　简而言之,国家大抵放弃了控制生育权的斗争。今天的婚姻

---

① 316 U. S. 535 (1942).

② Virginia：*Washington Post*，May 3，2002，p. Bl；South Carolina：Green-ville News，Jan. 9，2003，p. 2B；North Carolina：*Durham Herald-Sun*，Jan. 4，2003，p. C8；Oregon：*The Oregonian*，Dec. 3，2002，p. Al；California：*San Fran-cisco Chronicle*，Mar. 12，2003，p. A20.

法是关于手续、领证费及诸如此类的事务，对婚姻的限制普遍消失了。生孩子是一项取决于个人的选择——不生孩子也是个人选择。禁止避孕的规则如过眼烟云。堕胎已成为一项（备受争议的）宪法性权利。当下的情形依然是穷人和移民儿女一箩筐；而中产阶级妇女只有几个或一个孩子，甚或一个都没有。出生率仍旧是一个值得关注的问题。在欧洲（西欧和东欧），出生率于20世纪末跌至历史最低点。意大利、西班牙、德国、爱沙尼亚和其他国家都面临着人口可能萎缩的未来。伴随着提前退休和优厚福利制度，这有可能成为福利国家的真正危机。惊呼声此起彼伏，各种政策建议层出不穷。移民以及像瑞典或法国等国家的人口构成问题在政治上四面楚歌，备受争议。但是优生学时代结束了，可能永远画上了句号。

三、违诺

61 　　婚姻意义的变化可以从一种特殊类型诉讼的命运中得到很好的阐释：违诺之诉。在19世纪，如果一男一女订婚，其中一方若无故解除婚约，另一方有权起诉要求赔偿违约金。如我们所说，婚姻在当时是一种民事契约。一旦双方同意结婚，他们便缔结了契约；同所有其他契约一样，该契约对双方都有拘束力。

　　当然，今昔婚姻都非普通契约，违诺之诉也非普通诉讼。理论上，违诺之诉不分性别，男女双方均可提起诉讼。但实践中只有妇女起诉。如1846年一位亚拉巴马州的法官所说，"一种对公共道德的公正考虑"，"长期以来一直将该类诉讼仅限定于女性受害者"。① 探赜索隐的学者零星发现了男性原告，但这样的案例凤毛麟角。一项对英国的研究发现，该国违诺案件的原告女性占97%；少数起诉的男子通常都以败诉告终。② 在很多（也许是大多数）公开报道的案件中，真正控诉的不单单是男子抛弃了他的未婚妻。真正的控诉是，由于男方违诺的强烈影响，女方失去了某些珍贵的东西——她的童贞或者她在婚姻市场上的韶光华年。在某些案例中，女方在婚外生育了孩子。如果她是一个尊贵的中产阶级女性，这就意味着她被"毁了"，缔结体面婚姻的前景黯淡。

　　从理论上讲，如果一对情侣沉湎寻欢，尤其女方若婚外生育，那么这会使女方处于弱势而非强势。毕竟一个"不道德地屈从于其诱奸者而生子"的女人，没有权利控告对方的"错误；因为她跟他狼狈为奸"。但这只是说说而已。生活中的法律截然不同。在实际判例法中，苟合和生育使抛弃妇女成为"严重得多的罪行"，并"伴随比双方行为……止乎礼的情形更为严重的侵害"。大多数案例都支持这一法则。③ 于是在这些案例背后，是一个天真的傻女人或女孩的形象，她被一个谎称娶她的流氓诱奸并抛弃了。她委身于他，因为她爱他；他也表白示爱过。毕竟浪漫爱情是大多数婚前性行为的借口。正如卡伦·利斯特拉（Karen Lystra）所说，在维多利亚时代，浪漫的爱情"净化了性行为，并肯定了其道德地位"。"心灵的质朴逻辑"对于"长期以来反对婚

① Kelly v. Renfro, 9 Ala. 330 (1846).
② Ginger S. Frost, "'I Shall Not Sit Down and Crie': Women, Class, and Breach of Promise of Marriage Plaintiffs in England, 1850-1900," *Gender and History* 6: 224 (1994).
③ Joel Prentiss Bishop, *New Commentaries on Marriage, Divorce, and Separation* (1891), vol.1, p. 100.

前性行为的禁忌"是一个挑战。① 因此女人的行为情有可原，对男方而言，那个流氓不仅"毁了"他睡过的女人，他还骗了她，背叛了她：他假惺惺的爱情是一种欺骗、诡计和谎言。

违诺之法与支撑普通法婚姻的正式原则之间存在一定的张力。在普通法婚姻中，男女双方一旦以现在时态交换同意结婚的承诺，结婚即时生效。他们认为自己结婚了，这就成为事实上的夫妻。但如果交换婚诺是将来时态呢？ 如果一对情侣说"我们不久就结婚吧"——或"明天"或"下周"——则（按文意）他们还没结婚。只有当他们发生性关系时才成为夫妻。这个相当奇怪的想法是用一个拉丁语短语来表述的：per verba de futuro cum copula（未来承诺加上床）。但这似乎纯属理论。法院（和社会）从来不认可这样的事情。性从来不是婚姻定义的组成部分。当然已婚者确实有性行为，但性行为应该发生在婚后而非婚前；而性行为本身从来不能使婚姻成其为婚姻。② 如一位作者所说，一个要求"两人在形成合法身份之前多次通奸"的原则将是"荒诞不经的"。③ 事实上如果承诺加性行为等于婚姻，那么违诺的案例便没有意义：婚诺没有被违反，事实上原告和被告已经合法结婚了。乔尔·毕晓普如此解释道：如果两人订下"未来婚约"并"有床第之欢"（这仅对已婚人士是"合法"的），则推定他们已"将未来婚诺转变为现时承诺"。④

这在当今读者看来是一个吹毛求疵的负面例子。然而两种情

---

① Karen Lystra, *Searching the Heart* (1989), p. 117.
② 当然这一说法必须加以限定：在某些州，没有性生活或拒绝房事可能是解除婚姻的理由，没有性能力是更为常见的解除婚姻的理由。
③ Koegel, *Common Law Marriage*, p. 128.
④ Bishop, *New Commentaries*, vol. 1, p. 147, sec. 354.

况之间的社会区别是相当清晰的。普通法婚姻的案件涉及男女共
同生活的情况，焦点问题是：他们结婚了没有？违诺的案件大多
出于两人没有明确共同生活的情形，这里的焦点问题不在于他们
是否已结婚，而在于是否已订婚（无论有无性关系）。令人感兴
趣的是，（女子提起）违诺之诉的案例往往胜诉，而且有时会获
得数量不菲的损害赔偿。显然至少在某些案件中，陪审团对被抛
弃的妇女非常同情，他们迫使男当事人为其蠢行或不义付出
代价。

　　但是这种诉讼理由几乎从一开始就存在争议。对于一些法
学者且实际上对于很多普通民众来说，违诺之诉对于男性被告
不太公平。他们——而不是女性——才是受害者。这些女性是
勒索者或掘金者，她们猎捕易上当的富翁。自狄更斯（Dickens）
以降的英语文学对违诺的案件毫无怜悯之情。[1]狄更斯在《匹克
威克外传》（1836）中，辛辣地讽刺了一起违诺的诉讼。吉尔伯
特（Gilbert）和沙利文（Sullivan）在其轻歌剧《陪审团的审判》中，
对该类诉讼嗤之以鼻。人们说，一个体面的妇女的丑闻决不可外
扬，她也不该要一桩无爱的婚姻。1879 年一位英国评论家写道：
一桩没有爱的结合是"世上无出其右的诅咒"。假使一个妇女通
过威胁提起违诺之诉而逼迫结婚，她就是在作恶，在鼓动"亵渎
婚榻"。[2]

　　所有这些蔑视和嘲讽实际上都有失公允。就当时的规范和礼
仪而言，许多案例似乎是正义的：女性原告被伤害、被背叛、被

63

------

　　① 参见 Ginger S. Frost, *Promises Broken: Courtship, Class, and Gender in Victorian England* (1995), pp. 1 - 10。

　　② Charles J. MacColla, *Breach of Promise: Its History and Social Considerations* (1879), p. 38.

欺骗并被剥夺了机会。① 无论如何，在整个 19 世纪乃至 20 世纪期间，妇女不断地提起违诺之诉且往往胜诉。20 世纪 30 年代兴起了一场废止违诺法的强大运动。② 很多州废除了违诺这一诉讼理由——如宾夕法尼亚州的废除时间是 1935 年，马萨诸塞州是 1938 年，加利福尼亚州是 1939 年，伊利诺伊州是 1947 年。伊利诺伊州的立法开宗明义地指出：违诺之诉已"遭到严重滥用"，是"勒索的工具"。③ 这一诉讼理由在其他州苟延残喘，但越来越罕见。1920 年以后，英国所公开报道、审判或见报讨论的这类案件日益减少。④ 1969 年公布的一份法律委员会的报告建议废除违诺之诉，该报告称，现行法律给予了"'掘金'性质的诉讼机会"。⑤ 1970 年，英国议会的确废除了有关违诺的法律。在争论中，人们提出了一些常见的观点：掘金者在猎捕蠢男人；婚姻应当是完全自愿的；等等。⑥ 该法为主张返还作为结婚条件的礼物之诉敞开了大门，由此一个抛弃未婚妻的男子不仅逃脱惩罚，甚至还有权讨回订婚戒指。⑦ 在一些地方，违诺之诉继续存在：1972 年英属哥伦比亚的一起案例判给一位塔特尔（Tuttle）夫人 2250 美元的赔偿，这名离异的"五十多岁女士"将十五年的岁月

64

---

① 对于英国案例的详细研究参见 Frost, *Promises Broken*。

② 参见 Nathan P. Feinsinger, "Legislative Attack on 'Heart Balm'," *Michigan L. Kev.* 33：979（1935）。

③ Laws Pa. 1935, no. 189, p.450；Laws Mass. 1938, ch. 350, p. 326；Laws Cal. 1939, ch. 128, p. 1245；Laws Ill. 1947, p. 1181.

④ Susie L. Steinbach, "Promises, Promises：Not Marrying in England, 1780 - 1920"（Ph. D. diss., Yale University, 1996）, p. 306.

⑤ The Law Commission, *Breach of Promise of Marriage*（1969）, p. 6.

⑥ Frost, *Promises Broken*, p. 174.

⑦ 在 De Cicco v. Barker, 339 Mass. 457, 159 N. E. 534（1959）一案中，马萨诸塞州许可了这样的诉讼理由，尽管法规中没有明确授权。原告索回了他赠给有意要娶之女子的六克拉钻石戒指。

奉献给了"一个遇事就逃的艺术家"，一个结束婚姻另娶新欢的无赖。① 不过在美国，违诺之诉至 2000 年几乎完全消失了。

为什么法律会改变方向？尽管批判之声贯耳，但陪审团的行为证明了社会对违诺之诉的支持。当然这种诉讼可能是敲诈或勒索的手段。然而在其他情况下，它绝非如此。在 19 世纪的英国，工人阶级妇女以违诺作为一种武器，来对付（有时是在漫长的婚约之后）背叛和遗弃她们的男人。在马萨诸塞州 1945 年的一起案例中，女方原告屈从于她的雇主，对其"投怀送抱"，（据她自称）被其玩弄了多年，诉称他对她造成了感情伤害，他还剥夺了她遇见"正人君子"的机会。② 她试图打擦边球绕过现行地方法，因为马萨诸塞州已废除违诺之诉。她败诉了，但如果她所言不虚，她的老板实际上对她造成了严重的社会及情感伤害。

但最引人注目和广为人知的是那些年轻女性起诉愚蠢、年老富翁的案例——这些都是使违诺蒙上污名的案件。1893 年在肯塔基州，马德琳·波拉德（Madeleine Pollard）对一名议员布雷肯里奇（W. C. P. Breckenridge）提起诉讼。她 28 岁，他 56 岁。她声称与布雷肯里奇长期有染，（她说）他答应等他妻子过世后就娶她，然而他娶了别人。布雷肯里奇承认他们的不正当关系，但不承认有婚诺。而且当他们的婚外恋开始时，波拉德小姐已丧失童贞（或是他这么说的）。但是陪审团相信了原告的诉说，判给她 15,000 美元——在当时是一大笔钱。③

对于像议员布雷肯里奇这样的男人来说，这种案件是丑闻

65

---

① Tuttle v. Swanson, 9 R. F. L. 59, 1972 Carswell BC 40.

② Thibault v. Lalumiere, 318 Mass. 72, 60 N. E. 2d 349 (1945).

③ Paul E. Fuller, "An Early Venture of Kentucky Women in Politics: The Breckenridge Congressional Campaign of 1894," *Filson Club History Quarterly* 224 (1989).

和不义——虽然对陪审团成员来说不是这样。但导致这场官司的罪魁祸首也许是贞操的贬值。贞操的声望在 20 世纪大大丧失。一些关于大学生择偶所看重的品质的调查表明，贞操的评分越来越低。在十八项特质中，男性对贞操的排名 1939 年为第 10 位，1996 年跌至第 16 位；1939 年女性对贞操的排名为第 10 位，1996 年为第 17 位。（1996 年居首位的是"相互吸引、爱情"。）①性革命和同居的兴起使贞操贬值。现在违诺的整体理念似乎已然"无可奈何花落去"。2000 年一名已订婚的中产阶级女性和未婚夫上床，很难诉称她这辈子被毁了。妇女加入了劳动大军，参与投票并担任陪审员；她们正朝着与男人正式平等的方向迈进。在违诺的案件背后，是将女性看成这样一种形象：娇弱且依赖性强的生物，对性懵懂无知，端庄而善感，没有男人就无法维持生活。这种形象与 20 世纪的生活事实越来越脱节。此外至 20 世纪中叶，婚姻伦理与 19 世纪不同。婚姻是一种强烈的个人选择。婚姻涉及两个彼此相爱且彼此渴慕的人，任何人都不应被迫缔结他或她不想要的婚姻。而且对一个女人来说，不结婚并不像以前那么可怕。一个没有丈夫的中产阶级妇女不再是无用的附属品、老处女和"老姑娘"，她不再显得可怜、可笑和没用，

---

① David M. Buss, Todd K. Shackleford, and Lee A. Kirkpatrick, "A Half Century of Mate Preferences: The Cultural Evolution of Values," *J. Marriage and the Family* 63: 491, 501 (2001). "好厨师和管家"也有类似的演变：1967 年它在男性的有价值特质排行榜上名列第六，而 1996 年则排名第十四。同上。20 世纪 70 年代初，56.4% 的受访美国女性认为婚前性行为"总是或几乎总是错误的"，而 20 世纪 90 年代末只有 40% 的女性这样认为；20 世纪 70 年代 46% 的男性认为婚前性行为"总是或几乎总是错误的"，但 20 世纪 90 年代末只有不到 30% 的男性这样认为。Arland Thornton and Linda Young-DeMarco, "Four Decades of Trends in Attitudes toward Family Issues in the United States: The 1960s through the 1990s," *J. Marriage and the Family* 63: 1009, 1022 (2001).

不再是与饱满生命绝缘的枯槁衰老形象。一个男人如果改变了主意，他应该可以自由地解除婚约；若他这么做，未必是个流氓、无赖和败类。

"私通"、感情疏离和"诱奸"的古老诉讼事由与违诺一道，进入了历史的垃圾桶。这些诉讼都基于一种陈腐旧念——认为女性在性方面是被动的，她们可能被引诱，但其自身并不具有性侵略性。这些诉讼事由还假定，丈夫在家庭中占主导地位，他且只有他有权享受妻子的性爱。如法院在加斯珀诉灯塔公司（Gasper v. Lighthouse，Inc.［1987］）一案（1987 年马里兰州的一起案例）中所说，这给予丈夫"一项对他妻子及其婚姻的公认财产利益"。① 丹尼尔·加斯珀（Daniel Gasper）和妻子妮科尔（Nicole）的婚姻出现了问题。他们向一家名为灯塔的公司寻求婚姻咨询，灯塔公司指派唐·德比（Don Derby）担任他们的咨询顾问。对丹尼尔来说这酿成了大错。最终唐·德比和妮科尔发生性关系，妮科尔随后和丈夫离了婚。丹尼尔以违约、疏忽、造成精神痛苦、恶意干涉婚姻和其他任何他能想到的理由将德比和灯塔公司告上法庭。法院驳回起诉。这是一起以感情疏离或通奸罪或稍做其他伪装为由的诉讼。但马里兰州已废除了感情疏离和通奸罪诉讼。作为疏忽之诉由的唯一"依据"是"德比的扣绿帽子行为"，而这在法律上已不再是充分理由。

作为对马里兰州法律的解读，这个判决是完全合理的。但令人惊讶的是，该判决只字未提对丹尼尔的同情——恰恰相反，对法院来说，（字里行间透露了）妮科尔显然有决定何时何地做爱、结婚和离婚的自由。旧的规则已死，连同其规范世界一起被埋

①　73 Md. App. 367，533 A. 2d 1358（1987）.

葬了。

与此类似，在马萨诸塞州 2000 年的一起案例中，[①] 吉尔伯特·奎因（Gilbert Quinn）及其子迈克尔（Michael）对约瑟夫·沃尔什（Joseph Walsh）提起诉讼。沃尔什与苏珊（Susan）（对于两原告分别是妻子和母亲）有染。这段婚外情（原告父子声称）的目的之一是"伤害奎因"。奎因和苏珊的婚姻破裂了，奎因控告沃尔什对其父子造成了"严重的精神痛苦"。

67　　　法院对原告不予支持。这是一起以其他名义主张感情疏离和通奸罪的诉讼。立法机关已废除了这些诉讼理由。关于"精神痛苦"问题，法院称，只有当被告的行为"极端且令人发指……完全为文明社会所不容"时，才可能索赔。本案中的通奸行为或许"应受谴责"，但它并没有逾越仅仅应受谴责与"极端令人发指"之间的界限；通奸根本没达到那般不义的程度。显然，自 17 世纪以来——当时的通奸行为（理论上）是一种可以把人送上绞刑架的犯罪——这个国家已经走得很远。

四、离婚："无声的革命"

20 世纪上半叶，至少从表面上看，离婚法中的双重制度在美国仍欣欣向荣。绝大多数离婚实际上是合谋的，是夫妻达成协议的结果。（这项协议是否真正的"合意"——如前所述，即两个意欲离婚的平等主体之间的讨价还价——是另外一回事。）严格来说，正如我们所指出的，合谋离婚是非法的。但官方的法律是

---

① Quinn v. Walsh, 49 Mass. App. Ct. 696, 732 N. E. 2d 330 (2000).

一个活生生的谎言。例如在伊利诺伊州，如果法院发现双方合谋，依据法律"不应准予离婚"。这是（如上述）标准原则。但根据 20 世纪 50 年代发表的一项研究，伊利诺伊州几乎所有的离婚案件实际上都是合谋的——是基于"双方对离婚本身达成协议"的结果。"证词"在这些案例中通常是事先安排好的。原告对于虐待的典型讼词是：她的丈夫殴打她、捆她和虐待她。如这项研究的作者所讽刺指出的那样，"在芝加哥，恰好打伴侣的脸两次的残酷配偶之数量……令人惊诧"。原告为支持其陈述，几乎总是带上自己的母亲或者一位姐妹或兄弟。①

进入 20 世纪以来，正式法律顽固地坚持主张对"夫妻之间提起诉讼且没有进行辩护"的协议不予认可，对此类案例予以驳回。正如一位新泽西法官于 1910 年所说：我们的"法律政策支持婚姻，反对离婚"。② 在印第安纳州，直至 20 世纪 50 年代，根据法律被告如果缺席，法官应当通知检察官，检察官有责任出庭并为该案件辩护；如果法官怀疑有某种合谋，也须通知检方出庭。但这些都是空洞的限制规定。在实践中，印第安纳州几乎所有的案件都是没有争议且无人抗辩的，检察官也从未介入，原告实际上"依请求"即可获准离婚。③ 在通奸是唯一实际离婚理由的纽约州，一种怪异的合谋方式屡见不鲜。丈夫会入住一家旅馆，一个受雇扮演他的情人的女人会和他共处一室，两人都会脱掉部分或全部衣服。一项对 20 世纪 30 年代的 500 起离婚案件的研究实际统计了一下男子全裸（23 次），穿睡袍（8 次）、"内衣或

68

① Maxine B. Virtue, *Family Cases in Court* (1956), pp. 90–91.
② 该案是 Sheehan v. Sheehan, 77 N. J. Eq. 411, 77 A. 1063 (Ct. of Chancery of N. J., 1910)。
③ Virtue, *Family Cases*, pp. 118, 140.

裤衩（119 次）"或者睡衣（227 次）的频率。女人全裸的次数更多
（55 次），穿睡衣 126 次，穿"和服"68 次。他们正在脱衣服时，
一个带着毛巾的女服务生或是一个拿着电报的服务生会到来，一
个摄影师会突然闯进房间拍照。随后男人会付钱给女人，她向他
道谢后便离开。这些照片将呈堂作为通奸的"证据"。① 在英国，
1938 年以前通奸也是离婚的唯一理由；而且像纽约州一样，许
多案例都采用了这类虚假的旅馆证据。② 虽偶有丑闻和打压，但
间隔一段时间后，系统总是恢复常态。

　　在 19 世纪，英国政府对合谋离婚不像美国各州那么掉以轻
心。离婚在社会上是不可接受的，尤其是对下层阶级而言。1860
年《离婚法》刚通过三年，就有一项新的法令设立了女王监察办
公室，其官员有责任在离婚案件中检举合谋以维护社会利益，目
的在于防止合意离婚。总的来说，这一实践并不成功。③ 英国僵
化的阶级制度确实为苛严的离婚制度提供了某些支持，但逐渐
地，风靡美国离婚的相同力量也席卷了英国的离婚制度。

69　　显而易见的是，世界上所有发达地区都存在着巨大的、被压

---

　　① 该研究的报道见于一条注释："Collusive and Consensual Divorce and the New
York Anomaly," *Col L. Rev.* 36：1121，1131（1936）。参见 Lawrence M. Friedman，"A
Dead Language：Divorce Law and Practice before No-Fault," *Va. L. Rev.* 86：1497，
1512－1513（2000）。

　　② Colin S. Gibson, *Dissolving Wedlock*（1994），p. 96－97.

　　③ 关于女王监察官，参见 Wendie Ellen Schneider, "Secrets and Lies：The
Queen's Proctor and Judicial Investigation of Party-Controlled Narratives," *Law and So-
cial Inquiry* 27：449（2002）。20 世纪上半叶加拿大的情况也很复杂。可能存在大量
合谋，但法院不太愿意对此视而不见。和英国一样，"国王监察官"是一名在离婚
案件中代表国家行事的官员，负责监察是否存在串通或合谋。在新斯科舍省，该
官员被称为"监督顾问"。这些爱管闲事的人似乎至少起到了某些作用。参见
James G. Snell, *In the Shadow of the Law: Divorce in Canada, 1900－1939*（1991），
pp. 104－106。

抑的离婚需求——这是一股强大的力量，它只需找到一个出口。改变或改革虽非不可能，却仍困难重重；体面社会（和忌惮其部分选民的立法者）根本不允许"轻松"离婚。其结果导致双重制度——合谋离婚和迁徙离婚。离婚需求的另一出口（至少在纽约州）是无效的。如我们所知，纽约州的法律异常严格，只有通奸才允许离婚。于是纽约州成为美国的宣告婚姻无效之地。从法律上说，宣告无效的婚姻从来就不存在。由于某些严重的障碍或欺诈，宣告无效的婚姻自始无效。在大多数州，宣告婚姻无效不像离婚那么常见，主要适用者是其教会不认可离婚的罗马天主教徒。20世纪50年代，在加利福尼亚的圣马刁县，要求结束婚姻的申请有12%是宣告婚姻无效；1890—1910年间在加利福尼亚州的阿拉米达县，只有1%—2%的申请诉求宣告婚姻无效。[1]

但纽约州的情况迥然不同，宣告婚姻无效的现象极为普遍。纽约州的法规规定，凡一方的"同意"是"以武力、胁迫或欺诈手段取得的"，或者"一方身体上没有能力进入婚姻状态"或是"精神病人"，则批准婚姻无效。[2] 这一法规没有什么不同寻常之处。但大多数州的法院对宣告婚姻无效的法律解释相当严格。欺诈行为不容易证明。乔尔·毕晓普在19世纪末写道，他发现宣告婚姻无效的案件"天生"尴尬（且"为数不多"）。[3] 想要摆脱配偶是一回事，指责配偶欺诈（甚至更糟糕地指责其完全无性能力或性冷淡）完全是另外一回事。但纽约州法院将"欺诈"的概念

---

① 感谢阿尔伯特·洛佩斯提供的圣马特奥县数据。阿拉米达县的情况参见 Joanna Grossman and Chris Guthrie, "The Road Less Taken: Annulment at the Turn of the Century," *Am. J. of Legal History* 40: 307 (1996)。

② *Thompson's Laws of New York* (1939), Part 2, N. Y. Civil Practice Act, sec. 1137, 1139, 1141.

③ Bishop, *New Commentaries*, vol. 1, p. 193.

扩展得几乎面目全非，总体上他们将宣告婚姻无效的法定理由开
放到了惊人的程度。至 1950 年，纽约州的十个县中宣告婚姻无
效的数量比离婚还多；对整个州而言，宣告婚姻无效的数量多达
离婚判决数目的三分之二。① 可以肯定的是，上诉法院在可疑案
件中并不总是愿意做出批准宣告婚姻无效的判决。判例法是相当
错综复杂的。② 洛蕾塔·高利·帕夫洛斯基(Loretta Coiley Pawlo-
ski)以欺诈为由对其丈夫亚历克斯·约翰(Alex John)提起的宣告
婚姻无效之诉未能获胜。她声称他在姓名上撒了谎，他告诉她自
己是"德国人"，而实际上他是波兰人；洛蕾塔"不太喜欢波兰
人"。法院称，他们已结婚二十多年，该"欺诈"即使被证实，
也并未触及婚姻契约的本质。③

不过，这也道出了某些东西，致使洛蕾塔甚至认为她有机会
使婚姻无效。她的诉求在大多数州完全行不通。在其他若干案例
中，纽约州上诉法院更愿意查明"欺诈"和其他障碍。在 1923 年
的一起案例中，詹姆斯·特鲁亚诺(James Truiano)告诉弗洛伦
丝·布思(Florence Booth)(一名教师)他是美国公民，实际上他
不是。法院判决婚姻无效。④ 1935 年一名男青年若提出以下诉
求，可以获得宣告婚姻无效的判决：他的(外国)妻子嫁给他只

① Paul H. Jacobson, *American Marriage and Divorce* (1959), p. 113.

② 参见 William E. Nelson, *The Legalist Reformation: Law, Politics, and Ideol-
ogy in New York, 1920 - 1980* (2001), pp. 51 - 54, 231 - 236。

③ Pawloski v. Pawloski, 65 N. Y. S. 2d 413 (Sup. Ct., Cayuga County, 1946).

④ Truiano v. Truiano, 121 Misc. Rep. 635, 201 N. Y. S. 573 (Sup. Ct., Special
Term, Warren County, 1923). 对弗洛伦丝公平起见，不得不说，根据结婚时的联
邦法，她将失去国籍(并取得她丈夫的国籍)。这会使她失去工作。这对夫妇分居
后，根据《已婚妇女公民法》(42 Stat. 1021, 1922 年 9 月 12 日法令)，法律于 1922
年进行了修改。这在特鲁亚诺宣告婚姻无效的诉讼案发生时是有效的，但法院称
这一事实"不能免除被告的欺诈，也不能导致原告的赔偿请求被拒绝"，因为她如
果知道詹姆斯的污点就不会嫁给他。

是为得到他的钱财——属于欧洲"贵族""诱骗"美国富豪结婚的"阴谋"的情况。法院认为，美国小伙儿"不擅长应对老奸巨猾的欧洲人的心机"，他被"欺哄和诈骗"了。这段婚姻就被顺理成章地抹去了。① 我们必须记住，大多数宣告婚姻无效的案件从未上诉。它们开始并终结于初审法院。这恰恰与其他州成千上万的离婚案件不谋而合。在这一点上，纽约州宣告婚姻无效的统计数字本身就说明一切。

当代智利是另一个将宣告婚姻无效异乎寻常地普遍化的司法地区。智利是唯一一个仍不认可彻底离婚的主要西方国家，这种情形一直到 2004 年才改变(当年智利立法机构终于颁布了一部认可彻底离婚的法律)。② 宣告婚姻无效是一个明显的逃生舱口。人们用各种花招诡计来寻求婚姻无效。在智利和美国纽约州，官方法律所说的是一回事，普通低等法院所做的完全是另外一回事。这两个司法地区都陷入了历史性僵局。

不过，20 世纪下半叶，纽约州和整个美国的这种僵局结束了。至此官方改革举步维艰。但地下双重制度正在朽败。离婚越来越稀松平常，离婚的耻辱感逐渐消失了。如 1950 年左右芝加哥的一位法官所说，大多数人认为离婚只是男女当事人的事情，不关任何别人的事。获准离婚就像(或应像)领结婚证一样：一对夫妇"有权交一笔特定费用"，做一下验血就"领取结婚证"，除此以外什么都不需要。为什么不让离婚变得同样容易呢? 这位法官认为，"好莱坞"是人们态度改变以及"寡廉鲜耻"的罪魁祸

71

---

① Ryan v. Ryan, 156 Misc. 251, 281 N. Y. S. 709 (Sup. Ct., Spec. Term, N. Y. County, 1935).

② Jen Ross, "Separate Ways: Divorce to Become Legal," *Washington Post*, Mar. 30, 2004, p. Cl. 马耳他显然仍不允许彻底离婚。

首。① 这无疑过誉（或过度谴责）了好莱坞。诚然电影明星们离婚，但电影本身对离婚话题相当忌讳；事实上20世纪三四十年代的一段时间里，电影几乎从未涉及离婚问题。② 法官甚至可能对公众舆论的解读有些偏差。但毫无疑问风向在转变，连官方的法律也开始嬗变，尽管相当谨小慎微。新墨西哥州比大多数州更大胆：自1933年起，该州离婚法专门将"不和"纳入离婚理由。③ "不和"的基本含义是两个人未能且不能和睦相处——就传统离婚法而言，这是一种异端邪说。

新墨西哥州不同寻常。但在相当多的州，法律开始以不同的方式放宽离婚的渠道。如果一对夫妇分居达到一定年限（因州而异从2到10年不等），即使没有"理由"也可以离婚。截至1950年，大约二十个州有这样的规定。在亚利桑那州、爱达荷州、肯塔基州和威斯康星州，分居的期限是5年；罗得岛是10年；阿肯色州和内华达州是3年；路易斯安那州和北卡罗来纳州是2年。④ 这些法规也离经叛道，它们分明知道一些婚姻早已死亡，法律只是体面地给这些婚姻一个合宜的葬礼，让人们继续生活。事实上，在上述若干州很少有夫妻利用这样的法规。倘若一些无伤大雅的谎言能够带来即时离婚，为什么要等上2年、5年或10年？⑤

在很多州，如果配偶一方患上"无法治愈的精神病"或诸如

---

① 引自 Virtue, *Family Cases*, pp. 145 – 146。

② Michael Asimow, "Divorce in the Movies: From the Hays Code to *Kramer vs. Kramer,*" *Legal Studies Forum* 24: 221 (2000).

③ Act of March 3, 1933, ch. 62, sec. 1.

④ J. Herbie DiFonzo, *Beneath the Fault Line: The Popular and Legal Culture of Divorce in Twentieth-Century America* (1997), pp. 78 – 79.

⑤ Friedman, "A Dead Language," p. 1497.

此类的疾病，另一方有权要求离婚。在佛蒙特州和堪萨斯州，法律有时要求病人实际被关在精神病院 5 年。[1] 如果配偶一方因重罪入狱，另一方通常也有权离婚。这些理由似乎相当明显，但事实上它们违背了传统的婚姻理论——无论是疾病或是健康、无论是顺境还是逆境都彼此相依的承诺。癌症或心脏病从来不是离婚的理由，那为什么精神病就是呢？或者为什么监禁、非针对配偶的犯罪就是呢？这些都不是严格意义上的遗弃。但从精神正常或没有坐牢的一方配偶的立场来看，婚姻就是一副空空如也的外壳，在日复一日地受挫。

　　上诉法院层面出现了变化的裂痕。1952 年加利福尼亚州的一起案例，即德伯格诉德伯格案（De Burgh v. De Burgh）[2]，是变革山雨欲来的一个重要迹象。戴西（Daisy）和阿尔伯特·德伯格（Albert De Burgh）在经历一场明显朽烂的婚姻。阿尔伯特殴打她，向她吹嘘他的其他女人，经常醉酒；对侍者大手大脚，却对戴西一毛不拔——这是她的表述。他的叙述与此不同，他声称她在散布关于他的谎言，她给他的合伙人和同事写信指责他"不诚实、同性恋"，试图毁掉他的生意并败坏他的名声。根据标准的法律原则，如果双方都存在虐待或其他过错，则不准离婚。因而上诉法院裁决不予离婚，驳回此案。加利福尼亚州最高法院推翻了该裁决。罗杰·特雷纳（Roger Traynor）大法官写道：家庭"是社会的核心"，国家应当"促进和维护婚姻"，但是当一桩婚姻"已失败，家庭不再是一个单位"时，夫妻双方应当可以通过离异结束婚姻。该案的证据显示，这场"婚姻已完全破裂、无法补

---

　　① 　Vt. Laws 1933, ch. 140, sec. 3117; Gen'l Stats. Kansas 1935, sec. 60 - 1501 (11).

　　② 　39 Cal. 2d 858, 250 P. 2d 598 (1952).

72

救"。特雷纳将案件发回重审，指示一审法官"确定婚姻的合法目的是否已遭破坏"以及这场婚姻是否可以"挽救"。理论上，一审法官有权判决不予离婚，但特雷纳大法官的判词却使这一可能性变得很小。

在 20 世纪的最后三分之一，赫伯特·雅各布（Herbert Jacob）所谓的"无声的革命"终于摧毁了双重制度。① "无声的革命"是指无过错离婚法的通过。雅各布之所以将此称为一场"无声"的革命，是因为尽管这看似是一场激进的变革，但它几乎未经讨论更无甚争议地就完成了。无过错离婚就像夜间的贼一样溜进了法律。技术官僚们起草了这些法律，它们几乎没有经过认真讨论就被通过了。一个持续百年的制度在瞬间就烟消云散了。

如果从社会角度而不是法律角度来说，旧的制度只是腐烂了。在个人主义和性革命的时代，在选择当道的时代，人们觉得挽救那些不再令丈夫或妻子或者双方满意的婚姻是没有意义的。一旦婚姻"不美满"时，他们就有权离婚。认可这一社会现实的需求最终压倒了持守传统观点的势力。当然从来没有人真正喜欢合谋离婚制度，它堕落、肮脏且代价昂贵。它贬低了参与诉讼过程的每一个人——律师、法官和离婚当事人自己。

加利福尼亚州产生了所谓的无过错离婚。无过错离婚不是合谋离婚，它走得更远。它实际上是单方离婚、随意离婚，是夫妻其中一方想离婚且要求离婚的情形。在无过错制度下，离婚诉讼完全没有辩护权，离婚不再有任何"理由"。无过错离婚重塑了离婚在婚姻中的意象，从法律上来说，婚姻和离婚变成平行的。

---

① Herbert Jacob, *Silent Revolution: The Transformation of Divorce Law in the United States* (1988).

为了缔结婚姻，两人必须同意结婚。违诺之讼已被废除，于是男女都有否决权；直到有人宣布他们结为夫妻的那一刻之前，双方均有退婚的权利。在众多电影中（《毕业生》是家喻户晓的影片之一），实际上有人的确从婚礼殿堂的阴影下抽身退出了。在无过错离婚的情形下，这种否决权婚后继续存在。任何一方都可以决定婚姻是继续还是结束，任何一方在任何时候都可以任何理由（或毫无理由）结束婚姻。这是无过错离婚制度的实践意涵，也是其实际运作方式。

　　第一部无过错离婚法于 1970 年在加利福尼亚州生效。旧的离婚"理由"被废除，只保留了两种例外情况："完全精神错乱"，以及"不可调和的分歧、导致婚姻无法补救的破裂"。① 有趣的是，撰写报告和起草法律的专家、法学家从未意图创设一项无过错离婚制度。他们想摆脱旧的双重制度，想打扫房子、消除虚伪和欺诈、结束合谋的肮脏勾当并允许合意离婚——双方一致同意的离婚。这已经是活法，他们想把它正式化。他们从未企图使离婚变成轻易或自主的事，当然也不是单方面的事。他们认为，婚姻是件好事；只要存在任何可能，就应当挽救婚姻。例如，他们希望有婚姻咨询制度；希望法院修复病态婚姻，如果可能的话就治愈它们。他们的想法是给家庭法院提供更多的权力和资源，使陷入困境的夫妇可以获得帮助和建议，也许还有一定程度的治疗。② 积极参加改革运动的家庭法学者和专家赫尔玛·希尔·凯（Herma Hill Kay）建议按照青少年法庭的形象重塑家庭法院。夫妻将与一位顾问会面，共同探讨婚姻是否可以挽救。"专

---

① Cal. Civ. Code，sec. 4506.
② 参见 DiFonzo，*Beneath the Fault Line*，pp. 112 - 137。

业的个案工作者"、精神科医生和"经验丰富的指导者"将扮演重要的角色，不会有"强迫"。最终，法院将决定"婚姻的合法目的是否已遭破坏"。① 事实证明，凯的提议一个也没有真正地融入生活。

不过从字面上看，最初的加利福尼亚州法还是考虑了实际发生情况以外的因素。法律提出了一个事实问题：是否一旦有"不可调和的分歧"，婚姻就完全破裂了呢？想必是由法官来决定这一事实问题。但几乎旋即而来的是，法律开始意味着截然不同的东西，它有了自己的生命。离婚变为纯粹自主的事。法官从来不过问原因，他们从未真正过问一桩婚姻是否有"无法补救的破裂"或彻底决裂。他们只是在文书上签字。更重要的是，无过错离婚"革命"席卷全国。各州相继通过无过错离婚法——或更准 75 确地说，是结果显明为无过错离婚之意的法律。州与州之间的细节各异，但几乎所有州的书面法均打上了无过错离婚的印记。一些州(如加利福尼亚州)是"纯粹"的无过错离婚州——以罗德岛为例，"不论任何一方有无过错，只要有不可调和的分歧、导致婚姻无法补救的破裂"，即可"判决"离婚。② 一些州的立法只是将无过错添加到离婚"理由"列表中，尽管这在某种程度上是不合逻辑的，因为无过错意味着理由不再重要。③ 例如犹他州和田纳西州在其离婚理由列表中添加了"不可调和的分歧"。俄亥俄州添加的是"不和，除非一方矢口否认"。④ 但在大多数州，离婚

---

① Herma Hill Kay, "A Family Court: The California Proposal," *Cal L. Rev.* 56: 1205, 1230(1968).

② Rhode Island Rev. Stats., sec. 15 - 5 - 3. 1.

③ Jacob, *Silent Revolution*, p. 102.

④ Utah Code Ann. (1998), sec. 30 - 3 - 1; Tenn. Code sec. 36 - 4 - 101. Ohio Rev. Code (2000), sec. 3105. 01.

变为自主的事情，就像在加利福尼亚州一样。任何一方均可终止婚姻；法官从不进行任何调查、质疑或询问，他们只是照章办事，仅此而已。

毋庸置疑，财产权利和儿童监护等棘手问题仍旧困扰着家庭法。许多争议激烈的案件都涉及这些问题。他们为离婚事务律师提供了大量的业务。但离婚本身不再是争战和对抗的事情。无过错离婚是过去所谓"轻松"离婚的缩影。事实上从心理层面讲，离婚几乎从来都不轻松。但无过错使离婚在法律方面痛苦少些，成本也低些——在婚姻存续时间短、没有生孩子且无钱财须分割或其分割方式没有争议的情况下更是如此。对于某些人来说，离婚甚至可以是一个自己动手的方案。如今人们可以买书，书中告诉读者如何摆脱配偶而不需向律师支付时间和服务费用的轻松十招。

性伦理、结婚和离婚的社会意义以及男女关系的改变，构成了无过错离婚运动的基础。这些因素在所有发达国家或多或少都普遍存在，它们都朝着同一个方向前进。欧洲和拉丁美洲的一些国家——那些传统上具有浓厚天主教色彩的国家——总体上抵制离婚。意大利、西班牙和爱尔兰在很长一段时间内，根本没有允许彻底离婚的法律（尽管他们确实认可依法分居）。第二次世界大战刚结束时，戈登·爱尔兰（Gordon Ireland）和吉泽斯·加林德兹（Jesus de Galindez）对西半球国家的离婚法进行了调查。[1] 当时阿根廷、巴西、智利、哥伦比亚和巴拉圭都没有彻底离婚这回事。在拉丁美洲的一些国家，离婚历史悠久；而在另一些国家离婚出现很晚，如乌拉圭1907年、玻利维亚1932年才有离婚。除了智利（如我们所知，2004年以前法律不允许彻底离婚）以外，

76

---

[1] Gordon Ireland and Jesus de Galindez, *Divorce in the Americas* (1947).

截至 2000 年，各拉丁美洲国家均有关于解除婚姻的规定。巴西于 1977 年通过了离婚法。欧洲天主教色彩浓厚的国家也终于开始通过离婚法，尽管通常遭到激烈反对。意大利于 1970 年开始允许离婚，西班牙在佛朗哥政权结束后于 1981 年准许离婚。如今在爱尔兰，离婚也成为可行之事。

此外，许多国家沿着与美国大体相仿的路径修改了本国法律。如前所述，巴西直到 1977 年才有离婚，而且第一部离婚法限制相当严格（如任何人不得离婚两次），但 1992 年一部更为现代的合意离婚法出台。① 在一些国家（如法国）双方合意离婚已变得可行，并伴有无过错离婚制度（如果是一对夫妻长期分居的情况）。德国于 20 世纪 70 年代末采纳了无过错离婚制度，无论何时只要婚姻破裂即可离婚。瑞典也有无过错离婚制度。② 大多数国家没有像美国那样极端。但即使像瑞士这样保守的国家也放开了离婚法，2000 年左右该国实施了一项允许双方协商离婚的新法律，规定任何一方在分居 4 年后均可要求离婚。奥地利的法律与此非常相似：夫妻分居 6 个月后，如果双方都宣告婚姻破裂，即可离婚。③ 英国尽管改革风起云涌，但至 2003 年法律仍规定，只有当婚姻出现"无法补救"的破裂时才准予离婚。但实践中，

---

① 感谢埃莉安·B. 容克罗（Eliane B. Junqueiro）提供的有关巴西的信息。又见 Eliane B. Junqueiro, "Brazil: The Road of Conflict Bound for Total Justice," in Lawrence M. Friedman and Rogelio Perez-Perdomo, eds., *Legal Culture in the Age of Globalization: Latin America and Latin Europe* (2003), pp. 64, 74 - 75。

② Mary Ann Glendon, *Abortion and Divorce in Western Law: American Failures, European Challenges* (1987), pp. 71 - 76.

③ 瑞士的情况参见 Andrea Büchler, "Family Law in Switzerland: Recent Reforms and Future Issues—an Overview," *European J. of Law Reform* 3: 275, 279 (2001)；奥地利的情况参见 Monika Hinteregger, "The Austrian Matrimonial Law—A Patchwork Pattern of History," *European J. of Law Reform* 3: 199, 212 (2001)。

正如斯蒂芬·克雷特尼（Stephen Cretney）所说，"只要双方同意，便可轻松快捷离婚"；即使一方不同意，婚姻也基本结束了。毕竟，"如果一方坚决主张婚姻已破裂，否认该事实"就毫无意义。① 几乎所有西方国家的离婚率都上升了。将婚姻双方系在一起的绳线变得越来越弱，对于成千上万的人来说，这些绳线已完全消失。

　　离婚的流行反映并强化了一种特有的现代婚姻观念：婚姻被看作私人的事务、个体的事务。这是一种所谓"表现型个人主义"的反映，这种形式的个人主义"认为人人都有其独特的感觉和直觉核心，如果要实现个性，就应当将其展现或表现出来"。它相信"生命的意义"就是"成为其自身"。② 婚姻是人们根据其是否有助于追求幸福而选择或不选择的一种身份。人们赋予婚姻的动机、目的和期望也是高度个人化的。因此，如玛丽·安·格伦登（Mary Ann Glendon）所说，法律的变化反映了这样一种观点："人们认为个人的首要责任是对自己负责。"婚姻是一种"主要为满足配偶个人的需要而存在的关系。如果它不再能履行这一功能，不应责怪谁，任何一方均可任意终止婚姻"。③ 芭芭拉·怀特黑德（Barbara Whitehead）在其《离婚文化》一书中如是写道："心理革命"催生了"表现型离婚"。这一"革命"事实上重新定义了家庭。一度"受束缚和被强制的自我之领地"——家庭——

① Stephen Cretney, *Family Law in the Twentieth Century: A History*（2003），p. 391.

② Robert Bellah et al., *Habits of the Heart: Individualism and Commitment in American Life*（1985），pp. 82, 334, 336；参见 Lawrence M. Friedman, *The Republic of Choice: Law, Authority, and Culture*（1990）对于表现型个人主义在现代法中的作用的阐述。

③ Glendon, *Abortion and Divorce in Western Law*, p. 108.

77

已成为开发不受角色和义务束缚的自我之潜能的沃土。离婚如今是新自我和新家庭的仆人。离婚不再是一种病态，而是一种"对婚姻不满的心理上健康的反应"。①

这一切似乎都显而易见。然而它与人们过去谈论婚姻的方式形成了鲜明的对比，且与依然常闻于耳的那些口号——婚姻是社会的基础、婚姻是维系一切的黏合剂等等——扞格不入。我们将看到，人们对婚姻的光景感到十分担忧——甚至恐慌；而且有一些力挽狂澜的努力(也许无力)。但无论演说家和政治家怎么说，对于现代社会的大多数人而言，婚姻不是黏合剂，不是基础，而是一种满足或不满足其个人需求的身份。这并不意味着他们对婚姻或离婚更加漫不经心。人们不会草率随便地缔结婚姻，也不会草率随便地结束婚姻。离婚通常是一种痛苦的经历，是对失败的承认，是不幸和痛苦的根源，即使人们真诚相信离婚对他们来说是最好的。那种认为无过错离婚导致人们把婚姻当作一件衣服来穿、用过便丢弃的观点是一个神话。千千万万的人相信，婚姻对他们来说值得付出痛苦和努力。

在无过错离婚情形下，夫妻双方都有权选择留下或离开，不受法律限制，但事实上留下的权利取决于婚姻中的另一方。在选择的王国里，一个人的选择可能与他人的选择发生碰撞、干扰或矛盾。现代离婚法解决冲突的方式是，优先考虑有意离开的一方意愿。简而言之，这段关系必须是双方都满意的。所有的现代家庭法关系——婚姻、类婚姻关系甚至父母子女关系——都是如此。"选择"是你为自己选择，但你不能为别人选择。当你的选择取决于别人的选择且别人不赞同你的选择时，你的选择就得

① Barbara Dafoe Whitehead, *The Divorce Culture* (1997), p. 54.

让路。

　　这就是我们不妨称之为"表现型离婚"的本质，这种离婚是高度个人化的，如同表现型结婚一样。现代西方社会的高度富裕部分地解释了"表现型离婚"的兴起。在欧洲、北美和其他地区的中产阶级国家，大多数人——工厂工人、文员、计算机程序员和电工——拥有汽车、彩色电视机、带薪休假和社会保障。他们可能要为这些商品努力打拼，但最终他们有足够的金钱和时间，可以将自己生命中的部分时光用来追求幸福。他们拼命地追求它：他们想要享乐、做爱和生活的充实感；他们也想要家庭，不过是在表现型婚姻的情境下。如果这场婚姻失败了，那么他们想要一种表现型离婚。离婚立法势不可挡的步伐比任何民意调查都更为生动、可信地讲述了这一故事，似乎没有什么能阻挡其前行。天主教会持续说教天主教徒不能离婚，但天主教徒终究还是有了离婚。在这一点上，连地方神父也听得心不在焉，他们知道信徒们是不会听从的。现在智利终于离经叛道了，再也没有哪个天主教国家不准离婚了。①

　　关于无过错离婚的实际影响，人们进行了大量的探讨。在无过错制度下，离婚率会上升吗？1988年发表的一项关于德国离婚法的研究有力地表明，答案是否定的。新法律颁布后，德国的离婚率有所上升；但在无过错离婚之前离婚率也一直在攀升，没有迹象表明新法导致了曲线的变化。新的法律并没有煽动夫妻赶

_____

　　① 天主教的平信徒显然也不赞同教会关于避孕的立场。这方面的证据可以从其他信仰虔诚的国家的低出生率中找到。以下两种情况几乎是不可能的：波兰、爱尔兰和意大利的好天主教徒根本没有性生活或者某种大规模的不孕不育症流行病席卷了这些国家。

紧毁弃婚约。①

　　无过错离婚是否对妇女造成了经济上和社会上的伤害？这一问题更难回答。在大多数发达国家，成千上万的妇女是劳动力的组成部分。她们结婚前、婚姻存续期间和婚姻结束后都从事工作。她们或许比男人赚得少，但她们的确在赚取收入。福利国家还帮助妇女在经济上变得更加独立。如同男性一样，她们有权享受失业救济、抚养儿女和养老金等福利。这些都对想要离婚或被迫离婚的妇女产生了影响。很多职业女性觉得她们可以没有丈夫而独自生活。从更消极的意义上说，是男人被鼓动认为女人可以自己过得很好。假使如此，为什么男人应当支付扶养费？离婚妻子的扶养费在美国有所下降。② 拥有子女监护权的离异妇女可以期望得到一笔子女抚养费和财产份额（如果有的话），但通常没有更多。出于这一原因及其他理由，一些女性主义者认为无过错离婚使妇女的处境比以前更糟。但证据是毁誉参半的，且尚无定论。③ 我们也将发现，关于离婚对孩子的影响还存在若干争议。没有人认为离婚对孩子有好处，但究竟对孩子有多坏是存在争议的。一桩悲惨的、虐待性的婚姻对孩子也不利。

　　无过错离婚在短期内席卷美国，在别处也留下了印记，但它也引发了诸多批判。④ 我们说过，有人谴责无过错离婚使妇女的

---

　　① Jutta Limbach and Margret Rottleuthner-Lutter, "Ehestabilität in Spannungsfeld von Schuldoder Zerrüttungsprinzip," *Kritische Vierteljahresschrift für Gesetzgebung und Rechtswissenschaft* 1988, no. 3: 266.

　　② 然而一些观察家认为，扶养费支付开始"复苏"，部分原因是"人们重新关注妇女在整个婚姻期间经常做出的职业牺牲以及她们作为持家者的传统角色的价值"。Kyle Johnson, "In Resurgence of Alimony, New View of Women," *Christian Science Monitor*, Nov. 30, 1999.

　　③ 一项讨论参见 Jacob, *Silent Revolution*, pp. 159 - 164。

　　④ 如参见 Allen M. Parkman, *No-Fault Divorce: What Went Wrong?* (1992)。

境遇更糟。所有宗教保守派也都对无过错离婚持怀疑态度。他们
觉得无过错制度使离婚过于容易，他们认为轻松离婚导致家庭生
活的衰败或解体。在美国，法律上对无过错离婚有一定程度的反
弹。1997 年路易斯安那州的一部法律创设了一种新的婚姻形式，
即"盟约婚姻"。一对夫妇如今可以选择普通婚姻或盟约婚姻。
如果选择盟约婚姻，就放弃了无过错离婚的权利，同意"婚
姻……是一项终身安排"。[①] 这种婚姻听上去颇为牢固持久。这
两个人真的会终身厮守吗？答案是否定的。他们可以离婚，但不
是无过错离婚。盟约婚姻的一方必须有像过去那样的离婚理由：
通奸、遗弃、身体或性虐待或者犯有重罪。[②] 他或她也有权在长
期分居后结束婚姻。缔结盟约婚姻的双方在离婚前必须接受婚姻
咨询。其他一些州也考虑过盟约婚姻或诸如此类，亚利桑那州和
阿肯色州则通过了他们自己的版本。[③] 如同路易斯安那州一样，
亚利桑那州相爱的夫妻可以"庄严宣告"他们的婚姻乃是一生之
久的盟约。在该州，即使缔结了盟约婚姻的夫妻，也有可能因通
奸、遗弃或分居一年后而离婚；而且如果"夫妻双方合意"，盟
约婚姻也可以解体。[④]

　　到目前为止，至少在路易斯安那州，接受盟约婚姻的人并不
多。2001 年发表的一项关于盟约婚姻的研究对于其支持者来说

---

① La. Rev. Stat. Ann. sec. 272（West 2000）.

② 当然，无法保证那些缔结盟约婚姻的夫妇以及那些没有正式离婚理由的夫
妇不会诉诸在无过错离婚革命之前常见的那种合谋行为。

③ Ariz. Rev. Stats. sec. 25 - 901. 已婚者可以将他们的婚姻转变为盟约婚姻
（sec. 25 - 902）。阿肯色州的版本是 Ark. Code sec. 9 - 11 - 801 through 9. 11 - 811
（2001 年通过）。

④ Ariz. Rev. Stats, sec. 25 - 903.

是个坏消息。① 路易斯安那州中了解这种婚姻形式存在的民众甚至不到一半。几乎没有人知道哪对夫妇真正缔结了盟约婚姻。大多数人认为盟约婚姻是个好主意，但它不会起作用。人们申领结婚证时，大约三分之二的工作人员从未提及盟约结婚，只有29%的工作人员提供了相关信息。事实上大多数工作人员对该法律不甚了了。有些工作人员认为该法律的想法不错，有些认为是假话或"废话"，是"浪费时间"或是无用的"感觉良好"的法律。工作人员说，似乎很少有夫妻对盟约婚姻有尝试的兴趣。于是在这些早期的反馈中，迄今为止盟约婚姻很难说是辉煌的胜利。

81　　　一些城市通过了一种"社区婚姻政策"，该政策在努力使婚姻持久和阻止离婚的斗争中采取某种不同的策略，包括由神职人员"为婚前准备"进行（自愿）辅导。其目标（几乎无可争议的）是给人们提供工具、想法和信息，帮助他们拥有健康美满的婚姻。另一目标是降低离婚率：例如在密歇根大瀑布市，签署这项政策的部长们希望5年内将离婚率降低10%，10年内降低25%。他们还致力于"促进婚姻外的贞洁和忠实的婚姻关系"。② 这是否会起效尚有待观察。

　　盟约婚姻或许是一个小插曲，只是屏幕上的一个光点，也或许是另一个转向。它的拥护者热切为之倾力。他们觉得国家危难当头，必须不惜一切代价地拯救家庭。他们还是乐观主义者。但他们也有些天真，不了解离婚法的历史。如本章所指出的那样，

---

① Laura Sanchez et al., "The Implementation of Covenant Marriage in Louisiana," *Va. J. of Social Policy and the Law* 9：192（2001）.

② Mark Eastburg, "Marriage Strengthening Strategies for Communities：The Greater Grand Rapids Community Marriage Policy Experience," *Va J. of Social Policy and the Law* 9：224（2001）.

在无过错离婚法之前就存在某种无过错离婚——当然也存在一种无需理由的合意离婚的形式，这是活法的一部分。至少对于囊中羞涩的人们来说，离婚法可能是一种负担和障碍。但离婚唾手可得，尽管人们从来不会从书面法中得知这一点。离婚只需要一点欺骗和谎言，或者如果负担得起，就去趟内华达州。历史会在路易斯安那州重演吗？

盟约婚姻是基于这样一种理念，即轻松离婚会破坏家庭，离婚本身就是罪恶，它使家庭解体。这是一种十分可疑的观念，它混淆了因果关系。是家庭破裂、痛苦和失望导致离婚，而不是离婚导致前者。离婚是一种法律状态。如果离婚变得廉价易得，更多的婚姻将以离婚而非分居和遗弃告终。或许更多的夫妻会离婚而不只是分居，但一对执手偕行的幸福夫妻，即使离婚很廉价（甚至免费）且轻松易得，也不会奔忙去离婚。

理论上，轻松离婚甚至可以带来婚姻幸福感的增加。人们发现摆脱糟糕婚姻、缔结良缘变得更为容易。不幸的是，证据（如其所示）不支持这一理论。20 世纪 70 至 90 年代，美国幸福婚姻的比例有所下降。[1] 其原因何在？无疑是由于强大的文化潮流，促使个人想要更多的自我满足、更多的生活乐趣、更多的性爱以及更多的深层次情感满足。当这些无法实现时，结局就是离婚——或是一段悲惨的婚姻。如同满足感和情感健康的根源一样，离婚的根源深植于社会结构中，任何法律改革都无法触及这些深厚强大的根源。

82

---

[1] Norval Glenn, "Is the Current Concern about American Marriage Warranted?" *Va. J. of Social Policy and the Law* 9: 5 (2001).

五、伴侣

由于家庭不再包办婚姻，青年男女必须自己完成这项事务。他们必须在任何可能的场合——学校、职场、教会、社交俱乐部或其他地方寻找伴侣。觅得意中人并不容易。有些公司和服务机构热衷提供帮助，整体上涌现出了一个婚姻中介行业。一些传统社会有媒人，但他们通常是与家庭而非单独孤立的个人打交道。技术奇迹是当代媒人，人们可以借助"网络、电话或启事"，"为潜在的伴侣牵线"。① 在很多城市和乡村，单身人士在报纸上刊登启事进行自我推荐，期望引来一个相爱、交往、结婚或/和求欢的伴侣。这些登报的"个人"是匿名的，身份隐于数字或代码背后。刊登启事的男女可以筛选应征者，决定见谁和不理谁。这些启事文本很难说是客观的——每个男人都帅气、迷人、风趣，每个女人都热情、富有魅力——但在某种程度上这些文本是重要的社会档案。征友者通常列出其习惯、兴趣和好恶。他们通常公开年龄、种族和族裔背景。他们谈论所钟爱的音乐、是否做瑜伽和喜欢什么样的食物。我从（加利福尼亚州）帕洛阿尔托的地方报纸上随机引述一则启事如下：一名男子形容自己"非常外向""开朗"；欲寻觅一"美貌""善于沟通"的女性来"聊天、聚会、看电影、喝咖啡，或许一起浪漫"。一个自称"好玩"的女子"热衷音乐、思想、名著、佳片、畅谈和美景"，坦言喜爱"远

83

① Aaron C. Ahuvia and Mara B. Adelman, "Formal Intermediaries in the Marriage Market: A Typology and Review," *J. Marriage and the Family* 54: 452 (1992).

足、骑车、探险、志愿服务和孩子（自己无子）"；她是个"热心肠的人"，富有"生活的乐趣"，需要一个"37—50 岁、聪明善良的灵魂伴侣"。①

这类启事至少自 20 世纪 70 年代初就出现在地方报纸和杂志上。正如特蕾莎·蒙蒂尼（Theresa Montini）和贝弗利·奥夫雷波（Beverly Ovrebo）所说，启事反映了一种"普遍的文化信念：对于每个人都存在一个完美的伴侣"，命运会使"两个独一无二的人"走到"一起"。②启事虽提及年龄和性别，有时提到种族和性偏好，但它们注重的是个性、优点（有时一两个缺点）、爱好、兴趣和生活方式，只是偶尔涉及诸如宗教和家庭背景这样的问题。启事中总是隐含着这样的信息：启事的作者是一个独特的、绝无仅有的人。尽管人人都是一个具有独一无二的特质、愿望和天赋的综合体，但普遍的信念是：在彼之外的某处，这个独特的人可以找到一个与之相配的人，就像手套合手、钥匙配锁一样般配。这些"征友"的基本精神是现代婚姻观的精神基础：两条独特道路的交汇。他们必须是天生一对，他们必须相配——未必是以某种神秘的、占星术的方式匹配，而是在其独特的构成、独特的个性方面般配。

这并非美国独有，许多国家有这样的征友启事。德国柏林的一名商人——一个心地善良、有着"富有感染力的生活情趣"的男子在寻觅他的"梦中情人"：她会"说意大利语"，身材修长，年龄在 30 至 50 岁之间（该男子六十多岁），"热情"而优雅，由此他们可以"一起享受生活"。另一德国男子在觅求一个甜美迷

---

①　*Palo Alto Daily*，Oct. 16，2002，p. 38.

②　Theresa Montini and Beverly Ovrebo，"Personal Relationship Ads：An Informal Balancing Act，"*Sociological Perspectives* 33：327，332（1990）.

人的女子"来解救我摆脱孤独"。① 钓到合适鱼儿的频率很难说，
84 但世界各地每天都有成千上万的这种启事出现。有时候启事会奏
效，网络交友也是如此。从 2002 年底《纽约时报》的社会版面我
们得知，一个五十岁左右、离异的城市艺术画廊老板通过网上约
会服务觅得新妻。她的启事"聪敏而自谦……有趣而时髦"。他
们在线聊天，他是"埃舍尔伙计"（Escher-Guy），她是"拉芙女
王"（laffqueen）。一年后他们结婚了。② 这些在线服务成倍增长。
据一则消息说，2003 年 8 月，大约有四千万美国人"至少访问一
个在线交友服务"。③

那些刊登启事或上网的人并非特别想结婚。他们在寻觅关
系、浪漫和"灵魂伴侣"。他们也在寻求性爱，虽然这通常不公
开表达，至少在报纸启事上没有公开表达。④ 他们无疑在寻找陪
伴、觅求与人交往，往往寻求某些深刻、长久和持恒的东西。在
前述提及的帕洛阿尔托地方报纸上，一个（自称）像"考拉熊"一
样可爱的男子以熊为主题表达他对亲密和委身的渴望："忍受我，
我不能忍受没有你。敞开你的心扉，我也敞开我的心灵。或许一
同冬眠，或许共育幼崽。"⑤21 世纪初，风靡一时的所谓"真人
秀"上演着大量类似的主题：约会，寻找伴侣、关系、情人、丈
夫和妻子。使寻觅变得如此迫切、如此艰难的是传统求偶方式的

---

① 这些启事来自 *Welt am Sonntag*, Sunday, Nov. 2, 2003, p. 42。

② *New York Times*, Dec. 29, 2002, Sunday Styles Section, p. 9.

③ Jennifer Egan, "Love in the Time of No Time," *New York Times*, Nov. 23, 2003, p. 66.

④ 在这一点上，"另类"期刊上的启事更为直白，许多追求网上交友的人也是如此（同上）。

⑤ *Palo Alto Daily*, Oct. 16, 2002, p. 38. 这位作者还公布了他的身高和体重：高 6 英尺 4 英寸，重 210 磅。

弱点和表现型个人主义所带来的巨大重负。

　　当代关系类型之间的界限也大大模糊了。传统婚姻的一个支柱是其对合法的性关系的垄断。但性革命已经朝摧毁这种垄断的方向走了很远。即使在那些无可救药的传统中，婚姻与性之间的联系在许多西方国家也已被削弱。然而大多数人普遍渴望比随便上床更为深刻精妙的东西。存在一种对"关系"的饥渴，征友栏目以及电视真人秀显然都在利用这种饥渴。

　　"同居"是一个现代术语，一度用以指称某种"生活在罪恶中"的关系。直到相当晚近以前，男女未婚同居不仅是一种道德上的过错和丑闻，实际上还是一种犯罪。19世纪美国的大多数州将通奸和淫乱定为犯罪，尤其是"招摇过市"的通奸和淫乱。[1]"招摇过市"这个短语意义重大。法律要惩罚的不仅仅是（甚至主要不是）行为——罪——本身，更是其"招摇过市"性，即藐视体面社会，对传统规范和价值嗤之以鼻。[2]当然关于这些法律的执行情况没有多少资料，我们对此知之甚少，这表明很少有人真正因这类犯罪受到指控。而普通法婚姻制度将原本违反禁忌的关系进行了重新定性，并使之合法化。

　　在社会上，中产阶级反对婚外性行为的规范最为强烈。在体面社会里，一个性活跃的人是社会贱民。性是已婚人士的专利。当然存在强烈的双重标准：男人被认为具有强烈的性冲动，至少偶尔犯规可以被原谅。如果没有好女孩来满足他们的冲动，总会

85

----

① 例如 Cal. Penal Code，1872，sec. 266a。
② 马克·M. 卡罗尔（Mark M. Carroll）给出了19世纪得克萨斯州制定这些法律的另一个原因：法律的目的不是为了惩罚婚外性行为或"公共礼仪"的沦丧，而是为了阻止遗弃。"通奸的生活必然导致遗弃。"Mark M. Carroll, *Homestead Ungovernable: Families, Sex, Race, and the Law in Frontier Texas, 1823－1860*（2001），p. 151.

有大量的坏女孩来填补，她们当中很多人把自身的败坏当成职业。卖淫是非法的，但在 19 世纪和 20 世纪初，人们对卖淫的容忍程度令人惊诧。城市有"红灯区"，这些区域或多或少不受打压，往往是因为妓院老板向政客和警察行贿。1913 年一份打击罪恶委员会的报告称，仅在费城一座城市就有数百家妓院和"混乱酒店"。据估计费城有 3700 名妇女靠卖淫为生，这还不包括"二奶"和"临时卖身者"。① 这些妇女都有嫖客，那些嫖客可能更喜欢正经女人，但他们却找不到。

在 20 世纪一段极短的时间里，发达国家反对婚前性行为的禁忌几乎消失了。（当然，在传统社会尤其穆斯林社会，禁忌仍相当强大。）②在欧洲和北美，情侣婚前同居甚至以同居取代婚姻的现象极为普遍，甚至成了常态。一些老一辈的人可能会抱怨，但大多数人接受了事物的新秩序。在美国南方一些地区和存在传统主义及深度宗教狂热的地区，学校和教会继续宣扬婚前贞洁的教义。自 20 世纪 70 年代起就出现了"反对性享乐主义的反向运动"。③ 在某种程度上，贞操仍然是官方政策。美国政府拨款给各州以促进贞洁（这就是所谓的"禁欲教育"）。④ 一些杂志文章报道了人们所说的匡复贞操的运动——他们称之为"新童贞"。1991 到 2001 年间，美国从未发生过性行为的高中生人数增加了

---

① Report, *Vice Commission of Philadelphia* (1913), pp. 9, 10.

② 在尼日利亚北部，沙里亚法院曾下令用石头砸死有婚外性行为的妇女。参见 *New York Times*, Aug. 20, 2002, p. 1。在沙特阿拉伯等国家，妇女通奸也是极其严重的问题。

③ Julia A. Ericksen, *Kiss and Tell: Surveying Sex in the Twentieth Century* (1995), p. 122.

④ 42 U. S. Code sec. 710：" 禁欲教育" 被定义为一项方案，其 "唯一目的" 是教导 "通过戒除性行为而实现的社会、心理和健康利益"，所有学龄儿童都应保持贞洁，"相互忠诚的一夫一妻制" 婚姻是 "人类性行为的期望标准"。

10%，甚至还存在《新闻周刊》所谓的"重生处女"——这些女孩一度性事活跃，后来为重生的贞操放弃了性生活。①

这场战役的背后潜藏着巨大的热情甚至真实的狂热。不过总的来说，这似乎是一场失败的战斗。统计数据到处都有中断和曲折，事实仍然是大量年轻人（包括高中生和大学生）都有活跃的性生活。他们中的大多数人认为这没什么不妥。为什么不利用青春期和旺盛的性欲这一大自然的恩赐呢？对于大多数年轻人来说，贞操运动是无效的。如果它阻止或禁止学校向孩子们传授有关生育控制或性传播疾病的知识，那它也必定是有害的。

当然，同居不仅仅是婚前性行为——这是一种更为复杂的生活分享，简而言之是一种关系——但这两种现象显然存在关联。毫无疑问，一场性革命实际上已然发生。与法国革命和俄国革命不同的是，很难确定这场革命爆发的日期。行为（和态度）是缓慢改变的，当涉及性时，这种变化是悄无声息、偷偷摸摸地关起门来发生的。"性革命"这个词比人们想象得要古老。社会学家利希滕贝格（J. P. Lichtenberg）在 1931 年出版的一本书中谈到了"当代性革命"。② 著名的关于男人性行为（1948）和其后关于女人性行为（1953）的金西（Kinsey）报告引发了轩然大波，这是由于其哗众取宠的消息：性革命来了。金西试图以明目张胆的数字表明：通奸蔓延，几乎所有的男人都会自慰，"违背自然的犯罪"天天发生。金西的统计数字遭到猛烈抨击（大概是罪有应得）。③然而，20 世纪后半叶关于性行为研究所得出的结论，总体上与

---

① Lorraine Ali and Julie Scelfo, "Choosing Virginity," *Newsweek*, December 9, 2002, pp. 61, 66.
② J. P. Lichtenberg, *Divorce: A Social Interpretation* (1931), p. 339.
③ 参见 "Report on Kinsey," *New York Times*, Dec. 11, 1949, p. E9。

金西报告没有太大的不同。美国人的态度和行为已经距离传统的道德律令十万八千里。根据朱利亚·埃里克森（Julia Ericksen）的说法，至 20 世纪 70 年代，"婚外性行为只是成为成年人的正常组成部分"。①

美国当然不是唯一一个发生性革命的国家。婚前性行为在大多数发达国家司空见惯。住在一起而不费事结婚的情侣如今达到数百万。以德国为例，21 世纪初大约有 11% 的情侣（约两百万对）以非婚伴侣关系结合。② 其中很多情侣最终会结婚，事实上许多情侣将同居视为婚姻道路上的一个阶段。例如在法国，只有少数年轻人为蜜月"守身"，早在此前大多数人就和恋人同居生活。根据克劳德·马丁（Claude Martin）和艾琳·特里（Irene Théry）的看法，同居在法国"如今是开始伴侣关系的正常方式"。20 世纪 60 年代，法国 16% 的"同居"始于"婚外"；20 世纪 90 年代，这个数字达到了 87% 的惊人程度。③ 即使在一些不太发达的欧洲国家也能看到同样的趋势。如在保加利亚，韦利纳·托多罗娃（Velina Todorova）报道称，1999 年接受调查的大多数年轻人"表示他们不喜欢以婚姻作为共同生活的形式"。④

尽管如此，欧洲各国之间仍存在重大差异。在南欧——希腊、西班牙和意大利——同居不像北欧那么普遍。据一项研究显示，1981 年只有 2% 的人口生活于"非核心"家庭（实际上只有

---

① Ericksen, *Kiss and Tell*, p. 85.

② Martin Burgi, "Schützt das Grundgesetz die Ehe von der Konkurrenz Anderer Lebensgemeinschaften?" *Der Staat* (2000), pp. 487–488.

③ Claude Martin and Irene Théry, "The Pacs and Marriage and Cohabitation in France," *Int'l J. of Law, Policy and the Family* 15：135, 136 (2001).

④ Velina Todorova, "Family Law in Bulgaria：Legal Norms and Social Norms," ibid., 148, 166.

3%的人独自生活）。①　自此以后，数字很可能有所增加。在北欧
国家，同居现象盛极一时。国家之间的这些差异，部分在于年轻
人是否依习惯离开家庭，是否结婚。在南欧国家，有自己的居所
并不那么常见。1994年，在西班牙20至29岁的未婚男子当中，
有79%的人与他们原生家庭的家人一起生活。英国的相应数据为
36%，法国为41%。同时，在家庭中（甚至在南欧）年轻人现在可
能比过去有更多的独立性，不管他们是否住在家里。简而言之，
他们可能比寄宿者好不了多少。他们往往有自己的房间，想来就
来、想走就走，拥有大量的个人隐私。②　富裕再次带来迥别：金
钱可以买到空间，空间可以买到隐私。但即使金钱使人们有可能
购买隐私，它也不会创造隐私的品位。隐私的品位有着更为深刻
广泛的根源。

　　随着同居的日益普遍化，它势必会影响法律。在美国，所有
问题都以某种方式终结于法院。马文诉马文案（Marvin v. Marvin
[1976]）是一起关于同居的关键案例。③　被告李·马文（Lee Mar-
vin）是著名的电影明星。他和米歇尔·特里奥拉（Michele Triola）
有一段可以被认为是"招摇过市"的关系，后者甚至自称米歇
尔·马文。过了几年这对情侣闹翻了，米歇尔离开了李·马文的
家，随后对他提起诉讼。她声称她和李·马文有一个约定：她与
他一起生活，作为他的"伴侣、家庭主妇、管家和厨娘"，而她
将放弃自己的事业。作为交换，据说他承诺将"均分任何或所有

---

　　①　Encarna Roca Trias, "Familia, Familias y Derecho de la Familia," *Annuario de Derecho Civil* 43: 1055, 1062 (1990).

　　②　Constanza Tobio, "Marriage, Cohabitation, and the Residential Independence of Young People in Spain," *Int'l J. of Law, Policy, and the Family* 15: 68, pp. 78-79.

　　③　Marvin v. Marvin, 18 Cal. 3d 660, 557 P. 2d 106, 134 Cal. R. 815 (1976).

作为他们共同奋斗成果的财产"。当然，他作为电影明星的"成果"是赚了大笔钱。

李·马文拒绝付钱。他的律师在法庭上援引了一系列判例，在这些判例中法院拒绝执行"不道德的"合同——提供"不正当的性服务"的协议。这些合同不具有执行力，因为它们"违反公共政策"。一审法院支持被告的辩护，驳回了米歇尔的诉讼请求。加利福尼亚州最高法院以一项令人震惊的开创性判决推翻了原审判决。首先，法院以不具真实相关性为由，对先例不予采纳。一项涉及性关系的协议并不违法——即使性是因素之一，只要性不是合同的唯一目的。法院称，"自愿共同生活并发生性关系的成年人"仍有"权利签订有关收入和财产方面的合同"。他们不得约定财色交易——那是"卖淫"。但在其他方面可以"按照自己的选择安排自己的事务"，法院将执行他们的协议。

法院本可就此止步。但它一发不可收拾地走得更远。时代变了，法院说。许多年轻情侣在没有"结婚宣誓"的情况下一起生活。"同居"本身也是一种试婚，在社会上"普遍存在"。社会"风俗"发生了"翻天覆地的变化"，法院不希望"基于显然已被广为抛弃的所谓道德考量而强加一个标准"。由此州最高法院推翻了原审法院的判决，将案件发回重审，要求举行全面听证会，米歇尔将有机会为其案件提供证明。

马文诉马文案引发了些许轰动。报纸广泛报道了这一案件，它是电视谈话节目、社论、漫画和致编辑信的主题。受加利福尼亚州法院判决和（并不总是准确的）媒体报道的激发，其他州也发生了数十起诉讼。判决结果左右参半。一些州似乎支持加利福尼亚州案及其结果。在1986年亚利桑那州的一起案例中，原告

名叫朱迪思·卡罗尔（Judith Carroll），她和保罗·T. 李（Paul
T. Lee）生活了 14 年；两人后来"分道扬镳"了。该男子开了一
家汽车维修厂，女人管家（"打扫卫生、做饭、洗衣和打理庭
院"），有时在店里帮男人"开票和记账"。他们有一个共同的支
票账户。她有时还当摄影师。他们从未结婚，甚至从来没有认真
考虑过婚姻的问题。朱迪思起诉要求"分割"不动产和个人财
产。亚利桑那州法院援引马文诉马文案的上诉判决，支持了她的
诉讼请求。没有充分理由不支持朱迪思的诉求，该法院称，可以
将"不正当关系"与提供家政服务的"默示协议"分离。在康涅
狄格州 1987 年的一起案例中，法院指出，该州已修改了法律 90
"使未婚成年人之间自愿的性行为合法化"，因此"契约权利可以
在同居（包含性关系）过程中产生"，没有"依据"不认可这
一点。①

　　但不是所有州都拥赞马文案原则，有些州将其拒之门外，如
伊利诺伊州便是如此。② 维多利亚·休伊特（Victoria Hewitt）和罗
伯特·休伊特（Robert Hewitt）一起生活了 15 年，共有 3 个孩子。
她上大学时怀孕了，（据她说）罗伯特告诉她，他们已结婚，不
需要仪式，他们将分享"他的生活、他的未来、他的收入和他的
财产"。他们以夫妻相称，过着"常规体面的普通家庭生活"，但
他们从未举行过正式婚礼。法院似乎担心马文案原则会伤害"婚
姻制度"。或许"日益增长的未婚同居数量和我们社会正在改变

---

　　① Carroll v. Lee，148 Ariz. 10，712 P. 2d 923（1986）；Boland v. Catalano，
202 Conn. 333，521 A. 2d 142（1987）. 康涅狄格州是一个不认可普通法婚姻的州，
但即使（法院说）"同居本身不产生任何契约关系或不像婚姻那样强加其他法律义
务"，这也不妨碍"按契约执行……默示的共享协议"。
　　② Hewitt v. Hewitt，77 Ill 2d 49，394 N. E. 2d 1209（Ill.，1979）.

的风俗"已经达到了这样一种地步：伊利诺伊州应当再次认可类似普通法婚姻之事物的存在。但正如法院所指出的，伊利诺伊州的立法机构已排除这种可能性，它已废除了普通法婚姻。维多利亚和罗伯特没有签署正式的契约或协议。（法院称）州婚姻（及离婚）法所依赖的政策使法院无法认可和执行维多利亚的诉讼请求。

伊利诺伊州法院在逆流而行。也许它明知这一点，因为它承认"风俗"已变。总体上，法院和立法机构接受了马文案背后的理念和精神。时代已经改变，同居不再非法。然而一些法院似乎担心有欺诈和伪造索赔行为，对此的解决办法是要求履行更多的手续。如根据明尼苏达州的一项法律，同居伴侣可以自由签订协议，但法院只会强制执行"双方书面签署"的协议。① 法院和立法机构就确切的法律后果争论不休，普通法婚姻的幽灵笼罩在判例法之上，但未婚同居男女的耻辱已经像浴缸里的水一样从制度中排了出去。

一些国家在认可人们在"亲密关系"中的权利方面走得更

91 远。例如在瑞典，拥有某种彼此承诺的未婚伴侣可以享受若干正常婚姻的特权和履行义务。② 加拿大的法律也在朝此方向发展。安大略省的约翰·迈伦（John Miron）和乔斯林·瓦利耶尔（Jocelyne Valliere）与他们的孩子共同生活，但他们俩从未结婚。约翰在一次车祸中受伤。乔斯林有一份保险单，受保人包括她和她的"配偶"。保险公司拒绝支付赔偿金，辩称约翰不

---

① Laws Minn. 1980, ch. 553.

② Harry Willekens, "Long Term Developments in Family Law in Western Europe: An Explanation," in John Eekelaar and Thandabantu Nhlapo, eds., *The Changing Family: International Perspectives on the Family and Family Law* (1998), pp. 47, 56.

是受保人真正的配偶。加拿大最高法院不赞同该观点，认为其
拒绝原告的索赔违反了加拿大宪章所保证的基本权利且带有歧
视性，可能会损害"个人的基本尊严和价值"。此外"陷入未
婚亲密关系"的人们"构成了一个历史上的弱势群体"，他们
理应得到特殊的宪法关怀。① 诚然，瘾君子和贪污犯也是"历史
上的弱势群体"。约翰和乔斯林一度会被认为比那些（比方说）受
压迫的土著人或华裔加拿大人更像这些群体。但在加拿大，时代
也变了。

　　事实上，加拿大的几个省已通过司法判决赋予了未婚伴侣重
要的权利。② 美国一些城市、机构和私营公司也将医疗福利扩及
"家庭伴侣"。③ 该问题若与另一问题相联，就会变得复杂化：具
有承诺关系的长期伴侣碰巧是男与男或女与女同居的情况。但大
多数未婚情侣是由一女一男组成的。2002 年末，美国法律研究
所（ALI）起草了示范法之后，试图说服各州予以采纳，强烈建议
增加"家庭伴侣"的权利。该研究所定义的"家庭伴侣"是"两
个未婚的同性或异性，在相当长时间内如同夫妻般共同居住和生
活"。该研究所建议，当家庭伴侣分手时，他们应当有权获得
"补偿性支付"（或多或少像扶养费）并公平分割财产。④ 法律的
确在朝这个方向缓慢演进。

---

① 该案例是 Miron v. Trudel，[1995] 2 SCR 418，一名法官持反对意见。
② Nicholas Bala，"Court Decisions on Same-Sex and Unmarried Partners, Spousal Rights, and Children," *The International Survey of Family Law* (2001 ed.)，43，48 - 50.
③ 旧金山就是一个例子。参见 San Francisco, Cal., Administrative Code, ch. 62, sec. 62.3, "Establishing a Domestic Partnership" 以及 San Francisco, Cal., Charter, Appendix A, A8.500 - 2, "Domestic Partner Benefits"。
④ 参见 *New York Times*, Nov.30, 2002, Section A, page 1。

92 　　当然，同居既是现代又是前现代的习惯。同居在斯堪的纳维亚地区非常普遍，那里的年轻人显然认为婚姻是一种仪式烦琐的事务。按世界标准，斯堪的纳维亚国家非常富饶。在很多较贫困的国家，同居是一种贫民婚姻；因此在拉丁美洲的许多地区，穷人（尤其是贫困的农村地区）往往同居，很多人根本无力负担正常的结婚费用。在一些国家（包括巴拉圭、巴拿马、墨西哥和厄瓜多尔），法律规定授予事实婚姻（uniones de hecho）（若非法律上的事实结合）中的人们以财产权利。在土耳其，当阿塔图尔克（Ataturk）把《瑞士民法典》（译文版本）照搬到本国之后，该国只认可民事婚姻。但安纳托利亚的大多数农民照旧以古老的穆斯林方式结婚。严格地说，这些婚姻在法律上是没有意义的；但政府选择颁布了一系列的"大赦"法，允许土耳其夫妇登记，从而保护其子女免于成为私生子。成千上万的孩子以这种形式合法化了。① 然而"现代"社会（由于已解释过的原因）几乎一律试图坚持登记档案式婚姻：留下一个记号、一个记录和一个统计数字的婚姻。

　　同居不足为奇，它提醒律师和法官古老的普通法婚姻的存在。一些法院在查阅判例法时，甚至感到普通法婚姻原则在起死回生，像幽灵或僵尸一般。伊利诺伊州法院为驱除此恶魔，特意断然拒绝了马文案原则。法律与习惯确实模糊了同居和普通法婚姻的区别，但二者仍存在关键差异。毕竟普通法婚姻是一种完全有效的婚姻，它自动承载着婚姻的所有权利和义务。婚姻一直是非此即彼的事情。人们要么结婚，要么不结婚。如果结婚，随后

---

　　① 一项讨论参见 Wolfram Mueller-Freienfels, "Cohabitation and Marriage Law—A Comparative Study," *Int'l J. of Law and the Family* 1：259，263－267（1987）。

就会产生某些后果。除非你们是少数签订婚前协议的夫妻，否则法律会确定你们的权利和义务。相比之下，同居允许双方自定义他们的关系；有多少人真的这么做是另外一回事。

当今在许多国家和地区存在的是一种复杂而灵活的情形：一种性关系的持续，处在一夜情和完全结婚之间的某一当中位置。在一些国家传统家庭——夫妻及子女——显然是少数，而且这种情况已持续了一段时间。以英国为例，1985 年只有 28% 的家庭是由夫妻及子女组成，其余是独居者、同居的未婚情侣（有些有孩子）、单亲家庭、带孩子的已婚配偶（但不一定是他们的孩子，有些是前婚子女、继子女或寄养子女）以及包含其他亲属（往往有老人）的家庭。① 当然，这些安排大都无甚新意——一直存在单亲家庭，19 世纪很多父母英年早逝时，孩子们就由亲戚甚至陌生人抚养长大。但 21 世纪初大规模"招摇过市"的同居肯定标志着家庭生活的变迁。成千上万的人似乎在掌握自定义亲密关系的权利。

六、性自由与承诺的引力

美国的法律和习惯强调选择的因素。严格来说，马文诉马文案是一起合同纠纷案。法院究问：这是一份有效合同吗？如果是，合同的具体条款是什么？在某种意义上这是该案所要决定的全部事宜。但我认为这是一种相当平淡无奇、不切实际的解读。

---

① Stephen Parker, *Informal Marriage, Cohabitation, and the Law, 1750 - 1989* (1990), p. 113.

同居案件中的"协议"与普通法婚姻古老案例中的"契约"一样模糊不清、主观臆断。加利福尼亚州最高法院意识到，本案在一起生活的两人已成为某种生活伴侣。如果两个人一起生活几年、几十年乃至一辈子，就会建立起某些东西——某些会成长、壮大和坚固的东西，某些永久的、值得法律认可的东西。

如我们所述，一些国家给予同居伴侣实质性的权利和认可。但无论在哪里，只是跟某人搬到一起住并不赋予人们任何权利。承诺依然是一个关键概念。在一些国家，婚姻和同居之间的法律94 区别已减少到微乎其微——但只是对有承诺的情侣和"家庭伴侣"而言。自马文案以后，美国一些评论家相当歇斯底里地假设，几乎任何类型的性关系（除了旅馆偷摸开房以外）都有可能产生法律权利。但这绝非马文案的意图，也绝不可能。性伦理的确以许多传统主义者拒斥且违背若干宗教教义的方式发生了惊天动地的变化。然而一夫一妻制原则显示出了非凡的力量。即使最"前卫"的法律安排，在有承诺和无承诺之间、在对彼此有某种忠诚度的情侣和那些有"开放"关系或根本没有深层关系的情侣之间，也都有一条界线。正如斯蒂芬·帕克（Stephen Parker）所说：存在一种官方的"意识形态"，主张某种形式的家庭居于且应当居于支配地位；法律的倾向是"将准婚姻类同居者……和其他同居者区别开来"。① 在某些国家，人们不再必须"结婚"，但仍须采取一些明确的步骤——跨过一道门槛、进行登记、举行一场仪式或执行一份文件——表明分享生命之切望的某种东西。

---

① Stephen Parker, *Informal Marriage, Cohabitation, and the Law, 1750 - 1989* (1990), pp. 113 - 114.

　　这是否与婚姻法和离婚法的趋势不一致？结婚和离婚都变得更容易了。在无过错离婚情形下，夫妻任何一方都可随时以任何理由（或根本没有理由）说再见，抽身而退。创设根本未结婚者的合法权利，这是否自相矛盾？但事实上变迁整体朝着平行的方向演进。在无过错离婚制度下，个人可以完全控制自己的选择，但财产和监护权是另外一回事。承诺的关系也是如此。可以说，"家庭伴侣"双方都拥有公寓的钥匙；任何一方都有权继续或搬走，结婚或不结婚。问题是：这会带来什么后果？一方对共同收益拥有财产权吗？孩子怎么办？

　　在当代西方世界，性自由度非常大。成年人之间几乎所有形式的自愿性行为都是合法的，包括同性性行为。反对通奸和淫乱的法律要么荡然无存，要么奄奄一息。[1] 贞洁在做殊死挣扎。但最广义上的"婚姻"远未死亡，对承诺的深切渴望依然存在，连寂寞者征友启事也见证了这一点——刊登这些启事的男女在寻求的不只是性爱，他们在找寻意义、感情和承诺。

　　因此，从最广泛的意义上说，婚姻仍具有生命力。婚姻的神奇数字是2，而不是3或6或7。性革命基本没有增进自由恋爱群体的稀缺供应。婚姻和承诺是夫妻的事务，这也同样适用于备受争议的同性婚姻问题。同性婚姻在美国是一个特别敏感的话题，它在一些欧洲国家或多或少已合法化，最近在加拿大也是如此。本书写作之际，美国已朝着这个方向迈进——同时引起了强烈的反弹（稍后再述）。在一些州，人们对同性恋婚姻想法的反应犹如对黑死病一样。但是同性情侣会举行仪式，公开其恋情，

----

　　[1]　Lawrence M. Friedman, *American Law in the Twentieth Century* (2002), p. 232.

其婚礼甚至在《纽约时报》周日的严肃版面上得以报道。婚姻的某些基本核心或婚姻的观念在西方社会仍具有生机和活力。毋庸置疑，传统婚姻已失去垄断地位，而今它不得不与同居甚至同性亲密关系分享自己的特权；它不再是合法权利的专属门户。

当然，婚姻和准婚姻不只是家户或居室安排。婚姻往往产生孩子。可能而且的确有许多家庭没有孩子，有的婚姻和准婚姻不能生育孩子（老年人的婚姻；大多数同性婚姻）。但无论父母是否结婚，孩子都是大多数家庭的核心。孩子也是法律关注的重要对象。同整体家庭法一样，与孩子有关的法律在近代发生了变迁；其中的一些变化是下一章探讨的主题。

第四章　谁是我们的孩子?
收养、监护及其他

英语中的"孩子"一词有两种含义。首先，它指称年幼的
人，幼儿园班上的每个人都是孩子。其次，它也指涉后裔：一位
百岁老妪的 75 岁的儿子是她的孩子。这种双重含义也存在于若
干其他语言中（如德语的 das Kind）。过去，孩子终其一生都要受
父母的控制。如前文所述，父母为孩子包办婚姻。在处理孩子问
题的法律方面，长期存在一种强大的趋势，就是把孩子从父亲和
家庭中解放出来。对成年子女的解放是绝对的。成年人没有义务
服从父母，也不必以任何方式顾及他们；甚至连赡养年迈体弱的
父母之责也在消失，国家基本上接管了这项责任。老年人、退休
人员在西方国家领取政府养老金（在美国这被称为社会保障）。
越来越多的老年人倾向于独居，或无论如何不与他们的成年子女
一块儿居住。成年子女也越来越倾向于离开巢穴。在美国（虽然
许多其他国家并非如此），如果一个（比如说 30 岁的）成年男子
仍和父母住在一起，人们会觉得这有点不寻常，甚至很奇葩。

显然，婴儿和儿童不能自立。他们的父母必须照管他们的生
活，抚育、照顾和培养他们。但即使在这方面，法律也日益认可
孩子是一个独立的个体。法律惩罚虐待或怠责的父母，可以让孩

子远离一个不良家庭并把他们送到一个良好家庭。法律有能力
"代行父母之责"，正如该短语所说——代替父母。事实上孩子
们有反对自己父母的合法权利。如果孩子太小不能自己做这事，
则由国家强制行使这些权利。这也是国家接管教育的一个关键
点。国家以公费教给孩子们需要知道的东西。法律规定一定年龄
内的义务教育。① 由国家而不是父母决定孩子学什么、怎样学。
即使是那些少数在家接受教育的孩子——由父母教育、不去公立
或私立学校的孩子——很多州也都要求父母提供某些资料，或
者向一些州或地方机构提交报告。国家还为私立学校和教会学
校提供课程。可以肯定的是，孩子们学习的内容往往是冲突的
来源。

　　在过去的一个世纪里，我们所看到的家庭生活的总体变化是
相对的。家庭的权威比以前有所削弱，但它依然非常强大。国家
可以把孩子带离家庭，但大都情非得已，只有在极端情况下才这
么做。这种情非得已（如果有的话）的情形正在增加：可以把孩
子从美洲土著人的家里抢走并送给白人家庭的日子一去不复返。
法律和社会明确承认，一般而言父母的权利是神圣的。政府无权
说教父母如何抚养孩子，由父母（而不是国家）决定孩子加入或
不加入哪个教会，可以跟谁玩，穿什么和吃什么。父母的权利受

---

　　① 在一起不寻常的案例——威斯康星州诉尤德（Wisconsin v. Yoder, 406
U. S. 205［1972］）一案中，联邦最高法院对强制入学法规定了一种例外。争议的
问题是一个非常保守和传统的宗教社群阿米什人拒绝送他们的孩子上高中。阿米
什人说，在高中孩子们会学习与阿米什人的宗教价值观（其中包括不涉世俗社
会）不相容的价值观。他们认为，让孩子上（世俗）高中会损害整个社群。最高法
院准许阿米什人不必遵守威斯康星州的强制入学法。持反对意见的大法官威廉·
O. 道格拉斯（Justice William O. Douglas）指出，多数派的判决没有顾及儿童本身
的权利和利益。

到宪法的保护。① 家庭生活和家庭关系对于大多数人来说仍旧是
(且从来都是)核心。当今时代家庭及其形态已经彻底改变,出
现了新的家庭生活形式,但实际上没有什么能够取代家庭。父母
对孩子的控制力有所下降(青少年的父母往往觉得自己根本没有
控制力),但父母仍是幼年子女的生活中心;即使对成千上万的
大孩子来说,父母对他们的生活也具有强大的影响力;对于许多 98
父母而言,子女(和孙子女)是他们生存的核心。

　　涉及孩子/儿童问题的法律复杂而多面。本章只讨论一些似
乎与我们的论述特别相关的问题。我们先探讨收养法。

一、收养

　　英国普通法不认可收养这样的事情。事实上在英国根本没有
任何孩子可以被合法收养,直到 1926 年议会颁布《儿童收养法》
时,情况才有所转变。② 在英国法律中,"孩子"是指有血缘关系

---

　　① 联邦最高法院在一些案件中强调了这一点——例如特罗克塞尔诉格兰维尔
一案(Troxel v. Granville, 530 U. S. 57〔2000〕),该案涉及祖父母探望孙子、孙女
的权利。这项权利在各地均得到了法律上的认可(例如见《加利福尼亚州家庭法》
Cal. Family Code, sec. 3103, 3104)。特罗克塞尔案是针对华盛顿州法提起诉讼的:
该州法规允许法院授予祖父母凌驾于父母意愿之上的探视权,这是否走得过头了?
联邦最高法院说,根据该州特别法规的规定,确实过分。
　　② 16 and 17 Geo. V., Ch. 29. 该法有一些有趣的规定。申请人必须年满 25
岁,一般来说如果申请人"比婴儿大 21 岁以下",则不允许收养。如果唯一的申请
人是男性,"而婴儿……是女性",除非"在特殊情况下"否则不得收养。关于继承
也有复杂的规定。又见 George K. Behlmer, "What's Love Got to Do with It? 'Adop-
tion' in Victorian and Edwardian England," in E. Wayne Carp, ed., *Adoption in Ameri-
ca: Historical Perspectives* (2002), p. 82; Stephen Cretney, *Family Law in the Twen-
tieth Century: A History* (2003), pp. 598 – 606。

的子嗣，此外没有别的。在这方面，普通法与很多其他法律制度大异其趣。在若干制度中，收养被认为是保证没有血亲子女的家庭不致消亡的一种方式。收养是古罗马社会的一个显著特征。法国法律认可两种收养方式。简单（或有限）收养甚至允许一个家庭为承祧奉祀或类似目的收养成年人——叔伯可以收养侄子，堂兄可以收养堂弟。除了有限收养以外，还有另一种形式的收养，即完全收养（或全权收养），这是人们更为熟悉的收养类型。在完全收养的情形下，被领养回家的都是年幼的孩子，而养父母通常没有子女。事实上在 1923 年以前，根本不允许以这种方式收养成年人；1976 年以前有子女的父母不允许收养（这在瑞士等其他国家也曾是规则）。在巴西，根据 1916 年民法典，有子女的夫妇也没有资格合法收养，50 岁以下的人也不允许收养（大概是因为他们很可能有自己的孩子）。① 收养率因国而异。在法国收养仍不常见，法国社会（如同曾经的英国社会）似乎十分重视真实血统。相比之下，美国的人口是法国的 4 倍，而收养人数是法国的 10 倍。②

99   整个殖民时期和 19 世纪，美国像英国一样总体上没有收养。通常认为，美国第一部真正的收养法是 1851 年在马萨诸塞州通

---

① Jean Carbonnier, *Droit Civil 2/La Famille: L'Enfant, Le Couple* (20th ed., 1999), pp. 339, 352; Peter Tuor et al., *Das Schweizerische Zivlgesetzbuch* (11th ed. , 1994), p. 299; Claudia Fonseca, "The Politics of Adoption: Child Rights in the Brazilian Setting," *Law and Policy* 24: 199, 207 (2002).

② Laura J. Schwartz, "Models for Parenthood in Adoption Law: The French Conception," *Vanderbilt J. of Transnational Law*, 28: 1069 (1995). 在智利法律中也发现了收养类型的区别——18 岁以下儿童的完全收养是不可撤销的，基本上与其他国家的收养相同；还有临时性的简单收养。Claudia Reyes Duenas, "Legal and Social Aspects of the Adoption of Chilean Children," in Eliezer D. Jaffe, ed., *Intercountry Adoptions: Laws and Perspectives of "Sending" Countries* (1995).

过的。但如果仔细观察，我们也可以发现 1851 年以前收养的踪迹。当然领养（adopt）和收养（adoption）这些术语是众所周知的，即使在殖民时期，也存在与收养的功能非常相似的安排。[①] 例如孩子通常拜师当学徒，这意味着他们自幼时起就住在别人家里。

其他的实践更接近于现代收养观念。一些州立法通过了实际上是收养法的私人法令——这些法令使这个或那个孩子成为某人的继承人，或为孩子更名。这些孩子往往是非婚生子女，父亲承认他们并将其带回家中；有时他们是成为孤儿的亲戚。[②] 1781 至 1851 年间，马萨诸塞州通过了大约一百项这样的私人法令；在佛蒙特州（一个小州），1804 至 1864 年间有三百多份收养申请。[③] 这些法令简明扼要。举例而言，1845 年肯塔基州的立法机构通过了一项法令，许可南希·劳里（Nancy Lowry）"收养……她的继子小罗伯特·W. 劳里（Robert W. Lowry, Jr.）……作为她自己的孩子，在各方面所具有的法律关系如同亲生母子一般"。她死后罗伯特可以继承其遗产，"犹如他是她本人合法婚生的儿子"。一些州显然开始推广该实践。1846 年密西西比州的一项法规授权地方法院更改姓名并"根据人们的申请使其非婚生子女合法化"。法院判决后，孩子将是"申请人的合法子女和继承人或共同继承人"。法院还可以在"有充分理由的情况下"，使"其他任

---

① 参见 Helena M. Wall, *Fierce Communion: Family and Community in Early America*（1990），p. 99。

② 参见 Jamil Zainaldin, "The Emergence of a Modern American Family Law: Child Custody, Adoption and the Courts, 1796－1851," *Northwestern U. Law Review* 73: 1038（1979）; Chris Guthrie and Joanna L. Grossman, "Adoption in the Progressive Era: Preserving, Creating, and Re-Creating Families," *Am. J. Legal History* 43: 235（1989）。

③ Julie Berebitsky, *Like Our Very Own: Adoption and the Changing Culture of Motherhood, 1851－1950*（2000），p. 20.

何人"成为申请人的"继承人"。简而言之，除了名称以外，这部法规的所有方面都是一般收养法——"收养"一词在法规中从未出现过。1850 年得克萨斯州的一项法规规定，凡欲"收养他人"并使该人成为"继承人"者，均可通过以下方式实现：在"县法院书记办公室"提交一份声明，表明他或她收养此人作为合法继承人。一旦提交了声明，这个孩子就是合法继承人。① 而马萨诸塞州的法规则是一部更为详细的法律，是第一部要求有某种正式收养程序的法律。

　　1851 年以后兴起的一场创制收养法的强大运动或多或少是以马萨诸塞州为模本。各州相继制定了自己的收养法。至 19 世纪末，收养在美国得到了普遍认可，当然情况现在仍是如此。收养法否定了传统普通法认为血缘关系至关重要的认知，人们通过血缘或婚姻（或什么关系也不是）而联结。这些法律反映了更具流动性和契约性的家庭观念。一些早期的收养法几乎完全是契约性的。根据密苏里州的第一部收养法（1857 年），收养子女的程序和买卖玉米地的程序没有太大区别。根据该法，凡"欲收养子女作为其继承人者"，应当通过一项契约来实现，"执行、确认和登记……的情形如同转移不动产"。② 1917 年密苏里州颁布了一部更为现代化的收养法，收养现在需要通过法院程序而不是契约

---

　　① 肯塔基州法是 Laws Ky. (Private and Local) 1844 - 45, ch. 117, pp. 133 - 134 (adopted Jan. 29, 1845)。密西西比州法是 Laws Miss. 1846, ch. 60, p. 231。密西西比州法还规定，"所有非婚生子女应继承其母亲的财产"。（同上，第 4 部分。）得克萨斯州法是 Laws Texas 1850, ch. 39, p. 36（1850 年 1 月 16 日通过）。根据得克萨斯州的法律，如果收养人有或以后有"合法婚生子女"，养子女在任何情况下"继承收养人的遗产（这些遗产可以通过遗嘱处分）都不得超过 1/4"。

　　② Laws Mo. 1857, p. 59 (act of Feb. 23, 1857). 该法令的范围相当狭窄：养子女对其父母享有与亲生子女相同的包括继承权在内的权利，但该法并不影响"其他当事方"，其主旨是"完全限于履行收养契约的人"。

来完成；法官"在举行正当听证会后"，须决定养父母是否"品行良好"，"是否有足够的能力来妥善照顾、抚养和教育所要收养的孩子"，以及收养"是否会增进孩子的福祉"。①

这是法律的趋势。越来越多的规则和程序表达了这样一种观点：孩子的福祉是这些法律所保护的首要利益。但这不是全部。养父母也有权利和利益。刚才提到的密苏里州收养法与婚姻及离婚法的考虑相呼应，赋予养父母终止收养的权利。如果孩子在5年内因被收养前就存在的病症而出现"弱智或癫痫或性病感染"，养父母有权撤销收养。其他州的法律也有类似规定。

收养法兴盛的原因何在？作为一种法律身份，收养具有明确的经济意义。收养因其与继承和产权的关系在美国社会（后来在其他社会亦然）举足轻重。收养对于拥有农场、房屋、城镇土地以及（或许还有）其他资产的大量美国家庭颇有裨益。这与先前提到的普通法婚姻及离婚的观点类似。19世纪初的私人收养法经常专门提到继承权。马萨诸塞州率先制定的收养法强调了这一点。该法为收养制定了法律程序，并授予养子女继承权。然而这是一项相当狭隘的权利：该养子女是养父母的继承人，除此以外的事务法律存而不论。在某些州，该问题的解决方式完全不同。纽约州1873年的收养法特别规定，养子女不是养父母的继承人，但1887年这条规定从法规中被删除了。②

一般来说，所有收养法都规定养子女继承养父母的遗产。在早期法律中，养子女也从亲生父母那里获得继承。逐渐地，收养开始意味着同过去更为鲜明的决裂。然而养子女是否也继承收养

---

① Laws Mo. 1917, p. 193.

② Mary Ann Mason, *From Father's Property to Children's Rights: The History of Child Custody in the United States* (1994), p. 75.

家庭中其他亲属的遗产，法律和实践对此摇摆不定。如果祖父（指养父的父亲）过世而未留下遗嘱，养父已先故，养女是否是祖父的继承人？如果养父母的"亲生"儿子去世，养子女是否是该兄弟的继承人？起初答案是可以。一些州许可相当广泛的继承权，另一些州则不然。[①] 此外，养子女是否是自己血亲的继承人？在许多州，这个问题的答案是肯定的。根据得克萨斯州 1931 年的一项法规，一个孩子被收养时，即使"他或她与亲生父母间的所有法律权利和义务"应当"确定终止"，这也并不"阻止养子女继承亲生父母的遗产"。养子女"既可继承养父母遗产又可从亲生父母那里获得继承"。[②] 但在其他州（如加利福尼亚州法的规定），出于各种目的，收养"切断了被收养人和亲生父母之间的亲子关系"。[③]

102　　假设某人是信托财产的受益人，终身享受信托利益；受益人去世后，财产应归其"子女"或"后裔"或"继承人"——这是否包括养子女？严格地说，这是一个解释的问题：建立信托的人心里是怎么想的？如果文本没有给出明确的答案，法院一般会拒绝将养子女纳入其中。这同样是制定法和判例法的主旨。这个问题和其他一些继承问题一直到 20 世纪都存在争议。[④] 截至 1930

① Epaphroditus Peck, *The Law of Persons; or, Domestic Relations* (1913), p.250. 在伊利诺伊州，养子女不能"通过代位继承权"从养父母的"直系或旁系亲属那里"获得财产(Ill. Rev. Stat. 1921, ch. 4, sec. 5, pp. 142-143)。这意味着（比如）如果养父过世，随后他的姐/妹亡故且没有孩子，没有留下遗嘱，被收养的孩子不能作为其养父之姐妹的近亲（兄弟）之遗孤从她的遗产中获取份额。

② Laws Texas 1931, ch. 177, sec. 9, p. 302.

③ Cal. Probate Code, section 6451. 有一例外情况：如果（比方说）一个孩子的父亲去世，母亲再婚，而她的新丈夫收养了这个孩子，这个孩子仍可继承其"亲生"父亲的遗产。

④ 其概况参见 Fred L. Kuhlmann, "Intestate Succession by and from the Adopted Child," *Washington University Law Quarterly* 28：221 (1943)。

年左右，各州的法律仍有相当大的波动。在一些州，养子女仍旧不能从养叔伯、养姑母或养祖父母那里获得继承；如果立法在这点上没有规定，法院便倾向于否定继承。[①] 但更晚近的法律截然不同。除非遗嘱、信托或其他文书明确排除了养子女，否则这些子女的继承权如同亲生子女一样。易言之，法律现在强烈倾向于对养子女和"亲生"子女一视同仁——至少在财产和继承方面是如此。

必须谨记的是，收养是一种法律身份。人们将孩子带到家里进行抚养、培育和呵护，不需要法院的决定或官方的文件。收养法出台之前，非正式"收养"在英国和美国是常态。（在上流社会的家庭，监护是抚养孤儿的一种方式。）在第三世界国家，非正式收养依然非常普遍。如在巴西大城市的广大贫民窟中，孩子们经常由一个家庭搬到另一个家庭，今天由一个亲戚抚养，明天由一个邻居照看——尤其是母亲或父亲太穷而无力供养他们时。在这种情况下，原生家庭并没有真的"抛弃"孩子（无论中产阶级的专业人士对此如何看待）。[②]

人口变化对收养和收养实践产生了重要影响。19 世纪离婚率很低，但家庭仍旧以高速率解体。是死亡天使而不是离婚法院制造了"破碎家庭"。孤儿冗余，妇女死于分娩，瘟疫和事故夺去了双亲。遗孤经常由姑/姨、叔伯/舅或祖父母/外祖父母抚养长大。那些没有亲戚收留的孩子经常被送到孤儿院。19 世纪的 103

---

① Chester G. Vernier, *American Family Laws*, vol. 4, *Parent and Child* (1936), p. 410.

② Fonseca, "The Politics of Adoption," pp. 201 – 205; Claudia Fonseca, "Inequality Near and Far: Adoption as Seen from the Brazilian Favelas," *Law and Society Review* 36: 397 (2002).

美国有若干孩子被从大城市（主要是纽约）送到乡下由农民家庭收留。人们认为对于这些孩子来说，这比在城市肮脏的街道或收容所的生活要好。农民家庭很少合法地收养这些孩子，在许多情况下，这些孩子比仆人——农场的廉价劳动力——好不了多少。他们并非都是孤儿，有些孩子的父母（往往是移民）一贫如洗。19 世纪下半叶，查尔斯·洛林·布雷斯（Charles Loring Brace）创立的儿童援助协会安置了大约九万名儿童。布雷斯的作为并未受到广泛赞誉。许多孩子来自天主教家庭，他们被送往的农场以及把他们送出的机构都由坚定的清教徒主管。①

　　这就引出了收养的阴暗面。从理论上讲，收养是一项俱无损失的安排：孩子得到一个良好的家庭，亲生父母摆脱负担或困窘，养父母得到他们梦寐以求的孩子。如一般儿童监护法一样，收养法的指导原则是孩子的最大利益。但是确定这些"最大利益"的要求并不总是那么容易。实践中监护判决经常遭到严重滥用。这些判决同法律体系中的许多其他判决一样，受到社会规范和偏见的强烈影响。法院和社会工作者倾向于根据中产阶级的观念和价值观来界定孩子的"最大利益"。在大多情况下并不存在冲突：没有人会争辩说，被父母殴打、折磨、拿香烟烫或任由其挨饿的孩子与这样对待他们的父母以外的人在一起会更糟糕。但存在许多边缘情况，而穷人、社会越轨者和文化异类往往会以我们现在定义为不公或更糟的方式被淘汰。查尔斯·洛林·布雷斯自认为是一个高尚的人道主义者；今天我们并不确定他是否如此。对于土著部落的孩子或父母贫穷的黑人孩子来说，这一问题

---

① 参见 Marilyn Irvin Holt, *The Orphan Trains: Placing Out in America* (1992)；Miriam Z. Langsam, *Children West: A History of the Placing-Out System of the New York Children's Aid Society, 1853-1890* (1964)。

特别尖锐，而且虐待尤其明目张胆。那些无力抚养孩子的母亲、　104
单身妈妈和陷入困境的妇女实际上经常被迫放弃她们的宝宝，这
些孩子被送往"更好"的家庭。① 无论法律理论怎么说，中产阶
级养父母的最大利益往往大于亲生父母的最大利益，甚至可能凌
驾于孩子的最大利益之上。

　　收养法通常声称保护亲生父母尤其是母亲的权利，她的同
意对于普通收养来说是必不可少的。问题在于这种同意的真实
性。或许社会和家庭压力山大：家人经常喋喋不休地要求未婚
妈妈放弃婴儿，以避免非婚生子的耻辱；贫困潦倒可能会促使
母亲做出同样的决定。在美国和其他国家(澳大利亚是一个典
型例子)，可能最糟糕的历史丑闻是国家对待土著居民孩子的
方式。这些孩子经常被从家中带走(有时被绑架)，随后被送往
寄宿学校或寄养家庭，最终送到体面的白人家庭中。美国寄宿
学校的重点是"教化"土著——教他们怎样真正成为白人，并
让他们忘却自己的语言、宗教和风俗。② 据一份国会报告估计，
美洲土著孩子中总共有四分之一到三分之一在婴儿期被收养，大
部分的孩子被送往非土著家庭。③（国会于 1978 年通过了一项旨
在阻止这种情况发生的法律。）④ 在澳洲，1910 至 1970 年间，大
约有十分之一到三分之一的土著孩子被强行从家中带走。甚至晚

---

　　① 参见 Rickie Solinger, *Beggars and Choosers: How the Politics of Choice
Shapes Adoption, Abortion, and Welfare in the United States* (2001)。

　　② 总体参见 David Wallace Adams, *Education for Extinction: American Indians
and the Boarding School Experience, 1875 - 1928* (1995)。

　　③ 引自 Cynthia G. Hawkins-León, "The Indian Child Welfare Act and the African
American Tribe: Facing the Adoption Crisis," *Brandeis J. of Family Law* 36: 201, 202
(1997)。

　　④ 1978 年通过的《印第安儿童福利法》旨在防止"印第安家庭破裂"。92
Stat. 3069 (act of Nov. 8, 1978).

至 1973 年还有一个土著男孩被绑架并被送到千里之外的一个白人家庭生活。[①] 2002 年的电影《防兔围栏》讲述了一些澳大利亚孩子的故事，他们的父亲是白人，他们被强行从土著母亲那里带走送往寄宿学校。这部电影是根据真实事件改编的。另一部悲壮的电影《官方故事》(1985)讲述了阿根廷政治犯("los desaparecidos")所生的孩子的故事。这些孩子被送到政治上有权势的家庭收养。所有这些悲剧的共同点是对亲生父母的贬抑。就澳大利亚和美国而言，在多元平等之前的时代，很多人无疑真诚地相信他们是在帮助孩子们。他们把孩子带离"落后"的环境和野蛮的家，让他们有机会更好地生活——生活于能给他们提供亲生父母力所不及的优越条件的人们当中。这些政策是更广泛的同化政策的一部分，这在实践中意味着对本土风俗、宗教和语言的破坏。

20 世纪中期的主流收养与 19 世纪的收养大相径庭。中产阶级的寿命更长，分娩死亡已成为罕见事件。在抗生素时代，瘟疫和流行病所吞噬的人口较之以往要少得多，孤儿源枯竭了。收养一度主要涉及父母过世或者父母太穷或走投无路以致无力留养子女的孩子。20 世纪的收养越来越成为这类儿童的命运：他们的父母出于某种原因不想要孩子，或无法抵抗社会和法律的压力而放弃子女。十几岁的未婚妈妈所生的婴儿命运往往如此。在许多案例中，养父母是陌生人而非亲戚或邻居，他们是没有子女的夫妇，想要孩子，自己却不能生育。[②] 一项关于华盛顿州的收养研

---

① Rajiv Chandrasekaran, "Australia's 'Stolen Generation' Seeks Payback: Aborigines Want Apology for Kidnappings," *Washington Post*, July 6, 2000.

② 1986 年在总共 104,000 起国内收养中，50.9%是"相关收养"，49.1%是"非相关收养"。最后一个数字还须加上大约 10,000 起国际收养，共计约 61,000 起"非相关收养"（与 53,000 起"相关收养"相对）。Kathy S. Stolley, "Statistics on Adoption in the United States," *The Future of Children* 3: 26, 29 (Spring 1993)（收养专卷）。

究文献记载了收养实践的变化。20 世纪 30 年代，亲生父母放弃孩子的原因为 22% 是由于婴儿为非婚生子女，19% 是因为家庭破裂，13% 是因为父母贫穷；至 1970 年，非婚生子女占了见弃孩子的 89%，其他动机微不足道。20 世纪 30 年代，9% 的亲生父母是无法养活孩子的寡妇，14% 是无力照顾子女的鳏夫。20 世纪 70 年代，放弃孩子的鳏夫已完全绝迹，寡妇也几乎消失了，85% 的亲生父母是单身女性。[1]

最近由于社会规范和人口统计学的改变，收养的性质又发生了变化。一方面，出生率继续螺旋式下降——尤其在西欧，但总的来说是在所有发达国家。若干国家（意大利、德国和法国）面临人口萎缩的光景。总体上婴儿较少，因此可供领养的婴儿有限。另一方面，至 20 世纪末，私生的耻辱已大大丧失。发现自己怀孕的年轻中产阶级女性早先会不顾一切地想要摆脱婴儿，许多人隐瞒怀孕的事，悄悄地生下孩子，将其送到某个机构或私人团体，然后试图继续她们的生活。仍然有这样做的女性，在法国，妇女有权匿名分娩（母亲将在出生证上列为"X"）。[2] 然而在大多数西方国家，年轻妈妈偷偷分娩这一收养婴儿的主要来源几乎消失了。1970 年，美国大约有 8.9 万名婴儿被陌生人收养；至 1975 年，这一数字已降至 4.8 万；此后的若干年这个数字仍基本

---

① E. Wayne Carp and Anna Leon-Guerrero, "When in Doubt, Count: World War II as a Watershed in the History of Adoption," in Carp, ed., *Adoption in America*, pp. 181, 190–193.

② Katherine O'Donovan, "'Real' Mothers for Abandoned Children," *Law and Society Review* 36: 347, 360–365 (2002). 在德国，有些城市有"婴儿护翼""baby flaps"（Babyklappen）——安全的地方，"分娩的妇女可以把婴儿留在那里，因为知道孩子会得到照顾"。（同上，第 365—368 页。）这种做法令人想起中世纪的一些习惯。

保持不变。① 20 世纪 90 年代后期，这个数字开始膨胀。1995 至
2001 年间收养人数翻了一番，部分原因是政府提供资金帮助儿
童离开寄养所，进入收养家庭。② 今天有意收养的无子女中产阶
级夫妇非常绝望，他们愿意花高价得到一个孩子。这些夫妇可能
会惊讶地发现，曾有一段时间，钱的流向往往是相反的：母亲花
钱让人把孩子从她们手中带走。1917 年，少年保护协会在芝加
哥进行的一项研究揭露了"婴儿养殖场"的无耻行径。这些组织
收钱带走婴儿，婴儿将被转售给养父母。该研究揭露存在"令人
发指的虐待行为"。肆无忌惮的医生和医院"利用未婚妈妈愿意
支付任何费用处置她的孩子这一点坐收渔利"。③ 这些婴儿养殖
场赚得"盆满钵溢"：大多数婴儿尚处在依靠奶瓶喂养前的日子，
因此才与妈妈分离便夭折。加上这种肮脏的环境和不良护理，婴
儿养殖场的大多数婴儿无法存活就不足为奇了。据称，巴尔的摩
一个婴儿养殖场的婴儿在入住几周内的死亡率高达 80%，基本上
没人在乎。④

107   这一切看起来都像是古代史。随着收养需求的增加，这些新
生婴儿成为有价值的商品。收养率在 20 世纪膨胀，达到峰值后

---

① Barbara Melosh, *Strangers and Kin: The American Way of Adoption* (2002),
p. 4.

② Leslie Kaufman, "Cash Incentives for Adoptions Seen as Risk to Some Chil-
dren," *New York Times*, Oct. 29, 2003, p. 1. 这篇新闻报道由一则丑闻激发——新
泽西州一个收养了许多孩子的家庭被指控饿死了其中 4 个孩子。

③ 引自 Helen L. Witmer, *Independent Adoptions: A Follow-Up Study* (1963),
p. 38。

④ Melosh, *Strangers and Kin*, p. 18. 婴儿养殖场问题是一个老问题；关于英
国同一问题的报告参见 Ruth Ellen Homrighaus, "Wolves in Women's Clothing：Ba-
by-Farming and the *British Medical Journal*, 1860 – 1872," *J. Family History* 26：350
(2001)。很难判断婴儿养殖场实际有多糟糕。

于 20 世纪下半叶开始下降。这并不是说想要收养孩子的夫妇变少，而是婴儿稀缺：尤其是在美国缺少最理想的婴儿——白人中产阶级的新生儿。收养实践中的理想情形是使孩子在种族、背景和宗教（仿佛婴儿有宗教信仰似的）方面与养父母"配对"。而今这一切都不是那么容易达到。于是父母们更愿考虑跨越种族和民族界限——甚至跨越国界——的收养。在一个流动、致力于多元平等且不再惩罚跨种族通婚的社会，白人有黑人孩子不再显得那么另类。全球婴儿市场也方兴未艾。没有指望的夫妇四处奔走，寻找更佳的婴儿来源地。二战后美国人在遭受战争蹂躏的国家寻找儿童收养（如希腊或德国）。20 世纪 50 年代初的朝鲜战争以后，美国人收养了大批韩国孩子。[①] 父母们还转向其他贫穷国家。拉丁美洲是 20 世纪 70 年代的主要收养儿童来源地。美国父母现在经常飞往玻利维亚、罗马尼亚等，将这些国家的孩子领回家，不管是合法的还是不合法的。据估计，每年有 1.5 万至 2 万宗这样的收养。[②] 这些孩子有的是孤儿，另一些孩子来自贫寒家庭。一项对拉丁美洲的研究发现，那些放弃自己孩子的亲生母亲通常很年轻（14 至 18 周岁），失业（或乞讨或卖身），没有受过教育并来自不良家庭。一些韩国孩子的亲生母亲是面临非法生子耻辱的未婚女性，其中很多妇女一贫如洗，还有一些韩国孩子是美国士兵留下的混血儿。[③] 当然美国不是唯一一个无嗣夫妇出国寻

① E. Wayne Carp, *Family Matters: Secrecy and Disclosure in the History of Adoption* (1998), pp. 33-34.

② Elizabeth Bartholet, "International Adoption: Propriety, Prospects, and Pragmatics," *Journal of the American Academy of Matrimonial Lawyers* 13: 181, 184 (1996).

③ Madelyn Freundlich, *The Impact of Adoption on Members of the Triad* (2001), pp. 107-111.

找婴儿源的国家。事实上该领域的先锋是瑞典，瑞典是国际收养
人口比率最高的国家。①

108　　至 20 世纪 70 年代，一些白人夫妇选择了一度不可思议的解
决婴儿短缺问题的办法。他们接收其他种族的孩子（大多是在美
国出生的黑人）。这种做法陷入了争议。最初反对意见来自其他
白人。在许多州种族混合是禁忌。如根据得克萨斯州法，"黑人
不得收养白人儿童，白人也不得收养黑人儿童"。② 还有一些有
偏见的白人法官干脆不允许这种收养发生。③ 例如在以下监护案
中就会产生相关问题：一个获得了孩子监护权的离异白人妇女与
黑人男子结婚或同居，而孩子的父亲试图获得监护权，声称跨种
族家庭不适合监护。④ 一般来说，20 世纪末法院已否弃这种观
念，不能以这种方式考虑种族问题。联邦最高法院也对这一问题
进行了审议。琳达·西多蒂（Linda Sidoti）和她的丈夫安东尼·西
多蒂（Anthony Sidoti）于 1980 年在佛罗里达州离婚，琳达获得了
他们小女儿梅拉妮（Melanie）的监护权。一年后安东尼试图争取
监护权，而琳达"与一个黑人小克拉伦斯·帕尔莫尔（Clarence
Palmore, Jr.）同居，两个月后嫁给了他"。初审法院将监护权判
给了孩子的父亲。法官说尽管种族关系"有很大进步"，但小梅

---

①　Barbara Yngvesson, "Placing the 'Gift Child' in Transnational Adoption," *Law and Society Review* 36：227, 233（2002）.

②　Laws Tex. 1931, ch. 177, sec. 8, p. 302.

③　这些案例的讨论见 Rita J. Simon and Howard Altstein, *Adoption, Race, and Identity: From Infancy to Young Adulthood*（2nd ed., 2002），pp. 39－55。

④　如参见 In re Custody of Temos, 450 A. 2d 111（Pa. Super., 1982）。这是一起复杂的案件。母亲离婚后拥有监护权，她与一个黑人男子发展了关系。随后孩子的父亲要求获得监护权，在初审法院胜诉。然而种族只是判决的多个因素之一。上诉法院推翻了一审判决，在种族立场上非常尖锐和直言不讳，声称种族在监护案件中从来不是考虑因素。

拉妮肯定会"遭受……社会污名"。联邦最高法院一致推翻了这一判决："私人偏见可能不在法律管辖范围之内，但法律不可直接或间接赋予偏见效力。"①

西多蒂案判决于 1984 年。至此情势本身发生逆转。对跨越种族界限收养的反对意见来自黑人而不是白人。1972 年，全国黑人社会工作者协会谴责跨种族收养，他们为其贴上了某种文化上的种族灭绝的标签，②认为将黑人孩子置于白人家庭会使他们完全脱离黑人文化。有时的确如此，有时并非这样。一些黑人孩子的白人父母努力让他们的孩子接触美国黑人的世界。这些努力是否成功（或有用）是另外一回事。在生活上，这些被收养的孩子与黑人社区成长的孩子有天壤之别。两位研究这一问题的作者发现，"对于一个美国黑人孩子来说，拥有两个种族身份是不切实际的"。"以人种"作为身份识别根本没有替代品。③

这些孩子当中的许多人肯定会感到模糊、失衡，他们感觉在两个世界之间摇摆，哪个也不太适应。④但总的来说，跨种族收养的孩子声称对他们的养父母很满意。他们在经济上肯定比跟他们的亲生父母生活更好。大多数人对寻找亲生父母没有多大兴趣。绝大多数人对黑人社会工作者持批评态度：一名黑人女性称他们的说法是"一派胡言——这太荒谬了……我完全适应我是谁"。⑤当然这位妇女在一个白人家庭长大，损害（如果是损害的话）已成往事。

---

① Palmore v. Sidoti，466 U. S. 429（1984）.

② Berebitsky，*Like Our Very Own*，p. 169.

③ Simon and Altstein，*Adoption, Race, and Identity*，p. 87.

④ 总体参见 Sandra Patton，*Birth Marks: Transracial Adoption in Contemporary America*（2000）.

⑤ Simon and Altstein，*Adoption, Race, and Identity*，pp. 218 - 219.

　　还有其他反对跨种族收养的论断——例如跨种族收养强化了刻板印象，它固化了黑人母亲是坏妈妈、白人母亲是好妈妈的观念。该论调又称，黑—白跨种族收养通过这种方式支持了白人的至上性。[1] 对黑—白跨种族收养的激烈争论过了一段时间基本平息下来。也许只是家庭对黑人孩子的迫切需要胜过了反对意见。20世纪90年代的一部联邦法《多族裔安置法》在这一问题上有些语焉不详，但它的确声明"接受联邦援助"的机构做出安置决定时，不得"根据收养或寄养父母或者孩子的种族、肤色或民族血统"有所歧视。但该法通过不久后便被废除。[2]

　　黑人社会工作者坚持维护种族自豪感——也许是黑人孩子对他们的种族自豪感的权利。如果黑人孩子在白人家庭、白人朋友和周围都是白人的白人社区长大，那么这种自豪感将难以维持。这些孩子将不再属于黑人社区。然而（该论调称）这些孩子有权与黑人社区、黑人文化和黑人传统保持一致。美洲原住民部落也采取了同样的态度。许多白人族群和宗教团体也是如此。

110　　这一论点假定美国有一种鲜明的黑人文化——以及独特的纳瓦霍文化、犹太文化和爱尔兰天主教文化。在某种程度上确实如此。黑人、犹太人或纳瓦霍人的成长经历肯定与白人、天主教徒或意大利裔美国人的成长经历不同。但究竟有多大不同呢？不言而喻的前提是：差异是根深蒂固的、珍贵的和根本的。另一个前提是：存在文化权利之类的事物，身份群体有权使自身永久化，

---

　　[1]　参见 Mary Lyndon Shanley, *Making Babies, Making Families* (2001), pp. 35-36。

　　[2]　这部法律是 P. L. 103-382, sec. 551, of 1994；参见 Rachel F. Moran, *Interracial Intimacy: The Regulation of Race and Romance* (2001), p. 133（1994年法于1996年废止，P. L. 104-188）。

培育他们的文化并反对同化。

无人能否认一些文化上的差异。存在一种纳瓦霍语，它与英语完全不同；还存在土著宗教和本土习惯。在多元平等的时代，这些差异比以往更受尊重。在《印第安儿童福利法》（1978）中，[①]国会试图对旧日丑闻和悲惨事件予以弥补，规定不得将美洲原住民的孩子从家庭和家园中劫走；部落有权向其年轻人传播语言、宗教和文化。该法序言称，过去失去孩子的"印第安家庭比例高得惊人"。儿童是"资源"，"对印第安部落的存续和完整性"至关重要。根据这部法律，促进"印第安部落和家庭的稳定与安全"是官方政策（尽管法律也旨在保护"印第安儿童的最大利益"）。安置儿童的规则应"反映印第安文化的独特价值"。该法授予印第安部落"专属"管辖权，可审理涉及生活在保留地的儿童的监护案件；如果父母是印第安人，部落还有权（根据亲生父母提出的异议）干预保留地以外的终止监护权或结束寄养安置的案件。[②]

依据这部法律产生了大量诉讼，其中有一起联邦最高法院的案例非常突出。在该案中，一名怀有双胞胎的乔克托妇女离开密西西比州的保留地，在别处生下了孩子。孩子的父亲是乔克托人。这对父母不曾结婚，双方在州法院签署了同意书，授权非印第安人收养他们的孩子。乔克托部落对此表示反对，联邦最高法院对《印第安儿童福利法》进行了相当广义的解读，判决支持该部落。最高法院称，法律授予该部落一项优先于密西西比州的权

---

① 25 U. S. C. sec. 1901 - 1923. 源起是 92 Stat. 3069, act of Nov. 8, 1978。
② 与此相似的是 Neb. Rev. Stats, sec. 43 - 1504, 是对联邦法的响应；又见 Okla. Rev. Stats. Title 10, sec. 40。

利，由部落决定这对双胞胎应该住在哪里，和谁一起生活。①

　　这显然是一个（事实上同上述法律一样）浸淫多元平等精神的判决。法令谈到了部落文化的完整性——这一想法在 19 世纪会使大多数人感到震惊。这一文化包括（或可能包括）雷切尔·莫兰（Rachel Moran）所谓的"家庭的另类定义"。② 判例和立法证明官方文化（以及在很大程度上的大众文化）已接受多元文化的理想并断然拒斥同化的精神。熔炉消失了，或者毋宁说它是一种不同的熔炉。人们不再相信（比方说）华裔美国人、黑人、犹太人和亚美尼亚裔美国人必须学会遵守（比如）英裔白人长老会的文化与规范。此外在选择的文化中，有一种选择自己的根和传统，并坚持自身独特性及其文化独特性的权利在日益增长。

　　但什么是文化？这不是遗传的东西。它远比大多数人想象得更具可塑性。奴隶（或非洲人）的曾孙、来自波兰村庄的犹太人的曾孙或西部铁路华裔工人的曾孙传承了彼此迥异的文化，也承袭了"美国"文化。但今天这些曾孙辈们都是地地道道的美国人。他们的穿着美国化、言谈美国化、举止美国化，听的是美国音乐，看的是美国电视。无论他们多么珍视他们的"根"，他们都是一种独立的、风靡的和无所不在的美国文化———种几乎令人窒息、包围及影响他们，使之成为其所是的存在——的组成部分。

　　"多元文化"的社会是一种精神和理论，现实则大相径庭。实践中同化十分猖獗而无所不能，它摧毁了所遇见的一切。电视和媒体是如此强大、无孔不入且千篇一律，以至于有排挤掉所有

---

① Mississippi Band of Choctaw Indians v. Holyfield, 490 U. S. 30 (1989).

② Moran, *Interracial Intimacy*, p. 150.

多样性的威胁。加州秃鹰不是美国唯一的濒危物种。阿米什人的
马匹和马车文化,讲古勒方言的人或路易斯安那河口法语的人,　112
夏威夷语或切罗基语的残存片断——所有这些都严重濒危。大多
数本土语言都在尘土飞扬的道路上蹒跚而行,濒临灭绝,其中很
多已然绝迹。年轻人说英语,看英语电视。少数族裔文化岌岌可
危,传统触礁沉没,幸存者紧紧抓住海中漂浮的残骸。法律和文
化认可个人选择身份的权利,支持少数派的生活方式,但这基本
上为时已晚。少数族裔的文化和特性在若干方面已经消失。它们
充其量都成为一种庞大的文化语言——现代性语言、时尚语言、
麦当劳、有线电视、流行音乐和美国购物中心风尚——的方言。
大众文化(美国日常生活的文化)已压倒了这些少数派。没有什
么能够抵挡大众社会的力量。地方菜如同地区方言一样,要么消
失,要么走向全国。

　　在某种程度上,坚持文化和特性的热情见证了迫在眉睫的危
险。少数族裔文化和身份不能自主生存,必须为之奋战和捍卫它
们。但多元文化理想在政治和社会方面都很强大,它绝不是毫无
意义。总统可能会在斋月慰问穆斯林选民,在修殿节*问候犹太
选民;他任命黑人担任内阁;2003 年一名华裔美国妇女担任劳
工部长。凡此种种意味深长。从某种意义上说,正是因为有如此
多的同化,多元文化主义才成为可能。真正的多元文化主义——
真正的多样性——在任何现代社会(或事实上在任何社会)都不
是一种选择。我们的"多元文化主义"意味着,首先我们承认宗

---

　　* 修殿节又称"烛光节",是犹太人的一个节日,纪念公元前 164 年犹太人在
祭司玛喀比家族的领导下,从叙利亚西流古王朝手中夺回圣城耶路撒冷后洁净圣
殿的重大事件,在此之前叙利亚王伊比芬尼曾在坛上献猪作为燔祭,亵渎了圣
殿。——译者注

教、肤色、饮食和口音方面的差异；其次我们认为这些差异无关
紧要。现代西方式的多元文化主义不能容忍本质上不同的东西
（例如亚马逊猎头部落的习俗），在应对真正的伊斯兰教原教旨
主义时，它的日子很难熬。

113　身份认同政治迎合一种泛滥的个人主义精神，这种精神包括
个人有权在更广泛的身份选项中做出抉择。身份未必是一成不变
和与生俱来的东西，它日益成为个人应然为其自身选择的东
西——"应然"一词很重要，实践中人们能否做出这样的选择是
另外一回事。富裕的白人中产阶级比该社会中的（比如说）黑人
贫民有更多的"选择"，这是事实，比如在家庭事务决定方
面——是留下孩子还是将其送人收养，是否堕胎，等等。① 个人
的种族不是选择的问题。一个有部分意大利裔血统、部分亚美尼
亚裔血统的美国人可以决定强调这部分或那部分血统，但一个非
洲裔美国人的混血儿没有这种选择权，别人会将此人界定为黑
人，无论他或她愿不愿意。

然而人们认为他们有选择、他们应当有选择，这也是事实。
这些选择的真实程度取决于具体情况。在黑人社区由黑人父母抚
养的黑人孩子不能决定成为白人。这不取决于孩子，而是取决于
白人社区。是（占大多数的）白人社区定义了什么是白人，什么
是黑人。白人社区也决定了允许"黑人"融入白人社会的程度。
对于西班牙裔少数族群也是如此。不过种族定义的僵化以及对
"种族混合"的抵制远不如一个世纪前甚或 50 年前那么明显。而
且如我所说，无论现实如何，选择的观念是一个重要的社会事

---

① 讨论参见 Sandra Patton-Imani, "Redefining the Ethics of Adoption, Race, Gender, and Class," *Law and Society Review* 36：813（2002）。

实。一个非洲裔美国妇女在长大后的确有权自行决定是否想要成为一名黑人分离主义者，或者在社会允许的范围内尽可能地同化，或者在两者之间进行某些尝试。她必须决定是围绕种族问题来展开生活，还是完全专注于其他事情（女权主义、棒球、宗教、集邮、爵士乐和整容）。跨越种族界限被收养的孩子拥有同等（甚至更多）的权利。混血儿最近一直坚持认为，他们应当有权利决定将哪种基因血统置为首位。当然，所有孩子都要求在生活方式和其他问题上享有个人选择的权利。那是颇为理所当然的。

二、保密和"孩子的最大利益"

114

收养在 19 世纪末获得正式的法律地位。根据早期法律，收养是两对父母之间的事情。当然法院负责批准收养协议，但除此以外国家没有扮演什么特别的角色。直到后来国家才要求有更正式、更专业的程序。[1] 在 20 世纪期间收养变得更加复杂，更深涉法律事务。1917 年明尼苏达州的一项法规是一个重要的里程碑。该法规要求一个州政府机构在批准孩子被收养之前必须对情况进行调查，必须确保孩子有一个"合适的"家。该法还要求将收养案件封存记录，[2] 收养记录应当保密——远离公众的窥探（虽然不会对被收养的孩子保密）。[3] 但即使在 20 世纪 20 年代，除了法

---

[1] 然而在某些案例中，法院确实认可那些认为自己是被收养的孩子的权利，他们在一个家庭中作为养子女被抚养，但后来发现养父母没有履行法定的收养程序。在这类案件中，一些法院认可了一种基于继承目的的普通法（或"衡平法"）收养。如参见 Thomas v. Malone，142 Mo. App. 293，126 S. W. 522（1910）。

[2] Laws Minn. 1917, ch. 222, p. 335.

[3] 关于这一点总体参见 Carp, *Family Matters*。

院程序本身以外，收养也仍主要是非正式的。在马萨诸塞州和新泽西州进行的一些研究发现，有三分之二的收养是在无政府机构参与的情况下进行的。① 但后来各州开始加强控制。在伊利诺伊州，根据 1967 年的一项法规，一个州机构或"有执照的儿童安置机构"必须对养父母进行调查，考察他们的"品格、声誉、健康状况和在社区的一般地位"；他们的"宗教信仰"和孩子的宗教信仰也要有关联；一般来说该机构必须决定未来的父母是否是"收养孩子的合适人选"。②

简而言之，现在的趋势是注重孩子，这意味着更加严格地控制收养过程。交易或贩卖婴儿的行为将被取缔。一些州坚持认为，只有获得州许可执照的授权机构才能合法地将婴儿送人收养。各州也普遍坚持保密，除了直接关系人以外，任何人无权知悉被收养的孩子从哪里来或亲生父母是谁。

一个真正信奉优生学信条的人——如相信坏人的基因倾向于代代相传——往往会对收养持谨慎态度。他们会怀疑，无论养父母的家庭生活如何，有缺陷者的孩子长大后会有缺陷。显然，社会工作者和其他信任收养的人都反对这种观念。他们倾向于更多强调一个良好家庭的重要性而非遗传的重要性。然而优生学确实在收养实践中留下了印记，它促使社会工作者和机构使用并推荐心理测试，以向养父母保证他们新来的孩子是健全的。③ 而且它可能也影响了"配对"的观念——主张将孩子安置在和其智力、出身基本相同的家庭。如果智力是一种遗传特性，那么收养机构最好不要将笨父母的孩子送入一个聪明人的家庭。一个良好的家

① Melosh, *Strangers and Kin*, p. 36.
② Laws I11. 1967, p. 2273.
③ Carp, *Family Matters*, p. 67.

庭环境对孩子当然是好的，但遗传是一个复杂的因素，不容忽视。① 前述 1917 年的明尼苏达州法对养父母有一种"柠檬法"*，如先前提及的密苏里州法那样。一如密苏里州，明尼苏达州的养父母在以下情形可以请求法院撤销收养：收养 5 年内孩子出现"弱智、癫痫、精神错乱或性病"，但条件是这种病症是由于收养时就存在的状况所致，而养父母对该瑕疵并不知情。1930 年前后，有 8 个州或多或少都存在这样的规定；1937 年加利福尼亚州也通过了类似的法律。②

　　一旦孩子被收养，许多州都坚持保密并封存记录。他们希望把孩子先前的历史从地球上抹去。仿佛这个孩子没有来处，没有父母。这种保密的原因之一是消除私生子的污名。在一些州甚至连出生证明也被篡改了：根据伊利诺伊州的一项法律，养父母可以要求一份新的出生证明，证明上有他们的名字而非孩子出生时显示的原父母姓名。③ 伊利诺伊州的收养由此创建了一个新的家庭，并且摧毁——抹除——了旧的家庭。毫无疑问这正是许多养父母所希求的。造化弄人，剥夺了他们生孩子的机会，而收养给了他们营造一个家庭的机会。但法律规范背后——保密、伪造的出生证明等——隐含着这样一种观念：家庭本质上是一个生物单

116

---

① Berebitsky, *Like Our Very Own*, pp. 138 - 142.

　* 柠檬法是一种美国消费者权益保护法，起初旨在保障汽车买主的权利，这里应是指称"保护法"。——译者注

② Vernier, *American Family Laws*, vol. 4, p. 453. 在俄亥俄州和威斯康星州，如果孩子在 14 岁前出现这些缺陷，养父母可以撤销收养(同上)。特拉华州法院拥有随时撤销收养的广泛权力——如果撤销收养是公平合理的，且符合孩子的最大利益；如果孩子超过 21 岁，可以自行提出这样的申请。(同上，第 455 页。)加利福尼亚州法的情况参见 Laws Cal. 1937, ch. 366, sec. 2, pp. 786 - 787.

③ Lawrence M. Friedman, *American Law in the Twentieth Century* (2002), p. 445.

元，其核心是芭芭拉·尹崴森(Barbara Yngvesson)所谓的母亲和孩子的"神秘共性"。保密和改写的出生证明使生母的身份消失了，如尹崴森所说，通过这种方式收养家庭成为一个真正的家庭，养母成为一个真正的母亲，仿佛这个家庭是按生物机理创建的一样。婴儿和家庭进行配对的政策符合这一观念——一种社会工作者和机构"将养父母与养子女对应"的谨慎方式。① 当然对于放弃孩子的母亲来说，送养往往是她们摆脱困境的一种方式。送养使她们隐藏了不伦之恋、性爱和生育等见不得人的秘密。有时这也是给她们的孩子一个生活机会——生母或生父无法提供的生活机会——的方式。

至少在理论上，与一般家庭法一样，孩子的福祉成为收养的核心问题。孩子不是商品，他们不"属于"父母。国家机构必须控制收养过程，以确保这些无根的孩子被安置在良好、稳定的家庭中，而不是像牲口一样被买卖。但国家的谨慎遭遇了无子女夫妇对婴儿之焦渴的对抗。特别是在管控严格的州(试图严格控制收养过程的州)滋生了一种婴儿黑市。经常有关于贩卖婴儿和安排非法收养的律师及其他人士的丑闻。由于养父母必须跨过高难度障碍，黑市才得以滋长。寻求婴儿的父母比他们想要的那种婴儿更多。官方机构对那些想收养孩子的夫妇的生活刨根问底，调查其习惯、审查其收入和判断其婚姻质量等。② 不同于那些可以随意生孩子的幸运者，收养家庭必须满足苛刻的标准。对许多没有孩子的夫妇来说，这似乎非常不公平。在为该制度辩护时，人

---

① Barbara Yngvesson, "Negotiating Motherhood: Identity and Differencein 'Open' Adoptions," *Law and Society Review*31: 31, 71-72 (1997).

② 例如这些机构通常不愿意让未婚妇女收养孩子，关于这一点参见 Berebitsky, *Like Our Very Own*, ch. 4。

们可以指出某种对称性。尽管任何有生育能力的人的确都可以拥有或生养孩子，但没有人有绝对的权利保留和抚养孩子。国家可以将孩子从不良家庭带走：有酗酒母亲或父亲的家庭；极端贫困和疏忽失职的家庭；有污秽、蟑螂和总体败落的家庭。来自这些地狱般家庭的孩子有权利（根据理论）拥有更好的东西，国家有义务确保这些孩子到达更安全的生活避风港。

117

大多数人相信，孩子需要的是一个真正的家庭——一个温暖、有爱、体贴和兴旺的家庭，不是孤儿院，不是被人（有时可能不公平地）辱骂的寄养。今天的公共政策强烈支持收养，1997 年的一部联邦法《收养与安全家庭法》体现了这一政策。克林顿（Clinton）总统签署这项法令时还宣布了一个全国收养月，并宣称他"承诺将收养作为成千上万孩子的新起点"。① 收养树立了一个典范：传统、双亲、充满爱意和稳定持久的中产阶级家庭。但收养不仅与寄养相左，还与使孩子尽可能与其"真正的"父母——即使这些父母远远落后于美国梦或美国理想——在一起的政策对立。

那么个人选择时代的孩子情况如何？小孩子在家庭事务上没有发言权，但他们长大后，拥有完全选择权。他们如果愿意，可以获得一种与父母的无过错分离。在这个社会很容易做到这点，即使是与亲生父母一起生活的孩子也是如此。养子女也有这种选择——现在他们日益有另一种选择，一种与亲生父母共同生活的孩子所不具有的选择。

这是寻觅并找到亲生父母的选择。二战后的一段时期，收养法在养子女的周围筑起了一道保密墙，收养记录长期以来一直是

---

① 引自 Judith S. Modell, *A Sealed and Secret Kinship: The Culture of Policies and Practices in American Adoption* (2002), p. 77。关于寄养声誉的讨论参见同上，第 75—97 页。

"机密"（即不公开），但记录对被收养的孩子是公开的。这种情形发生了变化，孩子的出身一直是个谜——连对孩子本人也保密。孩子的出生证明更可能是个谎言。为了所有人着想，孩子的出身必须保持为一个谜——被收养的孩子及其亲生父母都无法解开这个谜。① 一些养父母甚至对养子女隐瞒收养的事实。（但大多数父母迟早会告诉孩子，往往讲述他们"选择"这个婴儿的感人故事，就像爸爸妈妈选择彼此一样。）

　　这段最高保密期没有持续很长时间，很快就兴起了一场突破秘密墙的强大运动。由此现在我们有了所谓的公开收养，即孩子和养父母同其亲生母亲保持联系，生母甚至可以被视为家庭的成员。当然过去大多数的收养连最低限度的公开也没有。一些被收养的孩子开始寻找他们的"亲生"父母，并要求获得这样的权利。他们希望政府机关和机构合作，甚至帮助他们寻找。这种找寻愿望在 20 世纪 60 年代末和 70 年代初成为一种社会运动。该运动的领袖是弗洛伦丝·费希尔(Florence Fisher)，她于 1973 年出版了一本名为《寻找安娜·费希尔》的书，讲述了她寻找生母的故事。费希尔创立了一个名为"被收养者自由运动联盟"的组织，旨在游说修改有关密封收养记录的法律。②

　　社会运动(哪怕是小规模的运动)从来不是凭空出现的。这背后隐藏着什么？亲生父母不仅仅是寻欢奉子者，他们也是基因库。他们的孩子可能会去一个新家，可能会叫新来的人爸爸妈妈，但这个孩子的每个细胞都带着亲生父母的印记。养子女热衷

---

① 这种发展的原因很复杂，也不完全清楚。参见 Carp, *Family Matters*, ch. 4。

② Barbara Melosh, "Adoption Stories: Autobiographical Narrative and the Politics of Identity," in Carp, *Adoption in America*, pp. 218, 226.

于了解自己的生物性遗传,他们反抗保密墙,这些可能与政府透明化的大趋势有关。这也是《信息自由法》背后的趋势,而各种民权运动虽然植根于"平等主义、参与式民主愿景",也是对权威和等级制度的一种反抗。权利意识也延伸到了被收养人群。①2000年科罗拉多州的一项法律赫然打破了保密规范,其中一个理由是:养子女有权利做出"知情的医疗决定,确定某些医学和生育决定的遗传后果,并享受与知悉自己家族史有关的利益"。②

医学上的动机足够真实。随着时间的推移,关于疾病遗传因素的证据越来越多。基因和染色体非常重要,家族史往往与健康问题十分相关。被收养的孩子如果无法了解自身的背景,那么他们就成了基因孤儿;他们觉得有必要知道自己的基因组中可能隐藏着什么秘密。养父母可能也需要这些信息,他们或许后来才惊恐地得知他们的孩子所罹患的一些可怕的遗传病。美国一些养父母甚至起诉了收养机构,声称这些机构知道孩子的某些疾病或缺陷,却对他们隐瞒。一些法院支持了此类针对收养机构的诉讼,只要能证明该机构知道孩子健康状况的真相并对此隐瞒。在1986年的著名案例伯尔诉斯塔克县管理委员会(Burr v. Board of County Commissioners of Stark County [1986])一案中,俄亥俄州的一个县福利委员会告诉拉塞尔(Russell)和贝蒂·伯尔(Betty Burr),当时17个月大的小帕特里克(Patrick)是一个"结实健康的男婴",在当地一家医院出生,帕特里克的母亲无力照顾他,而他的祖父母对他很"刻薄"。事实上伯尔夫妇收养的这个孩子迟钝、有幻觉,最终被诊断患有亨廷顿氏症——一个死亡判决。

119

---

① Carp, *Family Matters*, pp. 142 – 143.
② Colorado Rev. Stats, section 19 – 5 – 305 (1) (supp. 2003).

关于他父母和祖父母的故事是编造的，实际上他母亲本人就是一名精神病患者，被描述为"愚笨"、智力低下。上诉法院维持了25万美元赔偿的判决。法院表示，收养机构不是他们所安置孩子的"保证人"；但在该案中，该机构的欺诈和谎言剥夺了伯尔夫妇"做出正确的为人父母决定的权利"。①

　　一个人对于"根"、身份和怀旧的渴望也是这场撕掉秘密帷幕运动的有力因素之一。一个被收养的孩子可能会感觉从一条历史的长链中被剪断了，与祖先的血脉隔绝，与作为孩子身体遗传组成部分的地方和人分离。究问出身、寻找祖先是当下的一种时尚——不只是对那些祖先乘坐"五月花号"船过来的人或可以炫耀有伯爵或王子血统的人来说如此。祖先可能是小贩、海盗或奴隶，不管他们是什么人，人们都想尽可能多地了解他们。在这个表现型个人主义的时代，这种对身份认同、对寻求群属或"根"的渴望乍看起来格格不入。但现代个人主义并不意味着一种自由浮动的无根性。它意味着全面发展自我的渴望，意味着了解自我、对自我的好奇以及对探索自己过去和未来的热情。它意味着要找到"我是谁？"这一问题的答案。对于很多被收养的孩子（以及若干未被收养的孩子）来说，知道自己是谁和从哪里来是极其重要的信息。它有助于自我定义、自我理解和自我实现的事务。对于成千上万的人来说，将个人家族追溯到未知的历史以解开一个人遥远的身世之谜，是极为有趣的事。

　　在封闭式收养时代，被收养的孩子是一个特例。他们的根——甚至近如他们自己的出生——都被隐藏起来。他们当中的

---

　　①　23 Ohio St. 3d 69, 491 N. E. 2d 1101（1986）. 案例的总体讨论见 Pat McDonald - Nunemaker, "Wrongful Adoption: The Development of a Better Remedy in Tort," *J. American Academy of Matrimonial Lawyers*12: 391（1994）。

很多人迫不及待地想要解开这个谜团。然而这些谜团并非都能解开，解开的结果也不总是利落快意。对于西方白人家庭抚养的非洲裔美国人、亚裔或拉丁裔孩子来说，寻根可能尤为重要或困难。这些孩子很早就意识到他们的"根"与他们所生活的家庭不一致。如我们所见，至 20 世纪 70 年代，一些被收养的孩子热切寻根。可以肯定的是，大多数被收养的孩子实际上并不觉得有必要寻找；那些寻根的人有时会失望。有些人无疑喜欢知道他们的"传统"并有可能成为一个新家庭或扩大家庭的成员。另一些人只发现痛苦和幻灭、疏远和毁灭性拒斥。①

寻根问祖的被收养孩子几乎肯定会发现他们所怀疑的东西：他们是非法出生的。当然在 20 世纪末期的发达国家，这无关紧要。非婚生大多已不那么耻辱。非婚生子女曾经被称为私生子（filius nullius）——没人要的孩子。例如非婚生子女无权从任何人（甚至母亲）那里获得继承。他们的妈妈甚至在法律上也不是他们的母亲。但私生子的概念早已不复存在。今天非婚生子女必定是某个人的孩子——一个真正母亲的孩子，且往往也是一个有血有肉的父亲的孩子。

如我们所说，20 世纪末是一个强调自由选择概念的时期。② 121 在这样一个时期，向人们隐瞒如此重要的信息——诸如他们是谁，谁生了他们以及他们的母亲（或许还有父亲）在哪里，为什么把他们送人——似乎是家长式专断的和彻头彻尾的冒犯。如果一个被收养的孩子撕掉掩盖他们往事的神秘面纱，他们实际上有机会在两种身份——也许是两种宗教、两个民族、两个种族和两

---

① 有关寻找运动的记叙见 Carp，*Family Matters*，ch. 5 and 6。

② 我在《选择的共和国》（1990）一书中对这个主题进行了阐述。*The Republic of Choice: Law, Authority, and Culture* (1990).

位母亲（有时还有两位父亲）——之间做出选择。

这种知情权并非没有代价。对于寻找者和被寻找者来说，这可能都是非常痛苦的。这是一项可能与其他权利相冲突的权利，如生母的权利或她所认为的自己的权利：保守其秘密的权利——一种隐私权。如我们所述，法国女性有匿名生育的权利。匿名生产与孩子的知情权相冲突，在法国就这个问题进行了一场争论。哪个应当优先考虑：母亲的选择（匿名和隐私），还是孩子的选择？最近的法国法律试图达成某种妥协。①

在一个有趣的荷兰案件中，一名年轻女子由养父母收养并抚养长大。她满 18 岁时寻找并找到了亲生母亲。她非常想知道她的亲生父亲是谁。母亲拒绝透露，声称自己遭受过性侵。女儿要求法院迫令她的母亲说出生父名字，法院驳回其诉求。但在嗣后的一起案例中，荷兰法院似乎更倾向于做出要求生母透露生父姓名的判决。该案原告的生母也声称自己被强奸并以此为由保持沉默。但是她从未报案，事实上直到诉讼结束从未提及强奸案。法院认为她在撒谎。② 在德国宪法法院审理的一起案件中，一个成年女儿对她的母亲提起诉讼。这名女儿是非婚生子女，被母亲抛弃，由养父母抚养长大。出于个人原因（也许为了继承目的），她想要知道父亲的名字。母亲拒绝透露，并说她在怀孕期间与多名男子发生过性关系，其中一些男人此后结婚了，"家庭美满"。母亲的隐私权（及其情人的隐私权）与女儿（诉称）的知情权相冲突。宪法法院没有真正解决这个问题，而是将此案发回下级法院，指示其考

---

① O'Donovan, "'Real' Mothers," pp. 362 - 364.

② Caroline Forder, "An Undutchable Family Law: Partnership, Parenthood, Social Parenthood, Names, and Some Article 8 ECHR Case Law," *International Survey of Family Law* (1997) 259, 305 - 306.

虑一系列因素,并在做出判决时行使相当广泛的自由裁量权。①

美国法律也反映了隐私权与被收养人的知情权之间的冲突。一些州的法律试图平衡两者的利益。田纳西州于1996年通过一项法规,授权养子女在成年后可获得原始出生证明和其他收养记录。法规还规定了"联系否决权",亲生父母可以登记这项"否决权"。如果他们这样做,孩子就不能与亲生父母取得联系,联系是违法的。② 一个自称承诺无名氏(Promise Doe)的生母和其他几位生母提起违宪诉讼,声称该立法侵犯了她们的隐私权。1997年一家联邦法院驳回了她们的诉讼请求。③ 该法院称,一个孩子出生"既是一桩私事又是一个公共事件",政府"长期以来一直对婴儿出生的时间、地点和由谁生的保存记录",不存在"不披露私人信息的普遍权利"。承诺无名氏及其共同原告随后诉诸州法院和州宪法,但她们也败诉了。④

田纳西州的法律试图在隐私权和选择权之间取得平衡。并非所有人都赞同该法规和田纳西州法院的判决及其背后的态度。一个自称为"私生子之国:被收养者权利组织"的组织就在强烈反对者之列,它(在其网站上)声称,"为了保护其他人不必面对其

---

① Nr. 624 BverfG, 1997, in *Zeitschrift für die Gesamte Familienrecht* 44: 869 (1997).

② Tenn. Code Ann. 36 - 1 - 127(c), 128.

③ Doe v. Sundquist, 106 F. 3d 702 (6th Circuit, 1997).

④ Doe v. Sundquist, 2 S. W. 3d 919 (Tenn., 1999). 在佛罗里达州的一个有趣案例中,G. P. v. Florida, 842 So. 2d 1059 (D. Ct. of App., Fla, 4th District, 2003),四名妇女反对佛罗里达州关于私人收养的法律规定。她们四人都签署了收养婴儿的正式同意书,都声称自己不知道孩子的父亲是谁。该法规实际上要求这些妇女提供一份曾与其发生过性关系从而可能是孩子父亲的男子名单。上诉法院称这是对妇女隐私的严重侵犯,是对她们"孩子生父身份不明时不需披露个人私密信息"这一权利的干涉。在这方面,该法规是违宪的。

过去选择的后果而剥夺一群人的权利"是错误的。

下一章我们将更详细地讨论"隐私权"的其他方面。然而在收养权利方面，近年来选择往往胜过隐私。性审慎主义的衰落意味着社会不那么重视隐瞒母亲的有罪秘密。未婚生育的妇女不再为社会所唾弃，不再需要如此保守她们行为的秘密。

三、选择至上

选择是现代社会中一个普遍存在的概念。当然如前所述，选择的自由不可能是绝对的——（如无其他原因）我的选择可能会侵犯你的选择，我的权利可能会削弱你的权利，法律和社会可能被迫权衡或选择其一。例如在收养权领域就是这种情况。

如前面所指出的那样，选择也被无形的障碍、看不见的文化和概念壁垒所包围。尽管如此，当代社会的选择范围扩大了。一出生就固定的生活领域如今是灵活可塑的。连宗教这样的事务甚至（或尤其）都是如此。一个美国基督徒成为穆斯林或佛教徒的想法一度是荒谬或病态的，而今似乎不再那么荒唐甚或异常。总的来说，与西方世界其他国家相比，美国是一个宗教色彩浓厚的国家。从较早时期开始，一波又一波的宗教热情席卷全国——尤其是第一次和第二次大觉醒时期。在我们这个时代，出现了第三次大觉醒。① 但对宗教的热情是高度个人化的，它是对适合特定个体之精神源泉的寻觅。美国一直是新宗教的沃土：基督教科学

---

① 总体参见 Amanda Porterfield, *The Transformation of American Religion: The Story of a Late Twentieth-Century Awakening*（2001）。

派和后期圣徒（摩门教徒）就是其中两例。这也是美国宗教思想
流动性的一个征兆。美国有数百种宗教，没有哪种是"官方的"，
所有（或几乎所有——"邪教"除外）宗教都被认为是值得尊重
的。这就意味着重要的是宗教本身。美国人现在似乎更愿意投票
给天主教徒、佛教徒或犹太教徒，但前提是此人看起来认真对待
宗教。对许多美国人来说，所有宗教似乎都有某种共同的基础。
在宗教之间的选择不是神学的，而是个人的。因此根据阿曼达·　124
波特菲尔德（Amanda Porterfield）所说，"传统之间的壁垒"似乎
降低了，"人们轻而易举就跨入别人的宗教领地"；对"宗教权
威"的服从下降了，"对宗教差异的尊重提高了"。[1] 再也没有异
端这样的事物了。人们不费吹灰之力就跨宗教结婚。可以肯定的
是，大多数人不会为一个新宗教而四处寻觅，他们持守与生俱来
的宗教，但转变信仰的选择总是存在的。易言之，家庭传统并不
必然控制精神生活，出生并不能一劳永逸地确定一个人有哪种信
仰或信奉什么。

　　家庭可能对孩子所是、所成、所信和所做的控制更少了，但
家庭本身通常不是一个可以选择的事情。你有父母、祖父母、祖
先、兄弟姐妹和堂／表兄弟姐妹：这通常是固定不变的，从你的
脐带被剪断起就一下子建立起来，事实上在此之前的九个月就已
确立了。没有人能轻率地接受一个新家庭——父母、亲戚和叔伯
／舅姑／姨。被收养的孩子是一个例外，是可能做出选择的珍稀物
种之一。当然其他人不能自我重生。但从更广泛的意义上说，在
一个高度流动的社会里，有一种选择的确是可行的。作为成年

------

①　Amanda Porterfield，*The Transformation of American Religion: The Story of a Late Twentieth-Century Awakening*（2001），p. 230.

人，我们可以决定我们有多想要家庭，我们可以决定与原生家庭有多亲近；我们可以依恋父母和兄弟姐妹等，或者我们可以搬走、远离，使我们的联系限于一两张明信片和偶尔打个电话；我们甚至可以完全拒斥家人。所有这些或多或少都是我们认为合适的。在传统社会，疏远——或脱离家庭——的选择几乎是不可能的，也基本上是不可想象的。

在这方面，美国比大多数西方国家更为极端。成年子女（甚至未婚子女）通常不会和父母住在一起。在其他国家（如我们所见）这种情况没那么普遍，但在各个发达国家，大家庭的纽带都日益削弱。毫无疑问（比如）意大利和瑞典之间存在差异，但各地的趋势都是一样的。在美国，成年的兄弟姐妹之间很少或几乎 125 没有什么联系，这并不稀奇；他们的住处相隔数千里，这司空见惯。成千上万的美国人还选择独自生活（或觉得他们必须这么做）。千千万万的人选择不待在原生家庭，而只待在他们为自己营建的由配偶和孩子组成的家中。

选择的观念也扩及生育的决定。收养本身毕竟就是一种选择。有生育能力的夫妇可以选择生孩子或不生孩子，生一个、两个、三个或别的他们想生的数目。他们还可以选择收养。收养本质上是使能生育和不能生育的夫妇之间的竞争环境变得平等——至少理论上是这样。（法律和婴儿源问题使收养比生育要困难得多。）对于有生育能力的夫妇来说，避孕和堕胎有助于使他们的选择成为现实。很难想出一种对现代世界的影响比避孕更大的技术。避孕药和避孕套大大有助于为人父母的自愿性。避孕与收养、体外受精和代孕等一道使生育从宿命挪到了选择的领域。生育越来越成为个人的选择而不是两个人的共同选择。共同决定仍是常例，然而少数且越来越多的单身女性决定无论有无伴侣都要生个孩子。从实践来说，即使是夫妻双方，在两性关系中任何一方也往往拥有生育否决权。当然其中一方可能要花招和施加压力。古往今来，许多妇女因遭受性侵而被迫生下孩子，男人则没有完全等同的情况。无疑有些女性（例如）暗中停止服用避孕药，违背伴侣意愿而怀孕，但这绝不是常规。

因此，生育已成为一个选择而不是宿命的事务。正常情况下，它是一个同意的问题。以色列一对已婚夫妇丹尼（Danny）和鲁蒂（Ruti）想要孩子。但由于健康原因，鲁蒂即将进行子宫切除手术。这通常意味着生孩子的希望就会破灭。于是在手术前，鲁蒂经历了一个复杂的手术：从体内取出卵子，随后丹尼的精子使这些卵子受精，受精卵被冷冻保存以便可能植入代孕母亲体内。 126
不幸的是他们的婚姻后来破裂了。鲁蒂仍然很想要个孩子，并提出使用受精卵来达成这一目的。丹尼不同意这么做。鲁蒂起诉要求获得由医院持有的受精卵。丹尼反对她的主张。最终经过若干阶段的法律程序后，以色列最高法院判决鲁蒂胜诉，维护了她成为母亲的权利。本案中的丹尼无权阻止她——或阻止自己成为父亲（事实上是鲁蒂孩子的父亲）。[①] 若没有现代技术，这个案件就不可能产生。但本案不是关于技术的：它关乎个人的要求和愿望，最重要的是关于选择的问题——或者更确切地说，它是关涉彼此冲突的选择。它还关乎法院在现代社会中的角色。在传统等级社会，存在清晰的权威界线和关于谁做决定这一问题的明确答

---

① 该案的讨论见 Dalia Dorner, "Human Reproduction：Reflections on the Nach-mani case," *Texas International Law Journal* 35：1（2000）。该案判决于 1996 年。这篇文章的作者戴莉亚·多纳是以色列最高法院的助理法官，参与了这项判决（她赞同多数派意见）。案件发生时丹尼已再婚并与新妻子生了孩子。

案。社会越是推崇选择、同意和意志，越是将社会的庞大分子缩小为单个原子（从法律上而言），就越是为意志之间的冲突、权利和选择之间的彼此碰撞打开了大门。那么谁来做决定呢？在接二连三的案件中，当今世界的答案是：法官。

四、非婚生

　　非婚生曾经是一种奇耻大辱。私生子是家庭蒙羞和社会耻辱的活生生的象征。他们是对父权制秩序的威胁，也是对正常继承秩序的威胁。他们是不伦和非法性关系的产物。私生子是没人要的孩子，是一个被剥夺了合法子女的正常法律权利的不幸社会弃儿。私生的耻辱在 19 世纪仍然很强烈，甚至到了 20 世纪也是如此。①

　　在美国南方奴隶制时代，法律不承认奴隶有结婚的权利。当然存在奴隶"婚姻"，即相爱、长期的亲密关系。有些奴隶主甚至鼓励这些"婚姻"，因其能产生更多的奴隶子女，并会使奴隶更有生产力、更顺从。② 但在奴隶制结束以前，这些亲密关系无论如何在法律上都是不被认可的。因此严格来讲，所有奴隶的孩子都是非婚生子女。这包括许多由女奴所生，其父亲是白人奴隶主、监工或其他白人家庭成员的孩子。根据法律（和习惯），所有女奴的孩子（包括这些混血儿）生来就是奴隶。因这些孩子的

---

　　① 　关于 19 世纪非婚生子女的待遇问题参见 Michael Grossberg, *Governing the Hearth: Law and the Family in Nineteenth-Century America* (1985), pp. 196–233。

　　② 　Marvin L. Michael Kay and Lorin Lee Cary, *Slavery in North Carolina, 1748–1775* (1995), p. 8.

父亲是自由人而承认其自由将是反常的（并且代价高昂）。早在1662 年，弗吉尼亚州的一项法律就明确指出：奴隶的子女也是奴隶——"母亲的状况"而不是父亲的状况具有决定性。[①] 可以肯定的是，一些奴隶孩子的白人父亲以慈爱对待他们、承认他们、照顾他们并给他们自由，有时这些父亲甚至试图赠予或身后留给他们财产。但奴隶主通常会对这些孩子视而不见，或者说对待他们像对待其他奴隶一样。当奴隶制被废除后，南方各州确认了奴隶婚姻的有效性，这些婚姻产生的孩子得以合法化。

如前所述，20 世纪后期关于非婚生子女的法律（和社会）状况发生了根本变化。同居时代，私生子的概念在法律秩序中无立足之地。西方国家非婚生子女的法律资格障碍基本消失了。在现代社会，这些资格障碍逐一被破除，直到私生实际上已不复存在。如根据 1987 年《英国家庭法改革法》，父母未婚且保持未嫁娶（于彼此）的子女基本享有与其他子女同等的一切权利。（一个例外是，公爵或伯爵的私生子不能继承其爵位，这个例外对于普通人来说几乎没有什么区别。）[②]大多数国家的发展遵循一个标准模式。"没人要的孩子"首先获得了成为其生母之子女的权利——如继承母亲财产的权利，随后也获得了从其他亲属那里继承的权利。非婚生子女的法律情形仍比父母结婚的子女更复杂一些。但这是个事实问题，而不是社会问题。一般没有人知道其父亲是谁，而且通常情况下，推测的父亲也可以选择接受或否认这个孩子。

合法性问题在一些国家具有宪法意义。《哥斯达黎加宪法》 128

---

① Mason, *From Fathers Property*, p. 43.

② Stephen Cretney, *Family Law in the Twentieth Century: A History*（2003），p. 564.

第 53 条规定，"父母对非婚生子女与婚生子女所承担的义务相同"。美国最高法院也得出了类似的宪法性结论。在利维诉路易斯安那州（Levy v. Louisiana［1968］）一案中，路易斯·利维（Louise Levy）是有五个孩子的未婚母亲。她抚养这些孩子，并通过做家政工作养活他们。她去世后，孩子们试图提起非正常死亡诉讼。但根据路易斯安那州法，只有合法子女才有权提起这样的诉讼。联邦最高法院否决了这项法规，称路易斯安那州法的规定是非法歧视，违反了《宪法》第 14 修正案的平等保护条款。①

当然，非婚生子女是境遇的无辜受害者，他们对自己的出生或（母亲）受孕的方式没有发言权。但这种无辜性并非利维案判决的根本原因。在一起类似案件中，一位非婚生子女的母亲在孩子死后起诉要求赔偿。而法院裁定她的这项权利也不能被剥夺。事实上路易斯安那州是落伍的。一般来说，各州法规已解除非婚生的法律诅咒。虽然细节上存在差异，但困扰非婚生子女人生的传统法律资格障碍已不复存在。

20 世纪，非婚生子女的数量急剧上升。这里我们必须区分两种截然不同的情形。一种情形在斯堪的纳维亚地区相当普遍，父母同居共处、彼此承诺和共享生活，但从不费事结婚，而他们的生活和已婚者并没有太大不同。对于生活在一个稳定、充满爱意的家庭中的孩子来说，父母有无结婚证和是否举行过婚礼几乎没有什么区别。因此，在 20 世纪 90 年代末的冰岛有 60% 以上的孩子是婚外出生，而在瑞典婚外出生的孩子占 50% 以上，这并不

---

①　Levy v. Louisiana，391 U. S. 68（1968）.

意味着这些孩子是"破碎家庭"的产物。① 这的确意味着（传统意义的）"婚姻"在这些国家的社会和法律意义越来越小。比如在冰岛，一个孩子是否"合法出生"也无关紧要。如果一半以上的孩子是"私生子"（如冰岛那样），那就很难成为一种耻辱。 129

另一种截然不同的情形是，如私生子这个词所言，孩子们从来没有父亲，或者他们的父亲杳无踪迹。其中一些是单身妇女的孩子，这些女性很想要孩子，不过她们要么选择没有丈夫而生育，要么只是没有明显合适的意中人。这些妈妈通常是中产阶级妇女。孩子生父可能是向精子库捐献精子的医科学生。此外，很多贫穷的妇女从交往过又离开的男子或孩子一出生就闪人的男子受孕，或者由于该妇女滥交而无法识别孩子是谁的。另外还有大量父母离异的孩子，他们大多同母亲一起生活，有些与父亲联系密切，有些和父亲没有联系。

单亲家庭尤其以单身母亲为首的家庭往往贫穷。非婚生可能不是耻辱，但这些孩子不需要耻辱就已过得很糟。他们家境贫寒，生活机遇渺茫无定。贫困、犯罪、社会失范和单亲家庭之间的相关性是炳炳凿凿的。但社会问题并不在于非婚生，而在于这些孩子遭受的严重社会障碍：没有钱，没有机会，没有网络，没有办法接受良好教育。不管有没有父母，贫困对孩子都不利。

那么离异家庭的孩子情形如何？关于离婚对孩子的影响一直存在激烈争论。这些孩子是合法的，但他们生活在"破碎的家"。这是否会给他们留下终生的伤痕？会不会伤害到他们的人生机

---

① 这些数据参见 Kathleen Kiernan, "The Rise of Cohabitationand Childbearing outside Marriage in Western Europe," *Int'l J. of Law, Policy and the Family* 15：1，13（2001）。北欧的数据对于欧洲来说是例外。意大利、瑞士和希腊的婚外生育率不到 10%。

会？他们是否会有可能出现不适应、不快乐和神经质？一些学者认为这些孩子处于危险之中。根据朱迪思·沃勒斯坦（Judith Wallerstein）和桑德拉·布莱克斯利（Sandra Blakeslee）的观点，离婚会让孩子失去某些对他们的"发展至关重要的东西——家庭结构"。他们的世界往往（至少暂时）"没有支撑"。这些受害的孩子往往"为失去家庭而悲伤"，这可能会造成永久性的伤害。[1]另一些学者对证据的解读截然不同。诚然孩子们不喜欢父母离异，但他们中的大多数人学会了如何应对和继续生活。无论事实如何，父母离婚都是千千万万孩子生活中的一部分。

五、子女监护

家庭性质的变化也在子女监护规则中打上了深刻印记。19世纪初在子女监护方面，优先考虑的是父亲。[2] 如果夫妻分居，子女监护属于父亲而不是母亲的权利。事实上直到1839年国会才通过一项法律，允许与丈夫分居的母亲向法院提出申请，要求获得对子女的探视权。[3] 只有在父亲完全不称职的少数情况下（如父亲是个罪犯或无望的酒鬼），才是一般规则的例外。

在19世纪期间，监护原则发生了重大变化。新的规则表面上不偏袒父母任何一方，指导原则是"孩子的最大利益"。在实

① Judith S. Wallerstein and Sandra Blakeslee, *Second Chances: Men, Women, and Children a Decade after Divorce* (1989), pp. 12－13.
② 总体参见 Mason, *From Father's Property;* Michael Grossberg, *Governing the Hearth: Law and the Family in Nineteenth-Century America* (1985), ch. 7。
③ Dorothy M. Stetson, *A Woman's Issue: The Politics of Family Law Reform in England* (1982), p. 32.

践中，妇女通常获得监护权，部分原因是男人不想要监护权，部分原因是法院(以及整个社会)认为"幼年"的孩子应当和他们的母亲在一起。[1] 规则的改变代表了家庭生活的总体转变。早期的法律或多或少反映了一种父权制家庭——以父亲为不容置疑的家长，父亲的权利高过母亲的权利。但世异时移，这种观念似乎越来越不合时宜。它首先与维多利亚时代的母性形象相悖。如1854 年一份向纽约州立法机构提出的申请所说，"没有什么人类之爱能像母亲对自己孩子的爱那样慷慨、强大与坚定"。[2] 由此监护法以如下方式发生了变化：授予母亲权利——承认她们的特殊诉求。但这也使孩子成为法律关注的焦点。相对于父母的利益而言，孩子的利益具有独立的价值，必须得到承认。

在早年报道的案例中(尤其在英国)，大多数"父权制"的判决来自上流社会的家庭。父亲在这些案件中获得了监护权，但没有人真的期望父亲照顾幼儿——给孩子喂奶或给他们擦鼻涕。离婚的情况很罕见，合法分居也是例外。获得子女监护权的男人有仆人或至少有女性亲属——母亲、姐妹或者新婚妻子——接管实际抚养孩子的工作。然而 19 世纪离婚变得更加普遍，它开始在社会阶层之间下移。至 19 世纪末，工薪阶层离婚在美国屡见不鲜(英国尚未如此)。离婚是监护权纠纷的主要缘起。在这些案例中，法院对母亲——实际照顾孩子者——给予越来越多的认可。母亲们无论如何都想抚养孩子，很少有父亲能够而且愿意这样做。因此不足为奇，这些案件日益频繁地提到母爱——多么重要、多么珍贵，监护原则向授予母亲监护权的方向转变。孩子们

131

---

[1] Mason, *From Father's Property*, p. 61.

[2] 引自 Michael Grossberg, *Governing the Hearth*, pp. 244 – 245。

对母亲的需要多于对父亲的需要。

　　各国的法律都有其自身的特点，但各地的发展轮廓何其相似乃尔。父权制作为一种法律原则在所有发达国家均已式微。父权制作为一个社会事实也已削弱，尽管在一些第三世界国家（如沙特阿拉伯）它依然很强大，几乎压根儿没有让步。监护规则遵循一个总的趋势，至少在较富裕的国家如此。有些地区的变化比其他地区要慢。在 20 世纪 90 年代以前的台湾地区，有一条相当严格的优先考虑父亲监护权的规则。1994 年台湾地区法庭宣布这条规则违规，该规则是对妇女的非法歧视。立法机构随后修改法律，采用了一个新标准："孩子的最大利益。"经此修改后，妈妈们开始在绝大多数案件中获得监护权。[①] 在许多国家或地区，优厚的家庭津贴和日托设施使负责监护子女的单身父母生活变得轻松许多。美国在这方面有些落后，直到最近才有关于产假（或陪产假）的法律规定。[②]

　　在台湾地区，新的监护规则反映了社会实践。母亲是孩子的主要照顾者（且一直以来都是），包括美国和加拿大在内的所有发达国家都是如此。有单身父亲（甚或非单身父亲）抚养和照顾孩子的情况，但他们是极少数。当然，理论上父亲和母亲有同等的权利。母亲获得监护权不是因为法律规定她们应该得到监护权，而是因为父亲同意这种安排。在父亲抗议并争夺监护权的情

---

　　① Hung-En Liu, "Mother or Father: Who Received Custody? The Best Interests of the Child Standard and Judges' Custody Decisions in Taiwan," *Int'l J. of Law, Policy, and the Family* 15：185（2001）.

　　② 联邦法律是 1993 年的《家庭与医疗休假法》（29 U. S. C. sec. 2601）。还有一些州法律，如加利福尼亚州法律（Cal. Govt. Code sec. 12945. 2）要求雇主"批准凡就职期超过 12 个月的员工以下申请：……在任何 12 个月的时段内共计 12 个工作周的家庭护理和医疗休假"，其中特别包括"员工因子女出生而休假"。

形下，他们获胜的机会很大，至少在美国是这样。美国还盛行
"共同监护"：离婚的父亲和母亲对孩子有同样的法定权利。在
这方面加利福尼亚州一如既往是先锋：1980 年的《民法典》修正
案宣布的一项"推定"称，"共同监护符合未成年子女的最大利
益"，前提是父母同意这一安排。① 至 1988 年，不少于 36 个州的
法律表述了这样的意向。② 芬兰、瑞典和德国法也有类似倾向。③
不过有些州有了新的想法，废止了这一推定。④ 而且由于孩子不
能同时在两个地方，实践中的共同监护与理论上的共同监护未必
相同。共同的人身监护往往意味着要搬来搬去——一天在这里，
一天在那里。与此相反，大多数父母选择的是法律上的共同监
护。父母中的一方承担主要责任——孩子实际与之一起生活，而
另一方则试图在孩子的生活中扮演重要角色，并对重要的决定
（例如学校教育）负有共同的责任。毫无疑问，加利福尼亚州法
规定的共同监护意味着"身体和法律上的共同监护"。⑤ 但法院如
果愿意的话，可以对两者进行区分；许多夫妇在实践中都是这样
做的。

　　如我们所见，20 世纪的家庭法扩大了家庭的含义。在大多
数西方国家，传统的"家庭"已不能再要求垄断合法性，出现了

---

　　① Cal. Civ. Code，sec. 4600. 5(a). 参见 Patricia Anne Golembiewski, "California's
Presumption Favoring Joint Custody：California Civil Code Sections 4600 and 4600. 5,"
Cal. Western L. Rev. 17：286（1981）; Cal. Family Code, sec. 3080："如果……父母
同意共同监护，则推定共同监护符合未成年子女的最大利益。"

　　② Mason, *From Father's Property*，p. 130.

　　③ Kirsti Kurki-Suonio, "Joint Custody as an Interpretation of the Best Interests of
the Child in Critical and Comparative Perspective," *International J. of Law, Policy and
the Family* 14：183，188（2000）.

　　④ 例如 Cal. Civil Code, sec. 4600(d)。

　　⑤ Cal. Family Code, sec. 3002.

各种各样的家庭新模式。很多人对时代的潮流感到不安。他们以道德或宗教为由反对新模式，他们通常认为，这些新的家庭生活形式也对社会不利。大多数人可能认为孩子们在传统的家庭中最合适：一男一女、彼此结婚并在同一屋檐下生活。成千上万的人认为其他安排不可接受或对孩子不利。

133　　但是，新的、非正统的家庭真的与传统家庭判若云泥吗？我已表达了一些质疑。家庭生活的关键要素是承诺、稳定和爱。一些国家的法律接受"另类"家庭，只要其包含某种承诺。"家庭伴侣"可以是一男一女（已婚或未婚），也可以是两个男人或两个女人。但他们应该是真正的伴侣、生活伴侣，而不是随便或暂时同住的两个人。这是一个关乎婚姻的问题，但显然"孩子的最大利益"也意味着稳定、承诺以及一种养育和爱的氛围。

　　是否应当允许同性情侣收养孩子？这是一个颇有争议的问题。[1] 对此有些国家（如荷兰）明确予以禁止。[2] 美国佛罗里达州相当直白地禁止这一做法，规定："同性恋者……不得收养。"[3] 但在其他州，该做法并不是那么绝对地受到阻止。在许可同性恋收养实践的州，一个孩子最终可能有两个母亲而没有父亲或者有两个父亲而没有母亲。[4] 当一个有监护权的离婚妇女与一名女性伴侣结合时，会产生类似的问题。前夫有时会突然发难并试图获

　　① 参见 Felicia Meyers, "Gay Custody and Adoption: An Unequal Application of the Law," *Whittier Law Review* 14：839（1993）。新罕布什尔州明确禁止任何"同性恋"收养孩子，但该州最近修订了收养法并删除了这一用语。N. H. Rev. Stats section 170－B：4，1999 年修订。

　　② Isabelle Lammerant, *L'Adoption et les Droits de L'Homme en Droit Comparé*（2001），p. 177.

　　③ Fla. Rev. Stats, sec. 63.042（3）. In Lofton v. Kearney, 157 Fed. Supp. 2d 1373（S. D. Fla., 2001）. 一个联邦地区法院支持该法规。

　　④ 参见 Shanley, *Making Babies, Making Families*, ch. 5。

得监护权，理由是其前妻生活方式不道德或者对孩子不利。这类案件朝两个方向演进，最近的案例显示出很大的宽容度。①

　　传统主义者对同性婚姻的观念感到惊恐，他们不希望同性情侣收养孩子。这种安排对他们来说是道德沦丧的一个明显征兆，为文明国家所不容。使这些"家庭"合法化将是革命性的、颠覆性的——他们这么认为。但事实真的如此吗？这些另类家庭有多"具革命性"？在以色列犹太复国主义移民和社会主义热潮的早期，孩子们在一些基布茨姆（农业定居点）被集体抚养。②孩子们不和父母一起生活，而是在保育员的照料下彼此共同生活，他们的父母基本上有探视权。这实际是与传统家庭的彻底决裂：一个以新方式抚养孩子的真实试验（这项试验后来基本已废弃）。可是两个收养或生育孩子的妇女组成家庭——只要她们以长期关系共同生活——到底有什么激进的呢？两个人（不论性别）在一个安全舒适的家里抚养孩子：从某种意义上说这根本就不是革新。这样的家庭对孩子有好处吗？任何温暖、支持性的环境对孩子都有好处。因此对于孩子来说，正统家庭和非正统家庭之间没有多大不同。对父母来说可能有很大差异，对孩子来说则没有差别。

134

---

　　① 例如，比较 Doe v. Doe, 284 S. E. 2d 759 (Va., 1981) 和 M. J. P. v. J. G. P., 640 P. 2d 966 (Okla., 1982) 两个案例。在前一案例中，一个离婚的女人拥有儿子的监护权；她和一个女人建立了亲密关系。她的前夫那时已再婚，他和新妻子想要这个孩子——实际上新妻子想收养这个男孩。弗吉尼亚州法院驳回了收养诉求。法院裁定虽然那个女人的生活方式"非正统"，但她是"一个称职的母亲"，精力完全投入在她的儿子身上。而在后一案例（俄克拉荷马州）中，当（离婚的）母亲"确立了……同性恋关系，甚至邀请了40个朋友去教堂参加'同性恋婚礼'"时，父亲取得了小男孩的监护权。参见 Kenneth L. Karst, "Law, Cultural Conflict, and the Socialization of Children," Cal L. Rev. 91: 969 (2003)。卡斯特援引了2002年亚拉巴马州的一起案例——Ex Parte H. H., 830 So. 2d 21 (Ala. 2002)——在该案中，监护的判决对一名女同性恋母亲不利（同上，974n）。

　　② 参见 Melford E. Spiro, *Children of the Kibbutz* (1965)。

在传统意义上，只有合法结婚的人们才有权要孩子——无论如何应当是合法子女。一些国家的现代法律和实践也赋予了其他人拥有子女的权利，如通过收养赋予未婚者和同性情侣权利。这些实践和法律扩大了选择的范围，使此前缺乏这种选择的人拥有了选择权。遍及发达世界的趋势在朝同一个方向发展——但不是没有斗争、反弹和激烈反对。

六、生物学就是力量

在传统家庭中，已婚男女所生的子女是合法的，丈夫在法律上是父亲的孩子。[1] 除少数情况以外，妻子不能承认自己有情人而使其子女成为私生子。

这是在 DNA 检测时代以前的情况。父亲的身份经常是一个存在某些疑虑的问题。科学带来拯救，消除了一些疑虑。在许多案例中，如今可以证明丈夫根本不是真正的父亲。[2] 尽管如此，质问谁是生父可能不是一个正确的问题。法律制度可能不想让已婚妇女对孩子的父亲身份产生怀疑，这是有充分理由的。此处有两个冲突的原则：生物学上的与社会意义的亲子关系——或者（如果你愿意那么说的话）生物学的亲子关系与孩子的福祉利益

---

[1] 一条经常被引用的拉丁格言说："父亲……即确立婚姻关系之人。"（"pater... est, quem nuptiae demonstrant."）参见 Jean Carbonnier, *Droit Civil: 2/La Famille* (20th ed., 1999), p. 223。

[2] 关于这一点例如参见 Anders Eriksson and Åke Saldeen, "Parenthood and Science: Establishing and Contesting Parentage," in John Eekelaar and Petar Šarčević, *Parenthood in Modern Society: Legal and Social Issues for the Twenty-First Century* (1993), p. 75。

之间的冲突。孩子可能有兴趣寻找或知道他或她"真正的"父亲，但孩子也对稳定的家庭感兴趣。在人想象所及的对家庭稳定的破坏中，没有什么更甚于母亲承认通奸或者她的丈夫在抚养另一个男人的孩子，这如同鸠占鹊巢。

按理说，社会意义的亲子关系应当优胜于生物学的亲子关系。将基因遗传给孩子的父亲所做的贡献远不及养育孩子的男人。但是生物学的引力是强大的。在加利福尼亚州 1968 年的皮普尔诉索伦森（People v. Sorensen［1968］）一案中，① 被告福尔默·索伦森（Folmer Sorensen）被判犯有故意不抚养孩子的罪行。索伦森结婚了，但医学证据表明他不能生育。他勉强以书面形式同意让他的妻子通过人工授精怀上一个孩子。他妻子生了一个男婴。数年后索伦森的妻子离开了他，索伦森就此离婚了。他的妻子当时没有主张扶养费，但后来她生病了，无法工作，于是她要求索伦森分担孩子的抚养费。索伦森拒绝给付，这是他获罪的依据。加利福尼亚州最高法院维持了对他定罪的判决。索伦森是孩子法律上的父亲，这个孩子是索伦森的合法儿子。"匿名精子捐献者""对其精子使用者的责任"不比"献血或捐肾者的责任多"。社会意义的父亲是真正的父亲、负有责任的父亲，尽管从生物学上说这个孩子与他毫无干系。索伦森案代表了流行的规则。如果孩子的母亲已结婚，而她的丈夫同意人工授精，那么当孩子出生时，在法律上这个孩子就是母亲的丈夫的孩子，他不能退缩或矢口否认。

一般情况下，精子捐献者是完全匿名的。匿名墙有懈可击，但无甚大碍。毫无疑问，通过这种途径出生的一些孩子对他们未

135

① People v. Sorensen，66 Cal. Rptr. 7，437 P. 2d 495（1968）.

知的父亲感到好奇或产生幻想。一些精子捐献者当然也想象过和好奇于他们的远程的、间接的孩子。至少有一起案例，一名精子捐献者成功地让法院认可了他的父亲身份。但这是一个不同寻常的案件：原告将精子捐献给了他认识的一名女子，该女子和另一名女性同居，她很想要个孩子。原告答应不主张父亲的权利，但婴儿一出生他就改变了主意;① 当然他不是一个匿名的精子捐献者。

伊利诺伊州的"婴儿理查德"（Baby Richard）案在该州及其他地方引起了轰动。② 奥塔卡尔（Otakar）和丹妮拉（Daniella）是捷克移民，两人同居，丹妮拉怀孕了，而这对情侣分手了。丹妮拉生下孩子，但放弃了孩子——"婴儿理查德"——将其送养。显然她对奥塔卡尔撒谎，告诉他孩子出生时就死了。奥塔卡尔疑心重重地进行了调查，发现孩子还活着，于是聘请一名律师追索孩子的监护权问题。养父母予以抗辩。至该案在伊利诺伊法院系统进行审理时，这个孩子已经和他的养父母生活数年。伊利诺伊州最高法院判决孩子的生父奥塔卡尔胜诉。这掀起了一场抗议风暴，在伊利诺伊州（以及其他地方）引起激烈的争论。

为什么这个判决如此不得人心？它把一个孩子从其"社会意义的"父母——这是孩子知道的唯一父母——怀中夺走，将他交给一个陌生人，一个从未与他母亲结婚的男人。这个男人的权利诉求是基于纯粹的生物学——夜间一个随机的精子细胞。从法律上讲，奥塔卡尔有充分的理由。在这个时代，他和丹妮拉结婚与否，至少对一个承认自己的孩子并主张父母权利的父亲来说没有

① Thomas S. v. Robin Y., 599 N. Y. S. 2d 377 (1993).
② 参见 In re Petition of Kirchner, 164 I11 2d 468, 649 N. E. 2d 324 (1995)。

什么区别。奥塔卡尔从未放弃他对"自然"儿子的"自然"权利。根据该州法律，只有父母有恶行或施虐或者同意送养时，才夺走其子女。奥塔卡尔不属于这两种情况中的任何一种。2001 年亚拉巴马州的一家法院做出了一个类似的判决。[①] 该案的一名母亲也撒了谎：她告诉收养机构自己不知道孩子的父亲是谁，而她告诉孩子的父亲说，孩子出生时夭折了。在该案中孩子的父亲也有怀疑，他索要死亡证明，查阅了州政府的记录并与殡仪馆取得联系。经过长期的法律斗争，他赢得了孩子的监护权。在某种程度上，这是一个比"婴儿理查德"案更为棘手的案例：与奥塔卡尔不同，这个父亲在孩子的母亲怀孕期间表现糟糕。他虐待孩子的母亲，曾因殴打而被捕。但一个施虐的男友未必是一个施虐的父亲。无论如何，法院认为他的行为并没有使其丧失做父亲的资格以致夺走他的孩子。这两起案例再一次说明了在这几页中所强调的两个原则。第一，"权利"和"选择"经常发生冲突，扩大选择的范围也扩大了冲突的范围。第二，由于没有其他选择，法院成为解决这些冲突的机构——做出不可决断的决断、回答无法回答的问题的机构。

137

七、谁是母亲？

"谁是母亲？"这个问题不像"谁是父亲"的问题那么常见。在生物学上，谁是母亲通常一目了然。当然，国家可以（而且确实）使孩子远离不称职的母亲或国家所认为的不称职的母亲。当

---

① Ex Parte C. V., 810 So. 2d 700 (Ala., 2001).

今还存在代孕母亲的问题。① 签署代孕合同的妇女同意（通常是为了钱）怀孕，把孩子生下来，然后将其交给付她报酬的夫妇。从生物学上说，代孕母亲在典型情况下是一个真正的母亲：这是她的卵子、她的子宫。从合同来看，她应当放弃她对孩子的权利。这样的合同合法吗？这个问题已出现过多次，最臭名昭著的是 1988 年的"婴儿 M"（Baby M.）案。② 威廉（William）和伊丽莎白·斯特恩（Elizabeth Stern）付给玛莉·贝丝·怀特黑德（Mary Beth Whitehead）1 万美元为他们怀孩子的报酬。威廉提供精子，怀特黑德女士提供卵子和子宫。可当婴儿出生时，怀特黑德女士拒绝履行协议。她觉得太爱恋她的小女儿了，她只是"舍不得"她的宝贝。一场旷日持久、有些卑鄙的斗争接踵而至：怀特黑德一度带着孩子逃到佛罗里达州，躲避斯特恩夫妇及他们的法律诉求。最终冲突在法院得以解决。新泽西州最高法院做出的重要判决在某种程度上是一种妥协。法院称，根据新泽西州法律，该合同是非法的。代孕"完全无视孩子，它将孩子从母亲身边带走，不顾母亲的意愿和健康，而这一切都是……通过金钱来实现的"。玛丽·贝丝·怀特黑德毕竟是生物学上的母亲，（如果没有合同）她没有做任何会使法院终止其为人母亲权利的事情。她既非失职也无施虐。法院称，代孕合同不能强制执行，因此对于谁得到并抚养"婴儿 M"这一最终问题，它不具有法律上的影响力。

138　　法院一旦撤销了代孕合同，就剩下一起更为常规的监护纠纷：有一名生父威廉和一名生母玛丽·贝丝·怀特黑德，他们有

---

① 关于代孕和相关法律的文献很多。如参见 Martha A. Field, *Surrogate Motherhood: The Legal and Human Issues* (1990)。

② 关于"婴儿 M"的案例见 109 N. J. 396, 537 A. 2d 1227 (1988)。

一个孩子，但他们不在一起生活，他们在监护权问题上争执不下。（法院称）这与离婚案件没什么区别，唯一的考虑应当是孩子的最大利益。法院将监护权判给了威廉·斯特恩，但玛丽·贝丝·怀特黑德保留了其作为母亲的权利，其中包括探视权。斯特恩夫人作为被遗忘的第三方无权收养这个孩子，"婴儿 M"在法律上绝不会是她的孩子。

"婴儿 M"案轰动一时，媒体报道了这一案件，法律界和非法律界都对此案进行了广泛的讨论。作为新泽西州的一项判决，它只在新泽西州具有决定性的意义。其他州面对代孕问题的结果各不相同，在一些州这个问题一直没有得到解决，在另一些州代孕是合法的。在 1990 年加利福尼亚州的一起案例中，代孕母亲在怀孕期间要求法院宣布合同无效，并授予她拥有这个婴儿的权利。法官对此不予支持，将监护权判给了基因上的父母并维持代孕合同的有效性。[1] 其他法官一直对代孕持怀疑态度。立法机构也是如此，认为代孕是一种禁止容易但合法化难的实践。反对之声锣鼓喧天，支持者即使不羞于启齿，也往往默不作声。有些州的法律完全禁止代孕合同。在另一些州代孕合同合法，但有条件限制——一些州禁止付给代孕母亲任何超出其必要开支的费用。[2] 佛罗里达州允许"具有约束力和可执行的妊娠代孕合同"。但这样的合同只有在"委托母亲"不育或怀孕会危害她或胎儿的情况下才是合法的。"委托夫妇"只可同意支付代孕母亲"合理的生活、法律、医疗、心理和精神治疗开支"，这些费用"直接与产前、产中和产后阶段有关"。[3]

---

① 讨论见 Shanley, *Making Babie's Making Families*, pp. 111 – 112。
② 关于这一点又见 R. R. v. M. H., 426 Mass. 501, 689 N. E. 2d 790 (1998)。
③ Fla. Stat. Ann. 1997, sec. 742. 15.

　　然而，尽管存在法律上的争战，代孕却是一门红红火火的生意。代孕母亲通常是生物学上的母亲，在少数情况下，她只是一个"妊娠代孕者"——卵子属于另一个女人，代孕者只是出租她的子宫。无论是哪种方式，急于想要孩子的不育夫妇有时会把这种做法作为最后的手段。他们可能被收养市场拒之门外，或者他们可能觉得半个面包总比没有好：至少父亲可以生孩子。2003年1月，《旧金山周刊》（旧金山的一份免费报纸）上刊登了一则启事，向愿意做代孕母亲的年轻女性提供2.2万美元："成为别人的奇迹……帮助一对不育夫妇营造一个家庭。"①1992年新泽西州的一份报告对从事代孕交易的"中介/中间人"进行了研究。他们收取大量费用。据该报告估计，"多达1200名孩子"是"通过中介安排出生"的，可能还有1000人在没有中介帮助的情况下找到了代孕者。有为数不多的代孕合同（明显约占4.5%）以诉讼或投诉而告终，但这些合同纠纷大多是在庭外解决的。②

　　代孕也成为美国以外地区的一个问题。1989年，德国大约有一千名婴儿由代孕母亲所生；尽管存在严重的法律障碍，但仍有组织在进行代孕交易。代孕合同在荷兰是无效的，代孕母亲是孩子的合法母亲。改变这种情况的唯一途径是诉诸法院，寻求正规的收养程序。然而如同在美国一样，代孕实践仍在继续，罔顾法律规定。如1982年，法国一名31岁的妇女为一对匿名夫妇生下了一个孩子，她得到5万法郎的报酬。只要代孕母亲履行这项

139

---

　　①　*SF Weekly*, Dec. 31, 2002 – Jan. 7, 2003, Vol. 21, no. 48, p. 112. 该启事还提供5000美元的"卵子捐献"报酬，卵子捐献者必须在21岁到30岁之间，代孕者必须有"至少一个孩子"。

　　②　New Jersey Commission on Legal and Ethical Problems in the Delivery of Health Care, *After Baby M: The Legal, Ethical, and Social Dimensions of Surrogacy* (1992), p. 39.

交易就不会产生诉讼，无论代孕是否"合法"。不孕夫妇有时愿意冒这个险。少数国家的法律明确规定，在一定条件下代孕合法。根据其 1996 年的一部法律，以色列就是这样的国家。截至 2001 年，以色列约有三十名儿童依据该法出生。关于代孕的斗争会持续进行，且匪伊朝夕。①

　　关于代孕特别有趣的是，它与科技几乎没有什么关系。正如关于代孕的作者们似乎喜欢指出的那样，像代孕这样的事情同山丘一样古老：在《旧约》中，亚伯拉罕的妻子撒拉不育；她让亚伯拉罕纳了她的女仆夏甲，让他跟她生个孩子。②（当然妊娠代孕是另外一回事，它确实需要技术奇迹。）作为现代代孕（亚伯拉罕的技术更古老、更原始）的一个重要方面，人工授精也不是什么新鲜事；育种家给动物授精已经约有两个世纪了，而对于人类来说，这种做法已有五十多年的历史。说到底，所有的人工授精都是一个代孕的问题——就父亲的角色而言。但是女性代孕的想法曾经是完全无法想象的。出卖卵子或子宫比出卖精子更忌讳。男性精子捐献者是匿名的和非个人化的，他们从未见过他们致孕的女人。但一个代孕母亲却能感受到自己体内的生命，孕育着它，从胚胎到孩子，并经历着生育的痛苦和喜悦。

140

---

　　① 德国的情况参见 Silvia Dietrich, *Mutterschaft für Dritte* (1989), pp. 15-19；荷兰的情况见 Trees A. M. te Braake, "Regulation of Assisted Reproductive Technology in the Netherlands," *Texas International Law Journal* 65：93, 111 (2000)；法国的情况见 Dietrich, *Mutterschaft*, p. 202；以色列的情况见 Rhona Schuz, "Surrogacy in Israel：An Analysis of the Law in Practice," in Rachel Cook, Shelley Day Sclater, with Felicity Kaganas, eds., *Surrogate Motherhood: International Perspectives* (2003), pp. 35, 53。

　　② Joan Heifetz Hollinger, "From Coitus to Commerce：Legal and Social Consequences of Noncoital Reproduction," *University of Mich. J. of Law Reform* 18：865, 866 (1985).

代孕母亲几乎总是基因上的或生物学上的母亲。① 根据合同条款，她放弃了成为社会意义或心理意义上的母亲的权利。批评家说这相当于贩卖婴儿，除了少数胆大包天的人辩称买卖婴儿的理由是让每个人——婴儿、旧妈妈和新妈妈——都过得更好以外，婴儿贩卖是禁忌。② 那些反对代孕合同的人主张对母亲有一个强有力的社会定义。母亲体内怀着孩子，她与孩子联结，她可以哺乳孩子。这种联系远不止是基因和染色体（在这方面男人是同等贡献者）的事情。这种联系是怀孕和分娩的浪漫与亲密，是生命在子宫中生长和成熟的奥秘，潜在的孩子从母亲那里汲取给养、依附她并改变她的体形。

今天由于现代科学的发展，生物学上的母亲概念变得有些模糊。一个孩子可以有一个子宫母亲和一个卵子母亲。如果她们都想要这个孩子，该怎么办？前述提及的一起案例源自一份代孕合同。大多数人可能觉得子宫母亲有更为优先的权利，尤其是当她成为主要照顾者、婴儿在她家生活时。但两个母亲能否都有权利？卵子母亲的贡献很像父亲：提供基因物质，几乎没有其他什么。根据现代法律，父亲有很大的机会主张监护权，通常与母亲的权利在形式上平等（如若他们是夫妻）。然而父亲的基因贡献是稍纵即逝的——一次瞬时的性行为，此外没有别的。当精子细胞穿透卵子时，父亲的工作就完成了。此时的"孩子"是一个单

141

---

① 情况未必如此。一对夫妇可以聘请代孕母亲作为"子宫母亲"，夫妻双方同时提供卵子和精子。因此一对夫妇可以"选择生一个与父母双方有遗传联系的孩子而不需要经历怀孕或分娩"。（Field, *Surrogate Motherhood*, p. 43.）然而这种情况即使发生，也是罕见的。

② 参见 Elisabeth M. Landes and Richard A. Posner, "The Economics of the Baby Shortage," *Journal of Legal Studies* 7：323（1978）。

细胞。剩下的工作由母亲来完成。然而这个小小的精子细胞却产生了强大的诉求,例如它是奥塔卡尔在"婴儿理查德"案中的权利主张依据。通常在法律(和生活)中,这个精子细胞就是充分依据。

如果我们承认卵子母亲和子宫母亲都是真正的母亲,那么可以想象,一个孩子可能有三位父母。问题是这与一个重要的(隐含的)社会规范相冲突:二(且只有二)是最佳的父母数目。然而这一原则也在被逐渐削弱。实践中许多孩子有三到四个"父母"甚至更多。他们有继父母和亲生父母。他们可以和母亲与继父一起生活——后者扮演一个社会及心理意义上的父亲,同时他们也会去看望"亲生的"父亲并且共度周日,也许还有父亲的新娶妻子,她们也可能表现得有些像母亲。在若干社会中,其他亲戚——叔/伯/舅、姑/姨、祖父母/外祖父母都有强大的、几乎是父母般的权利。美国成千上万的孩子是由祖父母抚养长大的。

在子宫母亲和卵子母亲之间、寄养父母和"真正的"父母之间或收养父母和亲生父母之间的争议,是"社会意义的亲子关系"与"生物学亲子关系"冲突的常见形式。如果我们聚焦孩子的权利,"社会意义的亲子关系"通常会胜出。一个有力的观点(和研究机构)声称,如果我们将孩子从其熟悉、舒适的环境中强行带走,孩子就会有危险。根据这一论点,"婴儿理查德"应该和他的养父母待在一起。"婴儿理查德"案的判决所引起的轰动显示了社会亲子观的力量,但生物学有其诉求,在该案中这种诉求占了上风。

八、孩子至上

在家庭法中，没有哪个词组比"孩子的最大利益"更为普
遍。这是美国和许多其他国家监护案件的指导原则，是在收养法
的所有方面都应遵循的原则。《联合国儿童权利公约》第 3 条规
定，"在涉及儿童的一切行动中，无论……公共的还是私人
的……均应以儿童的最大利益为首要考虑"[1]。这个原则似乎显
而易见甚至平淡无奇，当然也非常模糊。但它的确反映了一个历
史性的焦点转移：从父母和家庭的权利转向孩子个人的权利。然
而，赋予孩子权利在实践中意味着赋予国家代表孩子进行干预的
权力。幼儿没有力量去捍卫他们的"权利"，由于儿童一般处于
父母的人身权力支配之下，他们的"权利"必须由代理人——政
府和社会机构——行使。因此，法律不仅裁决父母之间的纠纷，
也裁决父母与子女之间的纠纷；它还嵌入自己的利益和价值观，
且有时将其强加给父母和孩子。

我们在本章多处谈到了这个主题，如讨论澳大利亚和美洲土
著孩子的悲惨故事时。父母们发现自己也在其他方面与国家对
抗。我们所提及的教育是其中一例。当今在所有西方社会，教
育是国家的责任。孩子们都要上学，事实上他们必须上学到一
定年龄。国家决定孩子们学什么，由中央统一决定或通过地方
学校委员会来决定。家长通常会同意这些决定，但并非总是如

142

---

[1]　大会于 1989 年通过了公约。参见 Dominick McGoldrick，"The United Nations
Convention on the Rights of the Child，" *Int'l J. of Law and the Family* 5：132（1991）。

此。在美国，有宗教信仰的家长为了让进化论远离学校而斗争；耶和华见证人信徒为反对在公立学校向国旗敬礼而争战（最终赢了）；威斯康星州的阿米什人也成功地争取到在世俗世界腐化他们的孩子之前将其带离高中的权利；不信教的父母反对在学校里进行宗教活动，如阅读圣经、强制祷告等，联邦最高法院通常支持他们的立场。[①]虔信的家长则以恰恰相反的理由提出反对：他们认为学校对宗教过于敌视。各类家长抱怨学校图书馆的书籍和学校课本，理由是这些书（视父母而定）污秽，带有种族歧视、偏见或歪曲。美国的教育体系是权力完全下放的。与（例如）英国或法国相比，各地的家长有更多的发言权。控制权是个问题：很多家长希望有权力单独或集体决定学校应该教什么，而国家有自己的政策和顾虑。在历史长河中，家长们似乎在节节败退。

143

但也许从更深的意义上说，孩子（而不是国家）才是赢家。这场胜利远不止于学什么课程。真正削弱家庭力量的不是学校本身，而是一般文化：自我实现和个人主义的文化、传媒文化、同侪群体文化。"娱乐"是喧嚣、持续和诱人的——电视（而今则是互联网）非常吸人眼球。"娱乐"不仅削弱了家庭的权力，也侵蚀了国家的权力，尽管以一种不那么明目张胆的方式。这些力量改变了社会对孩子的看待和对待方式，实际上甚至改变了孩子的定义。例如，教育曾经是一个灌输和社会化的事情，它把孩子当作

---

① 耶和华见证人案是 West Virginia Board of Education v. Barnette，319 U. S. 624（1943）；威斯康星州阿米什人案是 Wisconsin v. Yoder，406 U. S. 205（1972）。参见 Engel v. Vitale，370 U. S. 421（1962），关于在公立学校做祷告的问题（不允许）；Abington School District v. Schempp，374 U. S. 203（1963），关于在学校阅读圣经的问题（也不允许）。

小大人或是不定型的黏土来对待，将其按照（那种正确的）大人的形象塑造，很少强调（或不强调）"创造力""自尊心"和发展孩子的独特技能与个性。

至20世纪末，教育政策强烈地以儿童为中心。它反映了表现型个人主义的规范。教育所隐含的信息是自我发展的信息。出人头地是一个重要目标；为自己创造人生也许是最为重要的价值；实现自己的全部潜力，成为你自己。在选择的共和国中，孩子们应当有广阔的视野、广泛的选择和广大开放的机会。孩子们不是父母的财产，而是一个个独特的存在，是一枚枚花蕾，将会绽放为一朵朵无与伦比的玫瑰。教育和孩子的权利义务反映了这些主流意识形态，这些或多或少取决于社会。比方说在日本，表现型个人主义尚需时日。

144　　让孩子成为"赢家"并强调个人的发展对社会（及孩子本身）是好是坏是另外一个问题，对此不存在明确的答案。社会生活和法律生活太复杂，不能用单一的公式来概括。孩子是宝贵的，他们拥有权利，他们是社会未来的希望。但他们（在大众心目中）也是无比脆弱的。可以肯定的是，必须保护他们脱离不良或怠责的父母，还要保护他们远离邪恶的影响。美国和其他许多国家的苛严毒品法对孩子投入热切关注。父母害怕自己的孩子可能成为毒贩子的受害者，成为瘾君子，永远毁掉他们的人生。父母也因害怕性侵者而惊慌失措。他们告诉孩子千万不要和陌生人说话。必须保护儿童免受"有害的"和"不道德的"影响。由于成年人的性禁忌已崩溃，一些家长感到更需要保护孩子免遭猥亵。整个社会似乎都沉湎于性事，空气中充斥着"污言""秽图"。尤其在美国，儿童被当作借口，对成年人来说法律上不能容忍的各种形式的审查得以进行。①成年人实际可以阅读任何想读的书，看任何想看的电影。但很多电影对 17 岁以下的孩子是禁忌，另一些则要求"家长的指导"。涌入家庭、孩子按下按钮即可收看的电视比书籍遭受更多的规范包围。书籍随意使用"脏话"和性行为的图形描述（或图片），而电视则要谨慎得多。电视节目的"黄金时段"——孩子们醒着可能观看的时候——要服从一部比规制图书和电影更为严格的法典。在互联网方面，问题更大——也更棘手。孩子们可以浏览网络，收集信息；可是社会如何保护孩子免遭"污秽"，并保护许多人所认为的文明的道德基础呢？道德准则和自由表达的权利在此发生争战。而这也是一场成年人的自由与保护儿童远离粗暴、猥亵和败坏世界的切望之间的争战。

当然也有成千上万的人认为，即使对成年人而言，社会也太放任自流了。现在看来这一立场在发达国家正在败阵。成年人可以观看、阅读并做一些曾经绝对禁止的事情。成年人这一选择权利的某些方面被称为隐私——一个具有诸多含义的词。在其各种形式和定义中，隐私直接关系到婚姻、性和生育从而关涉家庭。现在我们转向这个话题。

①　关于这一点总体参见 Marjorie Heins, *Not in Front of the Children: "Indecency," Censorship, and the Innocence of Youth*（2001）。

第五章　隐私与选择的共和国

　　前几章我们探讨了婚姻及离婚法反映社会深刻变迁的方式、社会如何定义家庭以及家庭成员相互关系的方式。现代个人主义和选择观念至上是本篇讨论的重中之重。我用"个人主义"一词意指那些依赖身份——性别、出生顺序、年龄和社会地位等——类别力量的衰落。法律犹如整个社会一样，日益在广泛的可能性范围内注重个人的愿望、欲求、需要和自由选择。总体上人们认为人人都有权选择自己的生活方式，有权决定自己的婚姻和离婚事务，甚至有权做出家庭归属关系的基本决定。这些选择的真实程度是另外一回事，但选择的观念是一个重要的社会事实。在美国法律体系中，这些选择的领域与一个通常被称为"隐私区"的法律范畴相重叠。"隐私"有两种截然不同的法律含义。有一种是"侵犯隐私"的侵权行为，是针对有人"侵入我们生活中有权利保持隐秘之空间的一种诉讼"。还有一种被称为"隐私权"的宪法权利，是指关于性、避孕和堕胎的决定——人们可以不受国

家铁腕干预的生活选择。在本章中，笔者拟探究隐私这个神秘而有趣的领域，主要聚焦于美国，也会兼顾其他国家。

　　如第一章所述，在我们这个时代，隐私法和家庭法有着密切的联系。隐私法的两个分支表面上似乎没什么关系，甚至在某些方面似乎是相互矛盾的，但两者都涉及家庭生活。从历史上看，

家庭在上述两种法律意义上都是隐私的领域。家庭是一个私人的、安全的世界（当然是对中产阶级而言），国家不得干预。家庭也是性爱和生育的场所——唯一合法的场所。因此 20 世纪的隐私故事是一个关于家庭生活的故事，也是一个关于家庭衰落——或者至少是家庭丧失权力和控制——的故事。无论是哪种情况，关于性与婚姻（宪法上的"隐私区"）的选择显然关涉和影响家庭。

一、侵犯隐私

　　侵犯隐私的侵权行为比宪法上的隐私区更为古老。可以肯定的是，传统的普通法没有这种诉讼权利。现代隐私侵权行为通常可以追溯到塞缪尔・D. 沃伦（Samuel D. Warren）和路易斯・D. 布兰代斯（Louis D. Brandeis）1890 年发表于《哈佛法律评论》的一篇著名文章《隐私权》。① 这两位德高望重的作者（布兰代斯后来成为联邦最高法院大法官）对大众媒体的胆大妄为感到震惊。当时的报纸"在逾越……明显的正派界限"。它们充斥着"无聊八卦"，它们闯入了"家庭圈子"；媒体甚至披露"性关系"的细节。对于现代人的耳目来说，19 世纪 90 年代即使最海淫海盗的报纸似乎也相当温和，甚至过于拘谨；但沃伦和布兰代斯所处的时代不同，感受也不同：他们感到触目惊心。

　　对于这两位作者来说，科技要为看似新的可怕情势承担部分

---

　　① Samuel D. Warren and Louis D. Brandeis, "The Right of Privacy," *Harvard L. Rev.* 4：193（1890）.

148　责任。当时适逢"偷拍"相机（柯达）发明问世，这标志着摄影技术的一个重大飞跃。在柯达之前，相机在处理运动景象方面有些困难。如果摄影师想拍摄你的照片，你必须摆好姿势，静坐不动，简而言之你必须想要拍照。但如今"摄影艺术的进步"使"偷拍"成为可能，由此隐私面临着危机。

　　这场危机或这个问题不是虚构的。在德国汉堡有两个男子（我们今天称为狗仔队之流）用柯达相机拍到老总理奥托·冯·俾斯麦（Otto von Bismarck）临终前的照片。他们正打算以天价出售这些照片时，俾斯麦的儿子起诉至法院，制止了这种恶劣的行为。事实上这些照片直到一个世纪后的 1998 年才予以公开。①

　　这正是沃伦和布兰代斯想要应对的问题。他们主张改变法律——创设一种新的侵权行为，认可一种新的权利：平静生活、不被公开的权利。他们希望法院保护这一权利免受侵扰者的侵犯。但他们的论点是用经典的措辞来表述的，他们从未声称这项权利的完全创新。他们坚持认为，普通法已包含了可以救济这种情形的原则。他们试图将一些零星的先例和教条拼凑在一起，以表明这样的权利并非真的是一次巨大飞跃——尽管实际上它是。

　　显然，他们所主张的"隐私"有一种精英和传统的味道。该隐私旨在保护体面的人们免遭相机的窥探。它谴责公众和媒体对轰动效应的渴欲。这篇文章散发出的不只是一丝谈性色变的味道。在若干方面，沃伦和布兰代斯都表达了相当老式的传统价值观。他们本身都是名声无可指摘的人。隐私权——保护私人生活免受媒体窥探的权利——也会保护那些不那么清白的上流社会成

---

　　① Fedor Seifert, "Postmortaler Schutz des Persönlichkeitrechts und Schadensersatz-Zugleich ein Streifzug durch die Geschichte des allgemeinen Persönlichkeitsrechts," *Neue Juristische Wochenschrift* 52：1889（1999）.

员，例如逛妓院或有其他见不得人的秘密的大款。

这篇文章也反映了我们不妨称之为维多利亚时代的隐私概 149
念。"维多利亚时代"一词在今天几乎是谈性色变的代名词。维
多利亚时代的人给我们的印象是荒诞的非礼勿言（尽管他们的谈
性色变可能被夸大了）。他们从不谈论性——不公开谈论。维多
利亚时代的小说要么忽略性，要么最多暗示一二。19 世纪末开
始编纂的《牛津英语词典》——任何语言的版本都最科学、最精微
的词典——略去了两个极其常见的词（凡英语母语者都知晓的词），
因为这两个词完全是禁忌（20 世纪末第 2 版将这两个词收录在册）。
文学和戏剧受到审查，色情是一个完全非法的文学分支。

这种非礼勿言本身就是一种隐私的形式。它为生活的某个领
域拉上了一道帷幕。性爱是属于夫妻的，是他们的宅内隐私。在
其他任何地方都是禁忌——就像裸体一样。简而言之，非礼勿言
是一种强制隐私的形式。因此侵犯隐私的侵权行为开始作为保护
维多利亚时代的非礼勿言和隐私观念的一种方式，它始于家庭和
婚姻的圣洁。这有赖于使性甚至关于性的话题远离公共议程。

沃伦和布兰代斯提出了一个优雅的论点。但没有多少法院接
受他们的挑战，很少有法院承认隐私权。如 1902 年纽约州最高
法院断然否决了他们的观点。该案的原告是一名年轻漂亮的女
子，一家面粉公司和一家纸箱公司未经其允许在广告海报上使用
了她的照片。她声称这是羞辱——侵犯了她的隐私。但法院拒绝
将这一新的侵权行为纳入纽约州法。① 至少在商业利用方面，纽
约州立法机构的想法与法院不同，它通过了一部旨在提供最低限

---

① Roberson v. Rochester Folding Box Co., 171 N. Y. 538, 64 N. E. 442 (N. Y. 1902).

度隐私保护的法律，禁止将"活人的姓名、肖像或照片"用于
"广告目的"，除非征得姓名和肖像所有人的许可。

　　隐私权在其他州也进展相当缓慢。在为数不多的案例中，其
中一起于 1931 年发生在加利福尼亚州，案中出现了隐私权的观
念。① 原告是一名自称为加布丽埃勒·达利·梅尔文（Gabrielle
150　Darley Melvin）的女性。她过着戏剧般的生活，一度是个妓女。
她有一个名叫伦纳德·特罗普（Leonard Tropp）的情人（兼皮条
客）。他抛弃了她，而她尾随他去洛杉矶并开枪打死了他。这导
致了一场轰动一时的 1918 年谋杀案审判。辩方试图将加布丽埃
勒描绘成一个被特罗普毁掉和背叛的纯洁高贵的少女，她的律师
还声称加布丽埃勒是为自卫而杀了特罗普。委婉地说，这有些言
过其实；但陪审团显然全盘接受了整个故事，他们认为加布丽埃
勒无罪；她走出法庭，成为一个自由的女人。几年以后，好莱坞
或多或少根据她的生活拍了一部电影，片名为《红袍》。电影使
用了她的真实姓名——事实上开场显示一个女人在读报纸上关于
加布丽埃勒·达利审判的报道。加布丽埃勒起诉了电影制片人。
她声称自己已放弃罪恶生涯，嫁给一个体面的男人并安顿下来过
上了中产阶级的生活。这部电影揭露了她的过去，向她周围的人
透露了她的秘密，这样做侵犯了她的隐私。

　　加布丽埃勒再一次胜诉。加利福尼亚州上诉法院同意：电影
制片人侵害了她的权利，侵犯了她的隐私。一旦她在"体面社
会"占据了一席之地，人们就没有任何理由（无论是法律的还是

---

① Melvin v. Reid, 121 Cal. App. 285, 297 Pac. 91（1931）.

道德的)向世人披露一个女人过去的秘密。① 该案的腔调和措辞令人惊讶地想起沃伦和布兰代斯文章的基调和语言。其观念如出一辙：体面人有权远离媒体和大众的猎奇心——显然不管他们过去的行为如何。

这起案例在若干方面都很特殊。当时已有迹象表明，公众视野人物对隐私的诉求在减少。当然自 20 世纪 30 年代以来，这种"隐私"在美国已经严重衰落。对于名人来说，隐私几近消亡。新闻人物(不管什么理由)实际上不存在有效的隐私权，几乎任何关于他们的事情都是媒体的猎取对象，唯一的问题是谁有资格成为"公众人物"。显然，总统、州长、参议员和其他担任政治职务者都是公众人物；而电影明星和篮球巨星、名企业家和名律师也是公众人物。也许在公众人物中还包括一类出于某种原因而名声大噪的人——犯下耸人听闻罪行的罪犯，或是耸人听闻犯罪的受害人，或是为人知晓的一般受害者。几乎任何你的所是、所说或所做，只要足够重要或足够有趣以致引起报纸报道，就可以使你成为公众人物，从而剥夺你的部分或全部隐私权。正如某法院所说，即使那些"不想引人注目"的人也无权阻止公开报道，"只要他们遭遇的经历具有新闻价值，哪怕他们更愿意将这些经

151

---

① 法院的部分依据是加利福尼亚州宪法，其中(第 1 条第 1 款)提到追求幸福的权利。不知何故，法院发现这句话中蕴含着隐私权——这是一个颇具创造性的解释。另值得注意的是，该案件很可能建立在一个谎言之上——加布丽埃勒的谎言。她声称自己已成为一个体面的女人，但这可能纯属虚构。事实上她显然仍是一名妓女，继续多年从事该行，最终在亚利桑那州的一个小镇上成为一名夫人。而且她的各任丈夫和情人都习惯性地亡故。(参见 Leo W. Banks, "Murderous Madam," *Tucson Weekly* [June 5, 2000]。)因此，这场官司可能是无耻和贪婪的产物。具有讽刺意味的是，这部电影《红袍》采用了加布丽埃勒的观点，并以对她非常有利的视角来展现。在片尾她找到了爱情、幸福和救赎。

历保密"。①

　　在 1940 年的一起著名案例中，《纽约人》刊登了一篇关于威廉·詹姆斯·西迪斯（William James Sidis）的文章。西迪斯是一个神童——一个 16 岁就从哈佛大学毕业的数学牛人。他如今在哪里？——该杂志问道。基本答案是：可怜的西迪斯不知所终。他很早就泯然众人矣。至 1940 年，西迪斯是某种隐居者，一个人住在一间破旧的公寓里，在街道的电车上收钱，做着一份低级的职员工作。西迪斯（毫不奇怪）可能被这篇文章激怒了，他以侵犯隐私权为由起诉该杂志社。但他败诉了。法院称，公众有权知悉这位前神童的境况。② 在更近的一起案例中（1998 年），原告在南卡罗来纳州被捕，警方指控他犯有严重罪行：向一名女子泼汽油并纵火焚烧她的活动房屋。后来他们释放了这名男子，他从未因这一罪行受到审判。一家报纸刊登了一篇关于该男子遭遇的报道。除了其他事项外，该报道称，一名同狱犯人在牢里强暴了该男子。这名受害人起诉称其隐私权受到侵犯。南卡罗来纳州最高法院驳回了他的诉求。该法院指出，"县监狱的囚犯之间发生的暴力犯罪是一个重大的公共问题"，因此公众有权了解有关该事件的真实情况。③

　　这里，判例法再度反映了更大的社会规范。人们喜好隐私权的观念，甚至是沃伦和布兰代斯谈论的那种——不过是自己的而不是别人的隐私权。现代文化的特点是，大众认为他们有权知晓公共生活中的一切人的一切事。一般人对他人的私生活也有一种

---

① Haynes v. Alfred A. Knopf, Inc., 8 F. 3d 1222 (C. A. 7, 1993).

② Sidis v. F-R Publishing Co., 113 Fed. 2d 806 (C. A. 2, 1940).

③ Doe v. Berkeley Publishers, 496 S. E. 2d 636 (S. Car. 1998).

近乎痴迷的强烈好奇心。当然这不足为奇。耸人听闻的犯罪是 152
19 世纪媒体特别是专业报纸(如《警察公报》)的主要新闻。但这
些报纸大多报道的是社会下层和堕落者的犯罪及邪恶,上层中产
阶级享有一定程度的报道豁免权。

南卡罗来纳州案件中的论点并非完全没有道理。地方监狱的
环境及其暴力事件——这些都是公众可以且应该感兴趣的事情。
如果报纸真心想揭露地方监狱里的恐怖生活,那么应当鼓励这种
揭发,即使有人觉得揭露的结果具有冒犯性。可为什么公众有权
知悉可怜的西迪斯的命运,知道他的孤独生活和他的街头电车收
钱工作? 也许是因为他是或过去曾经是一个小名人。而我们这个
时代是名人的时代。名人不仅仅是有名的人,名人是出名且熟悉
的人。① 名人是熟悉的,因为他们是可见的,因为我们对他们的
事如数家珍。我们在杂志和报纸上读过关于他们的报道,但更重
要的是,我们在电视上对他们耳濡目染。我们认得出他们的面
孔,听得出他们的声音,知道他们走路的样子,认识他们的每一
颗痣和每一个面部小动作。

古往今来,总有著名人物和公众人物,但他们不是现代意义
上的“名人”。一个世纪以前,在英国、瑞典或美国究竟有多少
人亲眼见过国王、首相或总统? 连他们的肖像也遥不可及。人们
或许可以在硬币或邮票上看到他们,但除此以外再无其他。教皇
是一位伟大神圣的著名人物,他从未离开过梵蒂冈。达赖喇嘛和
日本天皇是被神化的遥远人物,幽居在他们的宫殿里。今天这些
人都是名人,是媒体明星。他们周游世界,广大民众在他们旅

---

① 关于该主题参见 Lawrence M. Friedman, *The Horizontal Society* (1999),
pp. 27 - 43。

行时看到了他们；但更重要的是成千上万甚至数十亿人在电视上观看他们。我们每天从电视上了解他们的一切——他们的生活习惯、穿着打扮和面部表情。美国总统无处不在，其他国家元首和 153 政府首脑也是如此。伊丽莎白二世的所有臣民都以伊丽莎白一世甚或维多利亚女王无法想象的方式耳闻目睹过她。名人是我们在电视上看到的、在八卦杂志或日报上读到的神奇人物——我们得以了解他们的活动、怪癖、家人和朋友，甚至他们的猫狗。因为名人的形象不断地被输送到我们的家中，我们有一种错觉，以为自己真的认识这些人。戴安娜王妃逝世时，数百万人悲痛欲绝。整个英国陷入一片哀痛，成千上万的普通人买来成吨的鲜花、到处堆放，以表达对她的悼念和哀思。他们因为一个从未谋面的女人的逝去而伤痛。但是她离他们很近很近，她唤起了人们的深情，因为她是如此的熟悉——因为他们在杂志、新闻报道中尤其是电视上见闻过那么多关于她的事情。

在我们这个时代，形象和肖像是一切——不只是对电影明星来说如此。政治人物与摇滚明星、脱口秀主持人、足球运动员及各种各样的电视"达人"一道成了名人。政客的兴衰靠的是他们的魅力、形象和"卡里斯玛"。在传媒时代，意识形态和政策几乎是次要的，选民对人物的反应多于对观点的反应。随之而来的是，政治领袖（以及宗教领袖、商业领袖和文化领袖）的私人生活不再是无关紧要的。这是他们富有魅力（或令人反感）的部分原因，是我们投票支持或反对他们的依据。而这也是像西迪斯这样的案件的关键所在——他变成了什么样子无关紧要：一旦你承认他是或曾经是"公众人物"，他的私人生活实际才是他这个人物的那个关键方面。

　　显然，可怜的西迪斯远不是像（比方说）美国总统那么大的"公众"人物。但法院极大地扩展了公众人物的定义。迈克·弗吉尔（Mike Virgil）是名人吗？他是个著名的冲浪运动员。《体育画报》刊登了一篇关于他的报道。当然报道中谈到了他的冲浪，但加添了更多细节尤其是关于他奇葩的私人生活方面。弗吉尔显然"从来没学过如何阅读"，他做了一些疯狂的事情，比如从一段台阶上一头扎下去，因为他认为这样做很"时髦"，并且会给"小妞儿"留下深刻的印象。迈克·弗吉尔（不管他是否能阅读）敏锐地了解到了这一无疑惹起他反感的报道。他起诉该杂志，声称其侵犯了他的隐私。上诉法院于 1975 年写道，本院发现该案很棘手：它打了一个擦边球。弗吉尔说得有道理，必须限制对"私人生活病态的、耸人听闻的窥探"。还有一点，他曾经是一个著名的冲浪者，而冲浪毕竟是一个"一般公众利益"的话题"。①

　　从技术层面说，在迈克·弗吉尔提起的这类隐私案中，存在两个有待回答的问题。其一，此人是公众人物吗？如果答案是肯定的，那么一切不成问题。但其二，即使他或她不是一个真正的公众人物，如果这个故事具有新闻价值——如果公众对这个人或这个主题有正当兴趣——那么媒体也没有侵犯个人隐私。如果符合这些条件，则出版物有权刊登其报道。这两个问题在 20 世纪 80 年代早期托妮·安·迪亚斯（Toni Ann Diaz）起诉《奥克兰论坛报》的案件中均有所涉及。② 托妮·安·迪亚斯原为安东尼奥·迪亚斯（Antonio Diaz），但一直遭受"性别认同问题"的困扰。

①　Virgil v. Time, Inc., 527 Fed. 2d 1122 (C. A. 9, 1975).
② 　Diaz v. Oakland Tribune, Inc., 139 Cal. App. 3d 118, 188 Cal. Rptr. 762 (1983).

1975 年她成功地做了"性别矫正手术"，安东尼奥现在变成了托妮。除了"直系亲属和挚友"之外，她一直对自己的手术保密。她更改了她的高中记录、社会保险记录和驾驶执照，都是为了反映她的新性别。她考入阿拉米达学院，1977 年当选为学生会主席。《论坛报》的一名记者写了一则报道爆料说，新学生会主席托妮·迪亚斯"不是女性"，"实际上他是一个真名叫安东尼奥的男人"。记者补充说，这可能"不是什么大不了的事，但我怀疑他的女同学们"在体育课"可能希望淋浴另行安排"。

当迪亚斯读到这篇文章时，（她说）她变得非常沮丧，遭受"失眠、噩梦和记忆力下降"，并延误了在米尔斯学院（一所女子学校）的入学时间。她以报纸"无端地公布私密事实、侵犯她的隐私"为由，将《论坛报》告上法庭。陪审团判给她数量可观的损害赔偿金。上诉法院却以技术上的理由（对陪审团的指令不当）推翻了此案，将其发回重审。据推测，双方后来在庭外和解。报纸在某种程度上赢得了胜利，但对迪亚斯来说至少也在道义上取得了胜利。虽然她是"该校的第一位女学生会主席"，但她根本不是什么公众人物。换言之，她比一个著名的冲浪运动员排名要低得多。她的情况有"新闻价值"吗？法院显然不喜欢这篇相当媚俗的文章：它"绝非试图在当代社会的焦点问题上启发公众"，陪审团有权决定"这篇文章是否具有新闻价值，或者是否逾越了得体的界限"。这使得终审判决有点悬而未决。公众人物的定义有了很大的扩展（托妮·迪亚斯还不够格，但也差不太远），对于什么具有、什么不具有新闻价值的定义也扩大了；但仍存在一个灰色地带，一个存疑领域。几乎什么都可以，但不是一切都行。

法院可能永远解决不了这个问题，至少不能令所有人满意。新闻自由是一种宝贵的东西，是一种基本自由，但个人对某种隐私的权利也可以说是宝贵的。公众也有对"新闻"的渴求。而媒体渴望通过满足人们对"新闻"的饥渴来获利。侵犯人们的隐私是有利可图的。微型相机、隐形摄像机、秘密麦克风和其他歪门邪道的装备都有市场，这些设备的产品肯定也有市场。在加利福尼亚州一个轰动的案件——舒尔曼诉集团生产公司（Shulman v. Group W Productions, Inc. ［1998］)——中，① 露丝·舒尔曼（Ruth Shulman）在一次车祸中受了重伤，被困在车内。一架医疗运输和救援直升机赶来救她。一名电视摄像师也跟来了。人们把露丝从车内拉出来以及她乘坐直升机去医院的过程被拍成了纪录片。一名叫作卡纳汉（Carnahan）的飞行护士戴着一个小麦克风，麦克风录下了她和露丝·舒尔曼的对话，包括露丝说"我只想死"的瞬间。这些都被制作成电视节目的一部分，向全世界播放。

法院对该案感到棘手。没错，露丝不是公众人物。但她又是 156 公众人物，她的事故是有新闻价值的。媒体有权对此做出报道。然而在这种情况下，法院认为媒体太过分了。秘密麦克风、在直升机上的谈话录音，一个半清醒、神志恍惚且在痛苦中的妇女——这是一种闯入性的侵扰行为，发生在一个人们没有理由认为有人会偷听、拍摄和记录的时空。讲述这个故事的权利不包括闯入露丝·舒尔曼个人痛苦的权利。

约翰·内夫（John Neff）的情况则完全不同，他是一个匹兹堡钢人橄榄球队的狂热球迷。1973 年摄影师拍下了一群球迷的

---

① 18 Cal. 4th 200, 955 P. 2d 469, 74 Cal. Rptr. 2d 843（1998）.

照片，其中一些人有点喝醉了，他们上蹿下跳，"挥舞着横幅，喝着啤酒……尖叫着，呼号着，恳求摄影师多拍些照片"。其中一张照片刊登于《体育画报》，照片显示内夫的裤子拉链没拉上。这张照片是从七千多张照片中挑选出来的。虽然走光"没有到暴露的地步"，但该图片是"极端的恶趣味"。法院称，出版商刊登这张照片时应当三思而后行，但法院无权设立"雅趣典范"。这篇文章——关于球迷及其行为——符合"正当的公众利益"，而且内夫是"因其自己的行为跃入新闻视野"。尽管有些"可疑之处"，但法院认为这张照片的刊发"受宪法的保护"。①

美国法院发现了一个问题，但没有解决问题；他们发现很难知晓在哪里划定公众知情权与个人隐私权之间的界限。显然存在某些不容报纸或电视摄像机逾越的隐私或礼仪的界限、边界和区域。没有人知道其确切位置在哪里。如果可以的话，一些报纸（和电视节目）会越过这条线，事实上他们更喜欢根本没有界限。边界实际上一直在移动。新闻媒体、电视上的资讯被容忍——即使对过去的一代人也不会有什么问题。电视上脱口秀节目探讨的主题在 20 世纪 80 年代以前是无法想象的。他们当众洗脏衣服，人们大言不惭地坦陈性生活的方方面面。我们还可以注意到 20 世纪末出现的"真人秀"节目的火爆。美国的首例大约是 1973 年一档叫作"美国家庭"的节目，它密切注视名噪一时的家庭。"真实世界"——一个一群年轻人共同生活的节目——在摄像机的"锐目睽睽"之下，于 1992 年开始了它的生涯。但"真人秀"电视的真正爆发是在 2000 年，截至 2003 年初，约有 13% 的黄金

---

① Neff v. Time, Inc., 406 F. Supp. 858 (D. C. W. D. Pa, 1976).

时段致力于这种令人质疑的节目类型。① 据预测这一比例甚至会更高。

这些节目不一定是一时兴起。电视网之所以青睐这些节目，部分是由于它们制作廉价：真人秀演员并不要求高薪，制作成本也很低。② 但如果这些节目不受欢迎，这也不算什么；它们很受公众的欢迎，其中一些节目赢得了大批观众。显然，人们喜欢观瞻现实中的人在害怕、恐怖、性兴奋和其他高涨情绪中的情景。他们喜欢耳闻目睹人们将这一切公之于众。在电视上炫耀自身的无耻实在令人惊诧，但这毕竟不是典型。公众热切窥视别人暴露自我，但在他们自己的生活中，大多数人想要并且需要一个国家和媒体不得介入的隐私区域，或者至少他们希望选择他们生活中的哪些部分保守秘密。

在不同的国家，隐私和公开报道之间的界限是不同的。美国的法律在某些方面相当极端。许多欧洲的法律制度比美国更为尊重隐私，在那些国家，即使是公众人物的私事也不能那么明目张胆地向饥渴的公众传播。关于名人（尤其是政治人物）私人生活的资料，只有在这些资料至少与他们履行公务的方式相关时方可刊发；其他一切在一些国家都被禁止，某些情况下只有当它是彻头彻尾的假消息时才会被禁止。③ 德国宪法法院 1973 年判决的一

---

① Emily Nelson, "Reality Bites TV Comedy," *Wall Street Journal*, Feb. 24, 2003, p. B1; Bill Carter, "TV Networks Plan Flood of Reality for Summer," *New York Times*, Feb. 24, 2003, p. C1.

② David Lieberman, "Will Reality Bite TV Networks?" *USA Today*, March4, 2003, Bl.

③ 参见 Tilman Hoppe, "Gewinnorientierte Persönlichkeitsverletzung in der europäischen Regenbogenpresse," *Zeitschrift für Europäisches Privatrecht* (2000), p. 29。

起案例显示出德国和美国在大胆救济方面法律态度的差异。[①] 原告要求停止一档电视节目，在该节目中原告的扮演者使用他的真名出场。几年前原告曾参与了一起轰动一时的犯罪——袭击德国武装部队的一个弹药库。在袭击过程中，四名士兵丧生。原告没有参加实际的袭击。他是袭击者的朋友，他们的友谊有"同性恋成分"。他被定罪、判刑并坐牢。在故事搬上银幕时，他即将被释放返乡。没有人主张该节目失实，但原告仍声称节目侵犯了他的"宪法性人格权利"，这将妨碍他重新融入社会。他尤其反对提及他的性取向。根据美国法律，他无疑是一个"公众人物"，没有胜诉的机会。但在德国他的确赢了。法院指出，他的案子已不再是新鲜事；以"纪录片形式"煽动死灰复燃，会构成对原告个人权利的"严重侵犯"；将他作为罪犯和同性恋展现，只会"强化对这些社会边缘人群的大肆蔑视"，并导致对原告的负面评价。[②]

欧洲这些限制和界限是否有效？也许我们更应该问：它们是否受到尊重？这是一个更为棘手的问题。无论案例和论文怎么说，欧洲的小报新闻似乎和美国的一样肆无忌惮且具侵扰性。在法兰克福、巴黎或伦敦，人们对八卦、污秽、丑闻和性事的渴求如同在纽约或洛杉矶一样强烈。小报媒体对意在满足这种饥渴的资讯支付高价。巨资换来的是诸如约克公爵夫人（Duchess of York）的裸照或德国赛车手迈克尔·舒马赫（Michael Schumach-

---

① *Entscheidungen des Bundesverfassungsgericht* 35, no. 16, p. 202（1973）；参见 Ingo von Münch and Philip Kunig, eds., *Grundgesetz-Kommentar*, vol. 1, p. 148（2000）。关于欧美之间的文化差异参见 James Q. Whitman, "The Two Western Cultures of Privacy：Dignity versus Liberty," *Yale L. Journal* 113：101（2004）。

② *Entscheidungen des Bundesverfassungsgericht* 35, at 230.

er)婚礼照片的独家版权等具有强烈刺激性的报道。这笔钱似乎
花得很值。半裸上身的公爵夫人照使《每日镜报》额外售出了
482,000 份。[1] 1994 年，德国大规模发行的小报——《画报》——
获得了一条惊人的独家新闻，附有一张用长焦镜头拍摄得有点模
糊的照片，照片显示威尔士亲王度假时没有穿衣服，新闻以头版
头条喧嚷："查尔斯一丝不挂！"照片中没有任何暴露查尔斯身体
特殊部位的迹象，但这一历史性的独家新闻显然使得报纸销售火
热。白金汉宫愤愤不满，称该"侵扰"令人发指、"完全不义"，
但王宫显然只限于大声诉苦，此外没有其他。[2] 与此不同的是，
迈克尔·道格拉斯(Michael Douglas)和他的新娘凯瑟琳·泽塔-
琼斯(Catherine Zeta-Jones)于 2003 年初提起了一起诉讼，状告那
些拍摄并印刷其未经授权和有损形象的婚礼照片的卑鄙之徒。他
们小胜一筹——在本书写作之际，该案正在上诉中。[3]

　　侵犯隐私的侵权行为与较古老的诽谤和诬告行为有着根本区
别。如果我指控某人是偷马贼，假如能证明他实际上是个偷马
贼，则该证明对诉讼是有力的辩护。但真相对于侵犯隐私的侵权
行为并不构成辩护理由。西迪斯从未声称《纽约人》在撒谎，他
只是主张该报没有权利讲述他的故事。美国的诽谤法也在不断演
变，其方式似乎与隐私法的发展有着惊人的同步性。在 1964 年

　　① Hoppe, "Gewinnorientierte," pp. 31 - 32.
　　② 该事件的记叙见 "German Paper Prints Nude Charles Photo," *Rocky Mountain News* (Denver), Sept. 8, 1994, p. 70A; 又见 "Prince May Act over Nude Photos in German Paper," *The Herald* (Glasgow), Sept. 8, 1994, p. 4。
　　③ Sarah Lyall, "London Journal: The Wedding Pictures: Two Stars in Court Drama," *New York Times*, Feb. 11, 2003, p. A4. 关于 2004 年初该案的情形参见 *The Express*, Jan. 24, 2004, p. 7; *Entertainment Law Reporter* 25, no. 8, January 2004。

著名的《纽约时报》诉沙利文（New York Times v. Sullivan
[1964]）一案中，① 联邦最高法院首次审查了诽谤法的宪法意蕴。
该案的背景是南方的民权运动——南方黑人为终结生活诸领域的
种族隔离和歧视而进行的激烈斗争。《纽约时报》的一则整版广
告（"请倾听他们的呐喊"）呼吁捐款支持民权运动事业。这则广
告并非完全准确，至少不是每个细节都准确无误。例如它说抗议
学生在亚拉巴马州议会大厦唱"我的国家是你的"，而实际上他
们唱的是"星条旗"。还有其他一些表述同样有误，但同样微不
足道。沙利文是亚拉巴马州蒙哥马利市的一名公职人员。他声称
该广告对他构成诽谤，遂起诉了《纽约时报》和四名黑人牧师。
此案在亚拉巴马州的一个全是白人组成的陪审团面前开庭审理，
法官给出了一些非常有力的指示，实际上是请陪审团对被告进行
惩罚：陪审团判决每个被告向沙利文支付 50 万美元。

　　联邦最高法院一致推翻了这一判决。撰写多数派意见的威
160 廉·布伦南（William Brennan）大法官称，错误的言论在自由社会
是"不可避免的"，但一个自由的社会也需要"不受限制、稳健开
放"的辩论来讨论时事热点。公职人员不得以报纸或其他传媒诽谤
而获取损害赔偿金，即使是对错误的言论亦然——除非这些言论是
故意的或"罔顾"言论的真假，否则新闻自由就会受损。要求报纸对
其所有"事实陈述"都要"保证真实"，只会令其无法承受。这样的
原则会扼杀辩论和探讨，不可避免地会导致"自我审查"。

　　《纽约时报》的案例富有戏剧性甚至是革命性，它使联邦最
高法院踏入了一个此前基本上从未涉足的领域。法院显然意识到
了社会背景，即对民权运动的威胁。对《纽约时报》不利的判决，

----

　　① 376 U. S. 254(1964).

将会给种族隔离主义者提供一个镇压民权运动和惩罚北方媒体的有力武器。法院肯定也意识到亚拉巴马州的审判很难说是公平的。但事实证明此案的意义更为广泛，它开启了一系列与隐私案件并行的判决。法院也从中大大扩展了"公众人物"的概念。只要不是"恶意"或"肆无忌惮"的错误，身处镁光灯下的人们就不能抱怨媒体的报道，即使是不准确的报道。简而言之，公众人物无权在公众的耳目下屏蔽他们的私人生活。在柯蒂斯出版公司诉巴茨（Curtis Publishing Co. v. Butts［1967］）一案中，① "公众人物"是一位著名的足球教练。早期的案例至少表明，《纽约时报》诉沙利文案的影响可能继续扩大，而且其原则可能适用出于任何原因进入公众视野的任何人——足球运动员、电影明星和商界大腕，或许是任何有趣或重要的人，或许是名字出现在报纸上或电视提及或露脸的任何人。

迄今为止，这种情况在联邦最高法院层面还没有完全发生。事实上最高法院有时似乎慢半拍。在格茨诉罗伯特·韦尔奇公司（Gertz v. Robert Welch Inc.［1974］）一案中，② 原告埃尔默·格茨（Elmer Gertz）是一名律师。格茨在法庭上代理一个被警察杀害的年轻人的家人。韦尔奇（Welch）是《美国舆论》——一个约翰伯奇学会的极端右翼机构——的出版商。在其出版物中，韦尔奇称格茨为一个诋毁和陷害警察的阴谋的成员。韦尔奇的文章错谬百出。法院认为格茨不是公众人物，因此韦尔奇不得任意诽谤他。③ 在1976年的一起案例中，原告玛丽·费尔斯通（Mary Fire-

161

---

　① 388 U. S. 130（1967）.
　② 418 U. S. 323（1974）.
　③ 但法院也认为，在这类案件中，原告只能就"实际损害"进行追偿；不存在当然法则，即不出示损失或损害证据而自动获得赔偿。

stone）是一个橡胶轮胎产业继承人的第三任妻子。她是一起轰动一时的离婚案件的当事人。据法官说，有证据表明存在"令弗洛伊德医生脸红"（make Dr. Freud's hair curl）的"双方婚外恋"的情况。但玛丽·费尔斯通被裁定不是"公众人物"，"除了可能参加棕榈海滩协会以外"，"没有在社会事务中扮演显赫的"角色。①1979 年一起案例中的罗纳德·哈钦森（Ronald Hutchinson）也不是公众人物。哈钦森是一名科学家，他有一笔用以研究猴子愤怒的科研经费；参议员威廉·普罗克斯迈尔（William Proxmire）嘲笑这项研究，轻蔑地称其为研究猴子为什么咬紧牙关，并在参议院的一次演讲以及某次新闻稿和通讯中对此予以抨击。法院称哈钦森不是公众人物，有权起诉。②

目前尚不清楚沙利文案原则的扩展程度。下级联邦法院的判决并不一致。在布朗诉弗林特（Braun v. Flynt ［1984］）一案中，③原告珍妮·布朗（Jeannie Braun）在得克萨斯州的一家游乐场工作。她的工作包括"与'潜水猪拉尔夫'一起做新奇表演"。布朗手里拿着一个有奶嘴的瓶子踩水，拉尔夫会潜入水池中从奶瓶里喝水。《时尚》（一本色情杂志）刊登了这一奇妙发挥的照片。布朗女士"在私立天主教学校长大"，看到自己的照片出现在这样一本杂志上时吓坏了。（她说）她"非常沮丧"，"感觉像在洞里爬，怎么也爬不出来"。她是一名公开表演者，但（根据法院）不是"公众人物"。而在另一起案例中，一个眼科诊所起诉一家电

---

① Time, Inc. v. Firestone, 424 U. S. 448（1976）. 这是一起诽谤诉讼，而且（至少在我看来）存在一个严重的问题，杂志上的文章是否确实是假的。

② Hutchinson v. Proxmire, 443 U. S. 111（1979）. 本案的一个严重问题是，普罗克斯迈尔的庸俗叫嚷是否因其美国参议员身份而享有特权。

③ 726 F. 2d 245（C. A. 5，1984）.

视网络，声称遭到了其诽谤。这家电视节目曾指责原告诊所的各种眼科劣迹，该诊所却被宣布为"公众人物"。曾经从事歌唱生涯的安妮塔·伍德（Anita Wood）（或许）曾是猫王埃尔维斯·普雷斯利（Elvis Presley）的女朋友之一，也被认为是公众人物。[1]

总之，《纽约时报》诉沙利文案的界限仍旧模糊不清。但这一案例以及随后的一些案件确实给予了媒体前所未有的特权。这一系列案件增加了媒体本来已有的巨大权力。除非其真的"恣意妄为"，否则媒体拥有广泛的自由评论、报道甚至歪曲报道任何符合"公众人物"之模糊范畴的人。因此沃伦和布兰代斯意义上的隐私权在"观念市场"中正在节节败退。媒体可以行使如此大的权力，这让沃伦和布兰代斯感到震惊。流言蜚语、下作谣言和丑闻一应恣肆于报纸和杂志页面以及电视频道中。

隐私法的第二个方面是另外一番叙事。以该名称命名的宪法权利越来越重要。[2] 这项"权利"实质上是不受国家干预地做出基本生活选择的权利：结婚、避孕、生育或不生育的权利。这是一项与家庭生活和性行为紧密相关的权利。此外，它与字面意义上的"隐私"有关。沃伦和布兰代斯希望确立一种不受窥探的权利。但对大多数人来说，"隐私"意味着拥有一点私人空间的权利。对于中产阶级十几岁的孩子来说，这意味着有一个自己的房间，"砰"地关上门，把父母挡在门外。对于叛逆的青少年来说，这是保持自由的一种方式，他们可以做自己想做的事情——听嘈

---

[1] Desnick v. American Broadcasting Companies, Inc., 233 F. 3d 514（C. A. 7, 2000）（the eye clinic）；Brewster v. Memphis Publishing Co., 626 F. 2d 1238（C. A. 5, 1980）（the Anita Wood case）.

[2] 参见 Howard Ball, *The Supreme Court in the Intimate Lives of Americans* (2002).

162

杂的音乐，甚至在房间里亲密。当然父母也想要并需要隐私。1925 年出版的一份关于"儿童管理"的政府小册子建议，"只要有可能"，儿童"应当有一个与……父母分开的房间"。否则，尤其是在"拥挤的公寓生活……居住条件"下，儿童可能"被迫看到令人反感的亲密关系"，这可能会"留下……创伤"。①

对于穷人而言，免于睹见"令人反感的亲密关系"的自由（或者反过来说，拥有"令人反感的亲密关系"的自由）是不可能的。严格来说，这是中产阶级的特权。中世纪几乎无人有"隐私"，在农民的窝棚里，没有私人空间这样的东西。当父母、孩子、鸡和山羊都共处一室时，中产阶级意义上的隐私是不存在的。隐私阙如的现象一直延续到了现代社会。在美国的殖民时期，"无法避开邻舍，……在家户内保持隐私是不可能的；房子太小、房间太挤且墙壁太薄"。② 19 世纪初在英国利兹，"平均每间村舍 15 平方英尺"；而本世纪中叶在伦敦，三四个家庭在仿若"牲口交欢"中共用一间"12 平方英尺或更小的房间"的情形并不"罕见"。③ 因此在历史上的大部分时期，大多数人不得不在现代人会认为不道德或无法忍受的环境下亲密和生孩子，性爱基本上没有太多暴露。现代中产阶级的穿衣和脱衣频率远远超过他们的祖宗。总体上，裸体是相当现代的（我忽略了古希腊人和古罗马人）。裸体需要现代性，需要隐私，需要现代化的浴室和淋浴间。换句话说，它需要大量的空间隐私。所谓的性革命在现代隐

① D. A. Thom, *Child Management* (Children's Bureau, U. S. Department of Labor, Bureau Publication No. 143, revised, Oct. 1925), p. 20.

② Helena M. Wall, *Fierce Communion: Family and Community in Early America* (1990), p. 12.

③ Jeffrey Weeks, *Sex, Politics, and Society: The Regulation of Sexuality since 1800* (2nd ed., 1989), p. 66.

私条件下蓬勃发展。除非你有自己的房间或公寓，否则很难进行房事；如果你和父母、兄弟姐妹挤在一个房间里，亲密就更难了。在大学里，现在的宿舍是男女混住的，约会和造访的旧规则已经过时了，这便于亲密。

毋庸置疑，所谓的性革命背后肯定有很多因素。但隐私的概念无疑起到了一定的作用。一方面，隐私有助于重新定义性行为中被认为是"自然"的东西。艾尔弗雷德·E. 金西（Alfred E. Kinsey）关于美国性行为的著名"报告"中有一段有趣的文字。在关于女人的性行为（1953）那一卷书中，金西探讨了性行为中的裸露问题。他热情地美化裸体亲密。他写道，毕竟在进化过程中，"人类物种"是从"不穿衣服的哺乳动物种群"进化而来的。我想更早的几代人会强烈反对从动物进化论出发的论点，并认为动物从不穿衣服这一事实与此完全无关。金西则不然。对他来说，得出这样的结论似乎是"合理"的："性爱时避免裸露是对生物学意义上的正常性行为的一种扭曲。"他指出，所幸的是这种"扭曲"正在减少。1900 年以前出生的女性有三分之一在性生活中"通常或总是穿着衣服"，但 20 世纪 20 年代出生的女性只有 8% 的人性亲密时不裸身。[1] 至于男人，90% 的"上层男性"都有裸体性行为，并且"如果条件允许，其他男性也更乐意这么做"。[2]

金西关于雄性（人类）动物的书出现于 1948 年，关于女性的

164

---

[1] Alfred C. Kinsey et al., *Sexual Behavior in the Human Female* (1953), p. 365. 裸身上床的女性比例明显上升，"这让睡衣制造商大为惊诧"。（同上，第366 页。）

[2] Alfred C. Kinsey et al., *Sexual Behavior in the Human Male* (1948), p. 581. 金西说："毫无疑问，不穿衣服交配在生物学上是正常的。"此外，"更多的男性较喜欢在明亮处性交，而更多的女性较喜欢在黑暗中性交"。同上。

书则在五年后出版。这些书掀起了一场评论和批判的风暴。这并不是第一次性生活调查，但关于性行为的研究一直很少，且相当谨小慎微。① 金西的调查是大胆的，并且他有自己的见解。他坚信反对多样性行为——禁止除已婚者正常性生活以外的其他性行为——的法律是荒谬的，而且根据纸面上的法律，美国大多数人在严格意义上都是性违法者。金西的报告引发了一片惊呼和哀号，但时代确乎在改变。数年内联邦最高法院本身便遭遇了一系列关于性、性行为和生育的热点问题。

二、避孕

从根本上说，隐私的宪法性历史始于 1965 年的格里斯沃尔德诉康涅狄格州（Griswold v. Connecticut）一案。② 康涅狄格州计划生育联盟的成员对康涅狄格州一项运行近一个世纪之久的法律提出异议，该法律基本上将销售或使用避孕用品或提供避孕信息定为犯罪。法院的多数派同意这项法律无效，它侵犯了康涅狄格州人民的一项宪法权利。但是宪法文本的哪个地方是这一权利的出处呢？答案很不清晰。威廉·O. 道格拉斯（William O. Douglas）大法官撰写的多数人意见只是承认，没有任何字面意义上的东西决定本案的结果。相反，道格拉斯从宪法的措辞中含糊且近乎神秘地谈到了《权利法案》的精神，谈到了"灰色区域"和"边缘地

---

① 总体参见 Julia A. Ericksen, *Kiss and Tell: Surveying Sex in the Twentieth Century* (1999)。

② 381 U. S. 479 (1965)．关于本案的背景和宪法上的隐私权的法律沿革参见 David J. Garrow, *Liberty and Sexuality: The Right to Privacy and the Making of Roe v. Wade* (1994)。

带"。这些"边缘地带"暗含了一个超出立法范围的"隐私区"。尽管道格拉斯的意见是最常被引用的，但其他大法官对于康涅狄格州法是坏法的原因各有其钟爱的理论。如阿瑟·戈德堡（Arthur Goldberg）大法官就定睛于《宪法》第 14 修正案所使用的"自由"一词。在他看来，自由意味着"那些基本的个人权利"，自由并不限于《权利法案》的具体条款；无论如何，"自由"包含"婚姻隐私权"。其他大法官还提出了别的观点。他们大多数人都同意这一点：康涅狄格州的法规存在致命的错误。

　　这部康涅狄格州法由此废止，但本案的意义远远超出这一判决。毕竟康涅狄格州法在实践中已是一纸空文，康涅狄格州一开始就是一个极端案例。节育广为流行且存在争议。天主教会严厉谴责节育药具，但这些药具唾手可得。很多人使用避孕用品（尤其避孕套）来限制家庭规模。① 在凯瑟琳·戴维斯（Katherine Davis）于 1929 年发表的对大学女性的调查中，89.7%的受访者认为采取避孕是正当的。如一位女性所说，"不想要的孩子很可怜"；另一位女性则说，"夫妻不应该生超出他们照顾能力的孩子"。② 玛格丽特·桑格（Margaret Sanger）等人领导了一场旨在使节育合法化并促进其倡导者所认为合理的计划生育的协同运动。③ 这场运动取得了巨大进步，尽管还不足以说服康涅狄格州的立法机构。不过，康涅狄格州是最小的州之一，对大多数居民来说，只要开车走一小段路进入纽约州境内，就很容易得其所欲。在大多

① 参见 Andrea Tone, *Devices and Desires: A History of Contraception in America* (2001)。

② Katherine Bement Davis, *Factors in the Sex Life of Twenty-Two Hundred Women* (1929), pp. 372–373.

③ 参见 David M. Kennedy, *Birth Control in America: The Career of Margaret Sanger* (1970)。

数州，法律已经放开了。至 20 世纪 60 年代，法律几乎不再是障碍。法院也尽其所能地削弱那些曾出现在纸面上的苛严法律。在 1930 年的一起案例中，一家避孕套公司起诉另一家避孕套制造商侵犯商标权。① 被告辩称，如果一项业务自始是非法的，则不适用商标保护。法院对其辩护不予支持。诚然避孕套可能用于非法目的（防止怀孕），但它们也有一个完全合理的用途：预防疾病。原告有权在避孕套的合法用途方面保护其商标。

166　　法官们一定非常清楚，大多数人不是出于医疗原因使用避孕套。原告每年销售大约两千万避孕套——他们绝不是独家销售。被告出庭了一名证人"作证说该用品很少由医生开处方，通常"在没有任何处方的情况下"由药店销售给任何需要的消费者"。然而这并没有动摇法院的决定。

　　同样的态度出现于 1933 年的一起案例中——戴维斯诉美国案（Davis v. U. S.［1933］）。② 戴维斯在俄亥俄州阿克伦市"从事处理药剂师的橡胶杂物业务"。被告人被判犯有销售并跨州运输避孕套交易罪。其行为违反了《科姆斯托克法》，该法规定跨越州界运输任何"被设计用于……或旨在防止受孕的物品或东西"都是非法的。上诉法院推翻了这一判决。初审法院拒绝让被告人出示"善意和没有非法意图"的证据，这是错误的。被告人有权辩称其销售是为了医疗目的和预防疾病。或者换言之，销售避孕套本身不是犯罪，至少联邦法院认为如此。

　　在 1936 年的一起案例中，人们对科姆斯托克法限制规定的

---

　　① 　Youngs Rubber Co. v. C. I. Lee & Co., 45 F. 2d 103 (C. A. 2, 1930). 本案和其他案件的讨论见 Joshua Gamson, "Rubber Wars: Struggles over the Condom in the United States," *Journal of the History of Sexuality* 1：262 (1990)。

　　② 　Davis v. U. S., 62 F. 2d 473 (C. A. 6, 1933).

不耐烦态度更为明显。① 在该案中，美国政府全力抵制一种"包含一百二十种左右药具的避孕套装"，而一名女妇科医生从日本进口了这些药具。她作证说，她订购这些药具是为了在她的行医实践中试用，以观察它们对"避孕目的"是否有用。她开出的处方是"患者在不宜怀孕时使用这些避孕用品"。正如我们所指出的，《科姆斯托克法》绝对禁止邮寄或进口"旨在防止受孕"的物品，该法规甚至没有授意任何例外。法院承认，1873 年国会通过该法时可能意图"完全禁止使用此类物品"。但如果国会了解全部情况，是否真正想要取缔"那些可能被妙手仁心的医生明智地使用"以挽救生命或促进"病人福祉"的东西？显然并非如此，或者法院这么认为。无论如何，政府败诉了。勒尼德·汉德(Learned Hand)大法官写了一份相当奇怪的赞同意见。他说若任由他自己，他会持相反意见。法律的含义似乎非常明确。诚然自《科姆斯托克法》通过以来，很多人"改变了对这类事情的看法"，但(在他看来)"在人心获得足够的动量"以带来改变之前，该法至少应当保持有效(甚或强制实施)。尽管有这些情绪，他还是"同意"接受了多数派的意见。②

167

简而言之，康涅狄格州的法规及其背后的态度形单影只，而且越来越茕茕孑立。普通人使用避孕用品，几乎任何人(即使在康涅狄格州)都能轻易获得避孕用品。因此，格里斯沃尔德案的

---

① United States v. One Package，86 F. 2d 737 (C. A. 2，1936).

② 多数派意见还指出，《科姆斯托克法》的原始草案载有"除非有医生……本着诚信开出的处方"的字样，但这些字句没有出现在最终文本中。这些字句被删除的原因"似乎从未在国会讨论过"(同上，第740页)。法院似乎暗示国会对自身制定的法律含义不甚了了，这也许是事实，但却是一个相当薄弱的论点。很难反驳这一结论：法院根本不喜欢这部法律。

真正意义在于，它发现或发明了一种源于宪法体珍贵的"边缘区域"的"隐私权"或"隐私区"。当然该案在法律界引起了若干批评。不少学者对这种解释上的大胆跳跃感到忧虑（或愤慨）。显然这个"隐私区"在实际文本中没有真正依据。这一推理"奇怪、令人费解"，它是"宪法的畸形"，它"破绽百出"，是一种"硬堆概念的观点"。①

的确如此。基本上法院正在将表现型个人主义纳入宪法和基本法的文本。我们必须记得，美国宪法（就宪法而言）是一份相当古老的文献，修改并不容易。事实上修正案寥寥无几，且间隔甚长。但从另一种意义上说，联邦最高法院自宪法生效以来，一直在通过创造性的"解释"过程和"活宪法"的理论对宪法进行修正。现代人权宣言和现代宪法往往对"隐私"、生活方式以及相关问题有较为明确的规定。联合国 1948 年发布的《世界人权宣言》宣称，人民有权不受"隐私、家庭、住宅或通信方面的……任意干涉"（第 12 条）。②《西班牙宪法》（第 I 章第 10 条）提及"人的尊严"和"人格的自由发展"。③《南非宪法》规定，人人具有"尊重和保护自己尊严的权利"以及"个人隐私"的权利。④ 某种程度上受格里斯沃尔德案后继案例的启发，美国一些州将隐私写入了本州宪法。阿拉斯加州 1972 年宪法写道：人民的"隐私权……不受侵犯"。类似的语言也出现在蒙大拿州宪法中。佛罗里达州宪法(1980)规定，每个"自然人具有自由权利，私人生活

---

① Garrow, *Liberty and Sexuality*, pp. 263 – 264.
② 《宣言》还声称，"只有在配偶双方自由和完全同意的情况下才能结婚"，并且"成年"男女有"结婚和建立家庭的权利"以及"平等的婚姻权利"（第 16 条）。
③ 后一句话也出现在第 27 条关于教育的条款。
④ South African Constitution, Ch. 3, secs. 10, 13.

不受政府干涉"。(第 1 条第 23 款)。加利福尼亚州也在 20 世纪 70 年代将"追求和获得安全、幸福和隐私"加入了"不可剥夺的权利"之列(第 1 条第 1 款)。①

无论如何,联邦最高法院后续的案例在格里斯沃尔德案中撷取了"隐私"的概念,对其予以扩展,拓宽了其范围。格里斯沃尔德案谈到了已婚者的权利,康涅狄格州法侵入了夫妻的"亲密关系"。这是否意味着州可以通过法律限制已婚者购买避孕用品的权利? 1972 年联邦最高法院明确指出:答案是否定的。② 马萨诸塞州确实有这样的法规:向未婚人士分发避孕用品是违法的。威廉·贝尔德(William Baird)在波士顿大学的一次演讲后,当众给一名女士避孕药具。他当场被捕。这并非出乎意料,也不是事与愿违。事实上,他告知了在演讲中"执勤"的警察;如他对听众所说,"我们改变法律的唯一途径就是将案件提交法院"。③ 贝尔德完全正确。联邦最高法院废止了这项法规。布伦南大法官说:"隐私权"是个人——"无论已婚或单身"——在诸如"是否生养孩子"这类事情上"不受政府无端干涉"的权利。

"隐私"的概念可以用这种方式扩展不足为奇。这是一个婚姻的社会意义急剧变迁的时代,一个日益愿意接受正统婚姻替代物的时代。人们对性的态度也越来越宽容。联邦最高法院在卡蕾诉国际人口服务机构(Carey v. Population Services International [1977])一案中又向前推进了一步。④ 纽约州的一项法规规定: 169

---

　　① 关于这些发展参见 Ken Gormley and Rhonda G. Hartman, "Privacy and the States," *Temple Law Rev.* 65:1279 (1992)。

　　② Eisenstadt v. Baird, 405 U. S. 438 (1972).

　　③ 引自 Garrow, *Liberty and Sexuality*, pp. 320 – 321。

　　④ 431 U. S. 678 (1977).

向 16 岁以下的未成年人出售或赠送避孕用品是一种犯罪行为；除了持有执照的药剂师以外，任何人不得向任何年龄的人发放避孕用品。该法规还将广告宣传或展示避孕用品定义为犯罪。联邦最高法院废止了该法规。未成年人也有做出生活选择的权利。事实上多数派意见对"限制避孕用品使用能否实际抑制过早的性行为"持怀疑态度，并进而以权威的口吻说，法官们"注意到……未成年人的性行为发生率很高"。对广告的禁止也令人讨厌，国家不可"封锁"有关"完全合法活动"的真实信息。联邦最高法院驳斥了认为避孕产品广告"会令人反感和尴尬"以及"允许其存在会使年轻人的性行为合法化"的观点。

三、堕胎

隐私原则最富戏剧性的拓展出现于 1973 年的著名案例——罗伊诉韦德（Roe v. Wade）案。[①] 该案的焦点是堕胎。19 世纪很多州颁布了限制堕胎法。其中一些法律在 20 世纪期间放宽了限制，其他法律如故。即使堕胎非法化以后，也一直存在对堕胎的强烈需求。妇女往往能找到愿意帮助她们打掉不想要的胎儿的人。有时这种事以悲剧收场，但也有技术娴熟的医生，他们的地下业务十分兴隆。[②]

罗伊诉韦德案挑战的是两部州立堕胎法——一部在得克萨斯

---

① 410 U. S. 113 (1973).

② 参见 Leslie J. Reagan, *When Abortion Was a Crime: Women, Medicine, and the Law in the United States, 1867 - 1973* (1997) 以及 Rickie Solinger, *Beggars and Choosers: How the Politics of Choice Shapes Adoption, Abortion, and Welfare in the United States* (2001), ch. 2。

州，另一部在佐治亚州；一部限制严格（得克萨斯州），另一部
较为宽松（佐治亚州）。"简·罗伊"（Jane Roe）是一位名叫诺尔
玛·麦科维（Norma McCorvey）的女士的笔名。联邦最高法院通
过一项7比2完胜的判决，废除了所有关于堕胎的现行法律。格
里斯沃尔德案及其后续案件所确立的"隐私权"相当广泛，足以
保护妇女做出终止妊娠的决定。哈里·布莱克门（Harry Black-
mun）大法官撰写的多数派意见将这种扩大的隐私权定位于《宪
法》第14修正案的正当程序条款。布莱克门的意见并没有赋予妇
女或其医生在孩子出生前堕胎的绝对权利。布莱克门将怀孕从法
律上分为三个时期：在妊娠初期三个月，妇女堕胎的权利基本不
受限制；在妊娠中期三个月，各州可以为了母亲的健康利益而规
制堕胎；在妊娠期最后三个月，国家更关心保护未出生的孩子，
州政府可自行严格限制堕胎，但如果妇女的生命危在旦夕，则不
限制其堕胎。

　　布莱克门和其他多数派法官很可能将这一判决视为一种妥
协。它并没有给予妇女对堕胎的完全控制权，显然它也没有满足
少数派的希求。很多人认为堕胎是一种罪恶和犯罪——事实上是
谋杀，是对无辜灵魂的屠杀；他们希望全面禁止堕胎。这一判决
实际上比布莱克门想象的可能要少一些妥协。妇女群体总体上相
当满意。"亲生命"势力则十分不悦，成千上万的人憎恶这个判
决。人们不可向谋杀妥协。因此这个判决从一开始就捅了一个争
议的大马蜂窝。如今三十多年过去了，这场争论犹未平息。它仍
旧是一个热点政治问题，也是一个热点法律问题。宗教保守派决
心在必要时通过修改宪法来废除韦德案。国会实际上逐渐削弱了
这个判决的效力。所谓的《海德修正案》终止了联邦政府对贫困

170

妇女堕胎的资助（除非是为了挽救母亲的生命），联邦最高法院支持了这一限制规定。① 保守派总统们承诺要致力于推翻关于堕胎的判决。他们任命最高法院法官，希望这些法官会推翻罗伊诉韦德案。在 1992 年的某个时刻，这似乎是可能的。但在宾夕法尼亚州东南部计划生育部门诉凯西（Planned Parenthood of Southeastern Pennsylvania v. Casey）一案中，② 联邦最高法院的微弱多数拒绝这么做。

171　　凯西案涉及宾夕法尼亚州通过的一部法规，其中对堕胎有若干限制。比如计划堕胎的未成年人必须征得父母同意，已婚妇女必须告知丈夫。该法令在法庭上受到质疑，它给了多数派一个终结罗伊诉韦德案效力的机会。事实上联邦最高法院支持宾夕法尼亚州法的大部分内容，但不支持其要求已婚妇女须将堕胎计划告知丈夫的条款。多数派断然拒绝推翻先例。新任总统威廉·克林顿后来任命"亲选择"的法官就任联邦最高法院，这样一来，这个判决暂时看起来是安全的。但罗伊诉韦德案的未来仍有点阴云密布。

　　堕胎、家庭法、生活方式的规制和性选择——这些一直是所有发达国家的焦点问题。各国解决这些问题的方式各异，但它们无法回避这些问题。堕胎几乎在任何地方都会引起争议。有些国家规定堕胎在大多数或所有情况下都是非法的。在大多数拉丁美洲国家，堕胎要么在法律上不被允许，要么受到法律的严格限制。③ 世

---

　　①　参见 Maher v. Roe，432 U. S. 464（1977）。

　　②　505 U. S. 833（1992）.

　　③　Claudia Lima Marques，"Assisted Reproductive Technology（ART）in South America and the Effect on Adoption," *Texas International Law Journal* 35：65，68 – 71（2000）.

界上大约四分之一的人口生活在完全禁止堕胎或将堕胎限定于少数罕见情况(强奸、乱伦或挽救母亲生命)的国家。据联合国调查,截至 1999 年,只有四个国家完全禁止堕胎——连上述例外情形也没有。智利是其中之一,但即使在智利,堕胎在实践中也并非遥不可及。在一些国家(包括德国、西班牙和波兰),宪法法院面临这一焦点问题。德国和西班牙的法院都没有像美国最高法院走得那么远,实际上在德国的一个关键案例中,最高法院承认未出生的孩子本身具有宪法权利。德国和西班牙都不承认美国意义上的堕胎"权利"。德国宪法特别保护"自由发展……人格"的权利,但是宪法法院并没有将这一条款解释为创建一个日耳曼版本的罗伊诉韦德案。[①] 波兰 1997 年的一项判决使议会通过的堕胎法归于无效,其理由是该法侵犯了胎儿的权利。[②] 波兰随后颁布了一部新的堕胎法,允许妊娠早期堕胎(妊娠 12 周之内),不过只有在强奸、乱伦、对母亲健康有危险或胎儿畸形的情况下方可。[③]

大多数发达国家允许妇女在怀孕早期阶段终止妊娠,但大部分国家(如波兰)对这项权利进行了某些限制(例如法国的强制咨询)或将其限定于几种情形。对于女性遭受性侵(即其怀孕若非自愿)的情况,许多限制严格的法律则采取不同的做法。当然立法文本很少能真实反映行动中的法律现实图景。堕胎在实践中往往比理论上更容易。例如,在妇女为了精神或身体健康而可以进

---

① 参见 Mary Ann Glendon, *Abortion and Divorce in Western Law* (1987), pp. 33–39。

② 参见 Ryszard Cholewinski, "The Protection of Human Rights in the New Polish Constitution," *Fordham International L. J.* 22:236, 261–262 (1998)。

③ *Agence France Presse*, March 7, 2004.

行堕胎的情况下，"精神健康"往往是一个巨大的漏洞。毕竟意外怀孕很容易患上抑郁，一个合作的医生可以证明你的精神健康有问题，需要打掉胎儿。从前有迁徙离婚，现在有迁徙堕胎。怀孕的爱尔兰妇女可以坐船或乘飞机去英国。大量国家许可按需堕胎，包括中国、瑞典和捷克共和国。堕胎率差别很大。现行法律可能是一个因素，但即便如此，它也绝不是决定性因素。1991年土耳其(一个允许按需堕胎的国家)的堕胎率微不足道，美国的堕胎率是土耳其的 9 倍，罗马尼亚的堕胎率是土耳其的 66 倍之多。①

四、同性恋和变性人权利

有一段时间，罗伊诉韦德案似乎是美国宪法性隐私权的最高标志。1986 年在鲍尔斯诉哈德威克(Bowers v. Hardwick) 一案中，② 联邦最高法院拒绝采取许多人所希望的合乎逻辑的下一步行动。该案的主题是佐治亚州的鸡奸法。被告迈克尔·哈德威克(Michael Hardwick)是一名酒保，因在公共场所喝酒而欠下了一笔罚款。一名警察持搜查令来对哈德威克执法。公寓的另一住民让警察进了房间。警察走进哈德威克的卧室，发现他正在和另一个男人发生性关系，触犯了佐治亚州的鸡奸法。这部法规的规制对象不限于同性恋者，甚至已婚夫妇发生了被禁止的性行为，也可能违反该法规。理论上，违法的处罚可能相当严厉：最高可判

① Rita J. Simon, *Abortion: Statutes, Policies, and Public Attitudes the World Over* (1998), pp. 51 – 52.

② 478 U. S. 186(1986).

处 20 年监禁。毋庸置疑，该法即使能得以实施也执行寥寥，它 173
从来没有对已婚夫妇适用过。事实上佐治亚州并非真的想起诉哈
德威克，然而哈德威克坚持要挑战法律。联邦最高法院的微弱多
数维持了这部法规。拜伦·怀特（Byron White）大法官代表多数
派撰写意见称：隐私案件是关于"家庭、婚姻或生育"的，主张
同性恋行为的宪法性权利很荒谬。布莱克门大法官不赞同这一意
见，认为将该案说成是关于鸡奸的"基本权利"的看法狭隘而带
有偏见，此案毋宁关乎"不受干扰"的"基本权利"。

　　这是一个 5 比 4 的判决，大法官刘易斯·鲍威尔（Lewis
Powell）投出了关键的第五票，后来公开宣布放弃原观点：1990
年 10 月，他告知某法学院的听众，当时他的投票"可能"是一
个错误。具有讽刺意味的是，佐治亚州最高法院于 1998 年废止
了这一法规。① 佐治亚州最高法院漫不经心地忽略了鲍尔斯案而
诉诸自己的州宪法。毕竟，佐治亚州最高法院（而不是联邦最高
法院）是关于该文件的最高权威。

　　1998 年佐治亚州（一个南部腹地州）的判决见证了全国舆论
氛围的巨大变化。直至 1960 年，各州才将"鸡奸"定为犯罪。至
本世纪末，各州的法律文本相继删除了鸡奸罪，至少对于成年人
不再是犯罪。联邦最高法院本身也开始倒退，1996 年给出了这
种影响的明确信号。相关案例来自科罗拉多州。科罗拉多州若干
城镇——博尔德、阿斯本和丹佛——通过了禁止基于性取向歧视
的条例。原教旨主义组织提出了一项投票提案，提议修改《科罗
拉多州宪法》以废除这些条例。根据该提案，州或地方政府不得
采取基于性取向而保护人们的任何措施。根据科罗拉多州的公投

---

　　① 　Powell v. State，270 Ga. 327，510 S. E. 2d 18（1998）.

程序，这项提案在投票中获得了成功；它很快在联邦法院遭到质疑。有些令人惊讶的是，联邦最高法院的多数派认为该修正案违反了联邦宪法。科罗拉多州的规定通过这种方式特别挑出一类人，违反了平等保护的条款。多数派意见甚至没有提及鲍尔斯诉哈德威克案。①

174 　　截至 2003 年，只有 13 个州仍将鸡奸定为犯罪——一些南方的州，还有犹他州和爱达荷州。其中四个州将该罪仅限于同性恋行为，得克萨斯州有一部这样的法律。联邦最高法院同意听取对得克萨斯州法的质疑，2003 年 6 月联邦最高法院废除该法，推翻了鲍尔斯诉哈德威克案，并显然将所有现行鸡奸法扔进了历史的垃圾桶。隐私权大获全胜。②

　　然而，尽管联邦最高法院做出了判决，但整个同性恋权利问题在一些公众当中一如既往地存在激烈争议。科罗拉多州的案例说明了这一点。联邦最高法院站在了同性恋权利的一边（尽管不是没有安东宁·斯卡利亚［Antonin Scalia］大法官的激烈反对）。科罗拉多州大多数的民众对同性恋权利条例投反对票。而引发"家庭价值观"之战的，正是科罗拉多州的重要城市确实保障同性恋权利这一事实。如前所述，美国许多州早在几年前就从纸面删去了禁止鸡奸的法律。在全国大部分地区，同性恋行为已不再是犯罪。公开同性恋的男女竞选公职时有获胜，偶尔被任命担任政府职位。科罗拉多不是唯一一个社会采纳反歧视条例的州。在一些地区，人们对这些法规提出建议和提议，随后否决之；在另

① Romer v. Evans, 517 U. S. 620 (1996).
② Lawrence v. Texas, 539 U. S. 558 (2003). 根据撰写多数派意见的安东尼·肯尼迪(Anthony Kennedy)大法官的说法，自由"被假定是一种包含……亲密行为之自由的自治"。

一些地区，这类法规被民众投票废除，如科罗拉多州那样。但总的来说，公众对同性恋关系的态度已大大宽容。

根据人口普查，美国至少生活着一百五十万对同性情侣。其中近二十万对同性情侣在抚养孩子。许多同性情侣希望得到国家的某种认可——以某种方式获得婚姻的法律和社会利益。并非所有同性情侣都想结婚，但若干情侣确实渴望得到婚姻可能带来的认可——合法性。[①] 但如果说有什么比同性恋权利条例更令保守派恐惧的话，那就是同性恋婚姻的幽灵。新英格兰的一个小州佛蒙特州响应法院判决，为男女同性恋伴侣们设立了一项民事结合制度，这引起了全国其他地区的恐慌。佛蒙特州似乎很危险，因为在联邦制度下，常规的礼让规则可能迫使其他州认可这种"婚姻"，亦即，如果它在佛蒙特州有效，那么在其他州也应当有效。随之而来的是一阵立法狂潮。为了抵御这种瘟疫，各州纷纷通过法律，明确将婚姻定义为一男一女之间的某种关系，除此以外没有其他情形。1996 年国会通过了一项"婚姻保护"法案。根据该法，"……在涉及被当作婚姻的同性关系方面"，任何州不必"对其他州的任何公共法案、记录或司法程序赋予效力"。联邦法律文本凡使用"婚姻"一词之处，均意指"仅仅是作为夫妻的一男一女之间的合法结合"。[②] 2003 年 11 月，马萨诸塞州高等法院的一项判决甚至比佛蒙特州更加超前：它命令立法机构通过一部允

---

① 参见 Kathleen E. Hull, "The Cultural Power of Law and the Cultural Enactment of Legality: The Case of Same-Sex Marriage," *Law and Social Inquiry* 28: 629 (2003)。

② Michael S. Wald, "Same-Sex Couple Marriage: A Family Policy Perspective," *Va. J. of Social Policy and the Law* 9: 291, 292 (2001)；该法是 PL 104 - 199, of Sept. 21, 1996。许多州都有自己的禁止同性恋婚姻的版本，如 Miss. Code sec. 93 - 1 - 1(2)。

许男女同性恋结婚的法律。① 这又引发了一场恐慌，人们呼吁修改宪法，吁求采取某些行动（任何行动）以避免被视为危机的情况发生。一位"关怀美国妇女"组织的女带头人要求立即采取行动："现在正是时候"，她说，以后"等你看到美国公众解体，你看到敌人因为我们没有道德意志而追上我们时"，就为时晚矣。② 2004 年，旧金山市长下令市府官员为同性情侣颁发结婚证，许可其结婚。这只会使文化战争更加激烈。

"道德意志"无疑与刚才引述的那位女士心目中的正统婚姻有关。但非正统婚姻在美国——甚至在堪萨斯州平坦的土地上——遍地开花。例如，堪萨斯州高等法院在 2002 年就不得不处理一起关于变性人的案例。一名 85 岁的富翁马歇尔·加德纳（Marshall Gardiner）和年轻得多的杰诺埃尔·鲍尔（J'Noel Ball）举行了一场婚礼。大约一年后加德纳去世，没有留下遗嘱。杰诺埃尔起诉要求她作为加德纳遗孀的法定继承份额。但存在一个问题：杰诺埃尔是变性人。生为男性的他还和一个女人结过婚又离了婚。杰诺埃尔甚至在离婚前就开始了一系列治疗和手术，将自己的性别从男性变成女性，随后她嫁给了马歇尔·加德纳。堪萨斯州最高法院拒绝了此"寡妇"的请求，判决该婚姻无效。在堪萨斯州只有生物学上的女人——天生的女人——才可成为妻子，一个"术后由男性变成的女性"不符合"女性的定义"。③

176

---

① Goodridge v. Department of Public Health, 404 Mass. 309, 798 N. E. 2d 941 (2003). 参见 *New York Times*, Nov. 19, 2003, p. 1。

② *New York Times*, Nov. 20, 2003, p A29.

③ 在马歇尔·G. 加德纳的遗产案（the Estate of Marshall G. Gardiner, 42 P. 3d 120 [Kansas, 2002]）中，法院声称，正如法院通常所做的那样，它仅仅是在解释相关法规（关于婚姻）。该案的一个奇怪之处是，它暗示如果杰诺埃尔要和一个女人结婚，这段婚姻虽然明显是女同性恋性质，但在堪萨斯州是有效的。

堪萨斯州的一个下级法院则有不同的判决，其他州的案件至少愿意对变性人（通过激素和外科手术改变身份的人）给予某些法律上的认可。如根据马萨诸塞州法，如果一个人接受"变性手术"并合法地更改了名字，那么他或她有权利修改出生证明"以反映新获得的性别和姓名"。①

1997 年，欧洲人权法院也审理了一起涉及变性人的案件。这一次是一名妇女通过手术奇迹"变身为"男人。这个英国人 X 和一个女人 Y 以情侣关系生活了多年。那个女人通过人工授精生了一个孩子。X 想登记为孩子的父亲，但遭到拒绝。于是 X 声称自己的权利受到侵犯，诉诸人权法院。X 败诉了，部分原因在于欧盟各国对家事法有着广泛的自由裁量权。②

在某种程度上，关于变性人的整体想法证明了我们社会中选择观念的力量。可以肯定的是，绝大多数人都对自己的性别身份感到满意，无法想象改变它。但有少数人觉得自己的天生性别是某种可怕的错误。激进的手术、激素——以及选择的文化——让他们至少在举止和性行为方面，可以从男人变为女人或从女人变为男人。但任何手术都不能改变细胞核即基因组合，如我们所见，这对于堪萨斯州最高法院来说是具有决定意义的。无论如何，变性手术是一种极端措施，它也处于个人选择文化的极端边缘——可塑性身份观念的边缘。

变性人首次成为新闻，是克里斯蒂娜（原名乔治）·乔根森（Christine［formerly George］Jorgensen）于 1952 年在丹麦通过外

---

①　Mass. Stats. Tit. VII, ch. 46, sec. 13(e).

②　ECHR judgment of April 22, 1997, Series A, no. 753, 如下文讨论 Lorna Woods, "Decisions on the European Convention on Human Rights during 1997," in *British Year Book of International Law 1997* (vol. 68, 1998), pp. 371, 404–405。

177　科手术成为女性的案例。当时这个事件引起了某些轰动。另一起
著名案例涉及勒妮·理查兹（Renée Richards）博士，他之前是男
子，1977 年赢得一场允许其以女性身份打网球的官司。即使在
今天，变性也不是常例，但它已不再是新闻头条。一些欧洲国家
如今愿意走得更远，赋予变性男女的新身份所有权利和义务。①

　　这些案例虽凤毛麟角，但说明了一点。尽管存在激烈争议、
倒退和（抑制有人认为的对私人选择过度保护的）法律拦阻，但
生活方式的法律选择领域大大增加了。人们现在诉求并获得了某
些行为模式和生活方式的权利——那些行为模式和生活方式在过
去可能引起丑闻、愤慨和耻辱，使他们丧失在体面社会的地位；
至少在理论上，那些行为有的甚至可能把他们送进监狱。在美
国、斯堪的纳维亚半岛和西欧其他地区（但不是全部）的大城市，
同居已变得几乎常态化。同性恋行为完全合法并得到广泛容忍，
避孕和堕胎自由可行，对文学、杂志和电影的审查苟延残喘或荡
然无存。

　　隐私权——格里斯沃尔德案（如果不是罗伊诉韦德案）意义
上的隐私——牢牢地嵌入了发达国家的法律。《世界人权宣言》
（1948）宣称，"任何人的隐私、家庭、住宅或通信不受任意干
涉"；《欧洲人权公约》（第 8 条）也宣布了一种对"私人和家庭生
活"报以"尊重"的权利。这些是极其模糊的规定。此外《欧洲
人权公约》有一个宽泛到几乎足以涵盖一切的例外条款：如果旨
在"防止混乱或犯罪"或者"保护健康或道德"，国家可以推翻
第 8 条的规定。但事实上如法院所解释，第 8 条已经相当宽泛。

----

　　①　参见 Thomas M. Franck，*The Empowered Self: Law and Society in the Age of Individualism*（1999），pp. 162 – 177。

法院抓住了"私人"一词，发现当中富藏深意。这场运动在方向上——随后是在某些方面——与美国的发展齐头并进。如在达吉恩诉英国（Dudgeon v. U. K. ［1981］）一案中，北爱尔兰贝尔法斯特的一名船员杰弗里·达吉恩（Jeffery Dudgeon）向欧洲人权法院提起诉讼。他援引《欧洲人权公约》第 8 条反对"北爱尔兰现行法律，该法将……成年男子之间的同性恋行为定为刑事犯罪"。法院认为这些法律的确违反了《欧洲人权公约》第 8 条。①

　　嗣后，反对同性恋关系的法律在欧洲已经或正在消失。一些国家对允许同性情侣享有与婚姻权相似的权利持开放态度。这方面的先锋是丹麦、挪威和瑞典等斯堪的纳维亚国家。如挪威于 1972 年将同性恋关系去刑事化，1981 年禁止基于性取向的歧视，1993 年议会颁布了"伴侣关系登记"法。登记伴侣的法律地位与普通已婚夫妇基本相同——例如登记的情侣若想解除关系，需履行正常的离婚程序。② 1998 年加泰罗尼亚议会通过了一项关于稳定结合情侣（"Uniones estables de Pareja"）的法律，赋予同性情侣包括继承权在内的广泛权利。在阿拉贡和纳瓦拉也有类似的规定。③ 德国的同性情侣如今也可以登记为伴侣，如果他们进行了登记，其法律关系便类似于在挪威的法律关系——只有法院可以

178

---

　　① ECHR Dudgeon case, decision of Jan. 30, 1981, Series A, no. 45. 法院承认，尽管有些人可能会"对……私人同性恋行为感到震惊、不快或……不安"，但这本身并不能授权法院在涉事者都是成年人时适用刑事制裁。同上，第 23 页。

　　② 参见 Marianne Roth, "The Norwegian Act on Registered Partnership for Homosexual Couples," *U. of Louisville J. of Family Law* 35：467（1997）。

　　③ Constanza Tobio, "Marriage, Cohabitation and the Residential Independence of Young People in Spain," *International J. of Law, Policy and the Family* 15：68, 75（2001）; Encarna Roca, "Same-Sex Partnerships in Spain：Family, Marriage, or Contract?" *Ewropean J. of Law Reform* 3：365（2001）.

批准"离婚"。① 德联邦的三个州（包括信奉保守的天主教的巴伐利亚）在法庭上对这项法律提出质疑。他们声称该法违反了保护婚姻和家庭的宪法保障。但德联邦宪法法院以 5 比 3 的判决维持了这项法律。法院指出，2000 年在联邦共和国至少生活着四万七千对同性伴侣，其中一半以上"表示希望以具有法律约束力的伴侣关系生活。"②法院称，赋予同性伴侣权利并不违反保护婚姻的规定。事实上新法律将婚姻视为一种社会模式或理想。宪法保护了人类对亲密、可靠关系的基本需求，为同性情侣的这种关系提供法律依据丝毫无损于婚姻制度。这些民事结合是一种中庸之道，同性情侣距离真正的婚姻只有一步之遥。截至 2004 年初，加拿大有两个省份实际上已经跨出了这一步，马萨诸塞州亦然。

五、隐私及其诟病

堕胎是另一个仍饱受争议的隐私问题。宗教信仰和法律技术困扰着堕胎问题。喧嚣呐喊的背后是现代社会的一些基本事实。性爱和生殖技术影响着堕胎，不只是技术意义上的影响：它也改变了人们的态度和期望。这不单单是由于堕胎在医学上是安全的。像避孕药和避孕套这样的用品传了一个信息：孩子是一个自由选择的问题。堕胎是一种不那么可取且更激烈地实践这一选

---

① 关于本法创设的财产权参见 Gregor Rieger, "Das Vermögensrecht der einge-tragener Lebenspartnerschaft," *Z. für das Gesamte Familienrecht* 48：1497（2001）；更早的法律情形参见 Jörg Wegner, "Die Ehe für Gleichgeschlechtliche Lebensgemein-schaften," *Zeitschrift für Rechtssoziologie* 16：170（1995）。

② BverfG, 1 BVvFl/01, July 17, 2002.

择的方式，但它是同一连续体的一部分。

在美国，堕胎问题被视为隐私的一个方面；另一个方面的离婚是在家庭法范围内进行处理的。但这两个问题存在有机联系，两者均涉及贯穿本书讨论的主流趋势：家庭从身份到契约、从刚性到弹性以及从强制到选择的航程。这种趋势显而易见，然而这一航程从来不是一帆风顺的。毫无疑问，在生活方式和"隐私"问题上，人们的普遍态度发生了巨大变化，尤其是在 20 世纪后半叶。这一点似乎非常清晰，尽管存在踌躇、冲突、挣扎和各种曲折。同样清晰的是，不断变化的个人概念——关于选择、自由和权利的观念——是上述发展的基础。在现代社会，过去紧闭的大门是敞开的。在结婚或离婚、性取向、要或不要孩子、家庭生活或没有家庭生活甚至身份认同问题上，选择的范围扩大了。

尽管选择的范围扩大了，但仍限制在一定范围内。许多选择仍被禁止。乱伦仍是禁忌，性自由基本上仅限于成年人（或接近成年人）。几乎没有人想改变这些规则。此外，在若干态度和行为的变化基础上存在一个保守的核心。承诺、婚姻和稳定依然是 180 理想。甚至堪萨斯变性人杰诺埃尔也希望有类似老式婚姻的东西。同居情侣的权利是为那些想要做出承诺的情侣确立的权利。"进步的"司法管辖区赋予这些情侣权利，甚至当爱情开始消退时还需要离婚之类的东西。大多数处于长期关系的同性情侣希求某种婚姻的形式，他们想要合法性。一些激进分子（同性恋和异性恋）反对同性婚姻，恰恰是因为他们反对一切婚姻，他们谴责婚姻是资产阶级的压迫性制度。但这种资产阶级的压迫性制度仍具有强大的生命力。

关于性生活、堕胎和避孕等如此多的现代争论在法律上被定义为隐私问题，这有点自相矛盾。自由选择生活方式意义上的"隐私"似乎与保密意义上的"隐私"——或作为一道将个人私密生活与世界隔开的屏障之"隐私"——相距甚远。对某些人来说，"隐私"意味着（可以说甚至是公开的）裸露的自由。对沃伦和布兰代斯来说弥足珍贵的隐私——体面的外衣、可避开媒体窥探的自由——已失去了部分力量和光泽，尤其是对公众人物而言。

　　如我们所见，公众人物对媒体来说是可戏谑的对象。关于公众人物没有什么是神圣的。小报新闻报道总统和首相的性生活，这些事甚至是主流媒体的素材。小报对每一桩丑闻都饕口咽嘴：英国年轻的王室成员、王子的风流韵事以及富豪名流的性生活。舞台、银幕和电视名人周围如蚊虫般蜂拥着身扛变焦镜头的摄影师。对消息的渴求远远超乎性事和丑闻之上。法国总统有助听器吗？英国女王穿什么样的衣服？任何有关名人的生活，无论是私人的还是公共的——琐碎的、平凡的以及轰动的——对于电视和媒体来说都是有利可图的。

　　过去五十年左右，媒体的塑造作用比以往任何时候都重要。自1800年以来，经济、社会和技术的巨大变革彻底改变了家庭生活、家庭结构和家庭法，但没有什么比媒体的作用更大。媒体是现代社会中一个无孔不入的元素。它们对一般文化的影响尤其对法律文化的影响是不可估量的。电视异常强大，无处不在。对孩子而言——用詹姆斯·斯蒂尔（James Steyer）的话说——电视已成为"另一个家长"。① 家庭一度垄断了对幼儿的培养、教育和

---

　　① James P. Steyer, *The Other Parent: The Inside Story of Media's Effect on Our Children* (2002).

社会化工作。学校在一定程度上接管并分担了这项工作。但如今家庭和学校都有一个强大的竞争对手。几乎从孩子出生的那天起，家里的电视就传播着信息。它传授思想、文字和图像，塑造孩子们对现实的看法。根据 2003 年 10 月《纽约时报》引述的一项研究，美国近乎 25% 的 2 岁以下的幼儿房间里有电视，59% 的 6个月到 2 岁的婴儿看电视。①

要言之，西方国家典型的中产阶级儿童吸收了数量惊人的图像——电视、光碟和网站。这些孩子从他们热衷观看的电视节目中学到了什么？电视灌输一种明确的意识形态——个人主义、消费和欲望的意识形态。孩子们了解到的是一个欲求、需要、购买和使用的世界，一个消费品的世界，一个潮流和时尚的世界。正如肯尼斯·卡斯特(Kenneth Karst)所指出的那样，"襁褓中的婴儿学会了识别广告标识，并在他们说出第一个单词后不久就开始念出品牌名称"②。最重要的是，孩子们进入一个以赤裸裸的自我为中心的世界。孩子们知道英雄和超人，得以窥视富豪名流的世界——名人世界，这些人主宰电视，与卡通人物平分秋色。卑微的普通人被挤到了广播频道的缝隙和边缘。电视使名人社会膨胀和高举。而与此同时，电视使人们的这一感觉膨胀：他们有权利看到、听到并知道一切；在政治、体育和公共生活世界，没有什么可以合法地保密；每个细节(甚至最私密之事)都属于公共领域。因为人们在电视上看到如此之多，他们开始认为他们可以

---

① Tamar Lewin, "A Growing Number of Video Viewers Watch from Crib," *New York Times*, Oct. 29, 2003, p. 1.

② Kenneth L. Karst, "Law, Cultural Conflict, and the Socialization of Children," *Cal. L. Rev.* 91: 969, 1004 (2003). 卡斯特接着说：在"消费品中蕴藏着自我呈现——一种为达到自我实现的表演"。同上。

且应该无限制地进入公共领域。

182　　　这或许可以解释为什么公众人物的隐私得到的支持如此之少，而与此同时普通人的隐私得到的支持如此之多。普通人觉得他们自己有（尽管别人也许没有）选择和知情的权利。我们提及过一种日益增长的权利：养子女了解自身生世和亲生父母身份的权利。他们受到好奇心以及这种知情、选择和认识自我之权利的深刻意识驱使。如我们所指出的，这里也存在一种明显的利益冲突。许多亲生父母（虽然不是全部）憎恶秘密面纱被粗暴地撕开。

　　电视以声音和图像充斥屋宇，破坏了家的亲密宁静。互联网和手机也一样。在诸如意大利、芬兰、以色列或美国这样的国家，成千上万的年轻人从来没有在孤独或独处的意义上成为"私人"。他们整天用手机聊天，如果没有耳机、电脑、寻呼机、掌上电脑或其他能将他们与人、图像和声音连接起来的小玩意，他们会感到浑身不自在。他们的生活被技术通讯所包围。商务人士也是如此，如今他们无论身在何处，都可以与家里、办公室或网络保持联系。

六、选择隐私——或无隐私

　　于是在某种程度上，很多普通人选择生活在一种玻璃鱼缸里。名人生活是鱼缸生活的极端情形。法律变迁和（更显著的）文化嬗变削弱了对媒体的旧有限制。媒体不再自我审查，也没有人审查它们。如我们所见，旧的隐私概念已经成为这一发展的牺牲品。报刊、电视和大众市场杂志以某种曾被认为是错误且完全违法的方式肆无忌惮而具有侵扰性。名人生活富有魅力，但魅力是有代价的——失去隐私。一旦你的脸被人知道和认识，你就成了一种名声的囚徒。然而名人鱼缸里的生活魅力四射，令人目眩神迷，富有感染力，它勾引着成千上万人的欲望。

　　近来媒体给普通人提供了进入充满魅力和知名度世界的机会。如今或许人人都可成为名人——可以有十五分钟的名气。于是隐私——安静、匿名的生活——本身已成为一个选择的事情。大多数人宁愿默默无闻、不为人知，但有一小撮人甘愿为了变成明星而做任何事情，做出任何牺牲。真人秀节目给了一些人这样的机会，这就是出现在"老大哥"或"幸存者"节目中的人们。一些人甚至让摄像头充斥他们的家，将自己暴露于互联网中。20世纪90年代末，华盛顿特区的一名年轻女子珍妮弗·林利（Jennifer Ringley）献身于一种"在互联网摄像头下的生活"，观众可以看到她穿衣、睡觉、吃饭和喝橙汁。① 此后她有大把效尤者。在"老大哥"节目里，镜头对准一群在一栋租来的房子里共同生活的普通人。这个节目（或其变体）至少在十七个国家播放过。在英国宣布该节目计划时，约有五千人向制片人发送了个人视频。吸引他们的不是微薄的奖金，而是成为明星的机会。②

　　所谓的垃圾访谈节目也有类似的吸引力。这些节目都是普通人谈论他们的生活和问题的节目。当然对于这些节目来说，真正普通人的真正普通问题太过无聊。于是他们专门找那些耸人听闻的和具有轰动效应的问题，尤其那些（说得温和些）非主流的性

183

---

　　① Libby Copeland, "Guy Breaks up Cam-Girls but Internet Shows Go On," *Orlando Sentinel*, Sept. 2, 2000, p. E10.

　　② Germaine Greer, "Watch with Brother," *The Observer*, June 24, 2001, Observer Review Pages, p. 1.

行为。① 1993 年 8 月，其中一档此类节目的主持人萨莉·杰茜·拉斐尔（Sally Jessy Raphael）设立了一个免费电话号码，供愿意拨打电话来回答她问题的妇女使用。② 在这类节目中层出不穷的男女暴露他们生活中最私密的细节。他们谈论诸如什么是变性人、无神论者、受虐者、与病人上床的牙医、与公公乱伦的媳妇以及由高中生致孕的 45 岁妇女等。对于一些参与者来说，这些节目是一种宣泄。对于另一些人来说，节目具有政治意义，节目使他们有机会在公众面前亮相，是他们唯一可以被耳闻、目睹和聆听的场合。这些参与者"出卖隐私以换取将他们的事务列入公共议程的机会"。③ 然而对大多数参与者来说，吸引他们的无非其对自己小小名气的钟迷。

可以说，大多数人不那么情愿在世人面前祖露招摇，他们珍视自己的静默无闻。他们不想上电视——至少没有糟糕到去做些什么而使他们上电视的地步。但如果给他们一个机会——假如他们住在凶手的隔壁或是犯罪的目击者，或发现自己以另一种方式"成为新闻人物"——其中许多人会迫不及待地抓住这个机会。摄像机和麦克风似乎让人几于上瘾。在某些方面，对名声的渴求在现代社会几乎是一种流行病。我们的社会是一个越来越多的人成为孤立个人的社会，是一个家庭关系变得越来越淡漠的社会。成为"人物"的渴望使人饱受煎熬。成为"人物"意味着在自己

---

① 参见 Gini Graham Scott, *Can We Talk? The Power and Influence of Talk Shows* (1996) 以及 Joshua Gamson, *Freaks Talk Back: Tabloid Talk Shows and Sexual Nonconformity* (1998)。

② Patricia Joyner Priest, *Public Intimacies: Talk Show Participants and Tell All TV* (1995), p. 13.

③ Patricia Joyner Priest, *Public Intimacies: Talk Show Participants and Tell All TV* (1995), p. 190.

狭小的圈子之外被人知晓，意味着成为新闻，你的名字见诸报端，闻于电视。十五分钟的名气似乎是值得的。

现代社会的隐私文化是复杂的，甚至是自相矛盾的。这条路的两个分岔可能无法调和。对个人隐私的需求足够真实。人们希望对档案进行严格限制，希望自己的健康记录和银行账户得到保密，惧怕身份证件，对监控保持戒心，等等。但这些人也喜欢侵犯他人（尤其是名人）的隐私。当媒体侵犯名人隐私时，他们并不反对。有少部分人甚至很乐意放弃自己的隐私。也许人们想要的是选择消费多少隐私以及何时、如何消费隐私——至少对他们自己来说是这样。

隐私也是视情况而定的。比如说，同一些人可能会有想去裸体海滩的冲动，但是当他们在卧室或淋浴间发现一个秘密摄像头时会吓坏了；他们也会反对有人在裸体海滩上拍照。他们厌恶监控这一概念，但迄今他们对某些情况下的监控已习以为常——商店和办公楼的电视监控，机场的金属探测器和对他们的行李进行检查的 X 射线，有时甚至对他们进行的搜身检查。他们还珍视一种我称之为消失权的权利：让事物消失的权利。写在生命之书上的很多东西，我们都想用会消失的墨水来书写。这有点像成年人往往讨厌母亲晒光屁股婴儿的照片一样。一个人可能愿意（甚至渴望）参加游行，举着横幅参与示威，让人听到自己的声音；但如果有人拿着摄像机拍录游行或示威，供后人参考或做记录，他会感到不舒服。作为一名教师，我每周有数次站在一小群听众面前高谈阔论；但当班上有人拿着录音机时，我就会感到不安。我希望我的笑话、表达和停顿的话语转瞬即逝。

那些小心翼翼守护自己隐私的人们乐于窥视别人的窗户，尤

185

其是(但不限于)名人的窗户。美国已成为一个某作家所谓的"窥私之国"。[①] 美国也不是唯一的"窥私之国"。人们想看的有些是壮观场面：仪式、葬礼和加冕礼。这些活动现在可以通过电视向千万人甚至亿万人传播。人们喜欢目睹另外一半的人——或者更确切地说是另外1%的人(即那些富豪)——如何生活。一档叫作"富豪名流生活方式"的节目一度在美国颇受欢迎。这个节目走进名人住宅，打探各个房间。你可以看到他们的厨房、客厅的沙发、卧室的风格和墙上的照片。如我们所说，整个西方世界时新的"真人秀"节目令人难以置信地流行。这些节目中的"真实"并不是特别真实的——那不是真实的生活，但的确是真实的人、普通人，经常做些愚蠢或疯狂的事或玩荒唐的游戏。当然这些"真实生活"很多是演戏，有些则不是。多亏了电视和互联网，"平凡而不羞耻的生活方式"是人人都能观看——甚至成为其中一员——的节目。

186　　名人的人气有些——尤其演艺界名人——源于他们亲密关系的脆弱性。他们闪速结婚和离婚，抑或他们越来越多地闪速牵手和分手(他们结婚与否基本不重要)。八卦杂志忙不失迭地向我们提供这些关系的所有来龙去脉。让信奉传统家庭价值观的人士感到厌恶的是，名人展现出一种离散(包括家庭离散)的模式。或者更确切地说，他们展现的是一种松散、流动和易逝的联系模式。体育明星和摇滚明星沉溺于滥交，他们的亲密关系似乎充满激情却浅尝辄止。同时这些名人在某种程度上是普通人"家庭"的一部分，公众对他们有一种亲近感甚至是亲密感。

---

① Clay Calvert, *Voyeur Nation: Media, Privacy, and Peering in Modern Culture* (2000).

通信技术开辟了整个充满可能的世界，使人们跨越远距相联。电话和电报所开启的事物，电子邮件和互联网扩大并完成了。人们几乎可以在瞬间联系和交流。时空的障碍似乎不复存在。如我们所说，年轻人整天用手机聊天。他们互相发送和回复信息；商务人士在飞机上阅读电子邮件，酒店房间里有传真机和网络连接。总有一天整个世界都会连接起来。但这些不是传统的联系。这些联系与中断联系一样频繁；作为联系，它们是个体的和自愿的，有些是短暂的和流动的；它们来来去去。人行道上的年轻女子用手机和朋友聊天，与她的朋友建立联系，但在当代世界，她也越来越脱离家庭关系，不再那么依赖家庭关系。古老简单社会的纽带联结一直在变弱。

本书的主旨之一是个人的崛起和某种版本的传统家庭（尽管不是家庭本身）的解体。旧的关系方式已经被独处或相处的新形式所取代。婚姻和离婚已成为自愿的、个人化的事务。孩子在家庭中的角色翻天覆地。对许多人来说，亲密关系呈现出新的奇形怪态。这是一个由同居、体外受精、代孕、无过错离婚以及许多其他另类法律和社会机制——我们的祖辈未曾想象、也从未想过礼仪社会可以接受的机制——组成的世界。然而一些新的结合模式其实是经典家庭主旋律的变体。社会生活的关键依然是承诺。也许这是一个更为宽松的承诺，也许越来越多的人选择不做出承诺，但承诺仍然是凝聚社会的黏合剂。

关于我们所生活的世界的任何讨论，都不得不面对大众传媒的力量和现实（我已强调过这一点）。技术和媒体在若干方面创造了一个我们今天所知的世界。年轻人无法想象没有电视的世界，小孩子无法想象没有电脑和网络的世界。电视与家庭生活的竞争尤为激烈：前者是家中的存在，是对隐私的侵扰，尽管成千上万的人热烈欢迎这种入侵者进入他们的客厅、家庭客房、厨房和卧室。电视和其他媒体以及如今的互联网协力摧毁了"公众人物"的隐私，在某种程度上也摧毁了其他所有人的隐私。它们使得一些人向整个窥视的世界袒露身心。我们大多数人拒绝这种想法，珍视自己的隐私。另外，如我所指出的那样，我们对某些侵犯隐私的行为——比如银行摄像头——已习以为常。当我们网上购物时，我们知道有人制作并保存记录；高速公路上有雷达监视我们的行踪。或许这一切让我们感到不安，但我们能做什么呢？

今天，（合法的）生活方式的选择范围较之过去更为广泛。有点奇怪的是，这种广泛的选择范围也被冠以隐私（权）的名义。这种隐私在 20 世纪有所扩大了。"传统价值"和"传统家庭"失去了对体面的垄断地位。"家庭"仍然意义非凡，但我们可能会用一种令祖辈震惊的方式来定义家庭。

188　　　此处媒体在扩展选择的领域方面也举足轻重。媒体使个人能够接触并找到志同道合的人。不管你的兴趣是古董银器还是施虐受虐狂，你都可以在网上找到志趣相投的人。[1] 但讽刺的是，新技术对隐私和选择也是一种极大的威胁。信息的收集和存储已变得非常可怕。政府、媒体和大型机构都能设法侵入人们的生活，发现他们的秘密、病史、付款账单、信用记录、阅读的书籍、观看的节目和浏览的网站。[2] 毫无疑问，窃听已伴随我们很长一段

---

① 关于这一点参见 Lawrence M. Friedman, *The Horizontal Society* (1999), pp. 26 – 27。

② 参见 Iñigo de la Maza Gazmuri, "Privacidad y Comercio Electronico," 载其编著 *Derecho y Tecnologías de la Información* (2002), p. 265。

时间了；但它麻烦而有限，受到法律限制的约束（这些限制是否有效是另外一回事）。此外，直到最近还没有人录下电话留言或对话，窃听电话也很少见，可能只限于歹徒。我们的所说、所做和所写大都随风而逝。然而电子邮件并非如此转瞬即逝，它会回来困扰我们。

这还不是全部。新的窃听装置在其意涵上是积极的奥威尔式的。有些设备可以听到在另一大陆上的窃窃私语，有些可以透过墙壁窥视，有些可以侵入并探查公民的身心。卫星能（或几乎能）拍摄到地表上爬行的一只甲壳虫。海量（无限）数据可以低成本或无成本地收集、存储和检索，并永久使用。数据库可以被链接起来。没有什么会丢失、一切都被记录（或可以记录）的时代可能即将到来。于是，一种曾经被认为只属于上帝的力量将会属于人类政府——也可能是大型企业。过去的血腥暴政（即使像纳粹那样的怪物）都缺乏控制所有人生活的方方面面的力量。至少从潜在的角度说，实际上不再有任何限制。一个新的希特勒将不可思议地更加强大，也更加危险。公民乔和简在一个民主社会平静地生活，期望在其日常生活中或在其打电话、看电视新闻、购物、走在街上甚或上网时保持隐私和匿名。但这种隐私命悬一线。摧毁这种匿名和侵入私人生活的技术力量已然存在。当然，189 至少在理论上是有限制的：有法律的限制，也有政治和社会的限制；这些限制在多大程度上奏效或会否奏效是另外一回事。比如"反恐战争"已成为侵入这一敏感而危险领域的一个方便借口。或许下一代人最严重的法律、政治和文化战争，将是隐私之战——遏制和控制技术，捍卫我们神圣的个人空间之战。

索 引

一、本索引译自原著。为了方便读者对照，特保留原文。

二、名称后数字为原著页码。

三、人物姓名主要根据《英语姓名译名手册》《德语姓名译名手册》《法语姓名译名手册》等（新华通讯社译名室编，商务印书馆）系列丛书翻译。

译后记

读博期间，在业师高鸿钧先生的鼓励下，我与原著作者取得联系，劳伦斯·弗里德曼教授欣然应允了翻译版权。弗里德曼教授是当代颇有世界影响力的法律社会学家。他著作等身，率先提出"法律文化"的概念，并建构了一套法律文化、大众法律文化和现代法律文化的完整理论体系。他的成果引领了世界范围的法律文化研究热，他的著作被译成包括中文在内的多种语言，国际上甚至召开过关于弗里德曼法律文化思想的专题学术研讨会。翻译这样一位法学巨擘的力作，无留洋背景的译者心里是颇为忐忑的。为精确把握原著要旨，笔者先做了一些译前准备，阅读了弗里德曼教授的《选择的共和国》《法律制度》《法律与社会》《美国法导论》《美国法律史》和《二十世纪美国法律史》等中译本著作，以及《法律文化与社会发展》《完全正义》《扁平社会》和《人权文化》等英文论文及书著文献，对弗里德曼教授的思想略有小得后，尝试写了两篇粗浅的书评。可旋即因忙于学位论文，移译一度搁浅；嗣后仍心有旁骛，加之小心脏阁下动辄罢工，遂走走停停直到今天。译稿难免有不尽如人意之处，恳请前辈、同仁及读者诸君不吝赐正和包涵；个中贻误瑕疵，期待嗣后修订版有机会更正。

翻译的过程是享受且痛苦的。享受在于，徜徉在大咖的思想和文采盛宴中，常有"于我心有戚戚焉"的高山流水之感。痛苦在于，睹见的是种种与个人关于爱与婚姻的信仰格格不入的违和、脱轨和破碎。美国是个由清教徒缔建雏形的国家，在其先辈信仰中，圣洁的上帝为人类设立的婚姻应当是圣洁的，婚外及婚前的一切亲密关系均属淫乱之罪，为律法所不容。然而纵观本书所呈现的近百年美国私人领域的图景，不仅那种圣洁、节制的清教徒理想生活样式荡然无存，甚至还令人联想起先知书里哀叹的某些光景。"日光之下，并无新事。"时而隐忧：担虑我华夏步山姆大叔自由至上的后尘，多少私欲假"选择"之名横流；唯恐己秉持学术真诚的译文，在助长某些恶行的效尤上有份。欣慰的是，我国《民法典》相对节制的新婚姻法规则显示，中国的婚姻家庭法现代化道路不是美国道路。先前的挂虑或许只是杞人忧天，东门外风景这边尚好。

衷心感谢弗里德曼教授的惠允授权，教授的谦和热情令人如沐春风。感恩业师高鸿钧先生，翻译过程以及整个读博期间，先生悉心指导，恩赐勉励，一再宽宥和体谅我的体质软弱，从不施加压力。感谢鲁楠仁兄的时时襄助和提点，特别感谢仁兄高足姚力博学妹认真细致地通读校对了译稿全文，提出了若干具有启发性的修改意见和建议。有幸得以在商务印书馆这样久负盛名的权威出版社出版，由衷感谢商务印书馆的时雨惠助和大力支持，感谢罗晓榕老师和诸位编辑老师的精琢斧正和指教。感谢桂林电子科技大学法学院同仁们的温暖关怀和扶持。另要感谢我的一些要好姐妹，与她们的交流和同行使我受益匪浅。当然一如既往地感谢我的家人，他们的爱与包容是我得以平安做工，坚持信心、盼望和爱的不倦动力。

愿天下有情人终成眷属，愿终成眷属的有情人圣洁专一地彼此相爱。

风茄放香呦鹿鸣，

葡萄树下爱约盟。

卿如雅歌心头印，

良人佳偶拜天成。

赵彩凤

二〇二二年七月于桂林

图书在版编目 (CIP) 数据

私人生活：家庭、个人与法律 / (美) 劳伦斯·弗
里德曼著; 赵彩凤译. — 北京: 商务印书馆, 2022
（法律与社会丛书）
ISBN 978-7-100-21402-5

Ⅰ.①私… Ⅱ.①劳… ②赵… Ⅲ.①法律—文化研
究—美国—现代 Ⅳ.① D909.712

中国版本图书馆 CIP 数据核字（2022）第 115089 号

法律与社会丛书
私人生活
家庭、个人与法律
〔美〕劳伦斯·弗里德曼　著

赵彩凤　译

商 务 印 书 馆 出 版
（北京王府井大街 36 号　邮政编码 100710）
商 务 印 书 馆 发 行
南京鸿图印务有限公司印刷
ISBN　978-7-100-21402-5

2022 年 10 月第 1 版　　开本 889×1240　1/32
2022 年 10 月第 1 次印刷　印张 9⅛
定价：65.00 元